四川师范大学哲学学院 | 承办

哲学探索

总第 6 辑

雷勇 吴书林 主编

中国社会科学出版社

图书在版编目（CIP）数据

哲学探索. 2023年. 第1辑：总第6辑 / 雷勇, 吴书林主编. —— 北京：中国社会科学出版社, 2024.6
ISBN 978-7-5227-3605-1

Ⅰ.①哲… Ⅱ.①雷… ②吴… Ⅲ.①哲学—文集 Ⅳ.①B-53

中国国家版本馆CIP数据核字（2024）第101556号

出 版 人	赵剑英
责任编辑	刘亚楠
责任校对	张爱华
责任印制	张雪娇

出　　版	中国社会科学出版社
社　　址	北京鼓楼西大街甲158号
邮　　编	100720
网　　址	http://www.csspw.cn
发 行 部	010－84083685
门 市 部	010－84029450
经　　销	新华书店及其他书店
印　　刷	北京君升印刷有限公司
装　　订	廊坊市广阳区广增装订厂
版　　次	2024年6月第1版
印　　次	2024年6月第1次印刷
开　　本	787×1092　1/16
印　　张	14.5
插　　页	2
字　　数	277千字
定　　价	88.00元

凡购买中国社会科学出版社图书，如有质量问题请与本社营销中心联系调换
电话：010－84083683
版权所有　侵权必究

《哲学探索》编委会

（以姓氏拼音字母为序）

学术顾问　John B. Cobb, Jr.　王海明
主　　任　Baogang He
副 主 任　张海东

委　　员

Roger T. Ames	卞绍斌	蔡方鹿	陈　彪	John B. Cobb, Jr.
Gil Delannoi	樊和平	高　楠	Arran Gare	Baogang He
郝长墀	Adrian Ivakhiv		刘孝廷	雷　勇
Chenyang Li	李建华	李宗桂	马正平	Vesselin Petrov
宋洪兵	王海明	王晓华	王　寅	Zhihe Wang
文兴吾	吴冠军	吴书林	肖　柯	杨学功
于奇智	张海东	张桂权	张学广	周勤勤

主　　编　雷　勇　吴书林
编　　辑　王　鹏

目录

卷首语 ······ 1

前沿问题研究

马克思主义哲学视域中"领导权"理论的多维透视 ······ 胡爱玲　1
同一个现代，不同的现代性批判
　　——评《马克思与韦伯社会理论比较研究》 ······ 赵瑞泽　10
精神政治与功绩社会：对韩炳哲社会批判理论的反思与超越 ··· 徐　陶　赵雪倩　23

思想家自述

自传回想 ······ [美]威尔弗里德·塞拉斯 文　王玮　肖雯 译　35

批评与对话

克里普克的模态论证新探 ······ 陈常燊　48
《逻辑哲学论》中的哲学观是"治疗型"的吗？
　　——对李国山先生之解读的回应 ······ 徐　强　63

生命哲学专题

老子"天下母"论说的生命哲学发微
　　——以《道德经》第五十二章为主体的解读 ······ 詹石窗　80
"抱朴子"之生命觉醒论 ······ 罗永梅　曾勇　96

《列子》的"梦"论与生命哲学
　　——兼论"蕉鹿梦"之寓言 …………………………………… 陈　新　108

传统与当代

道家道教文化对工匠精神培养的启示
　　——以制造业为例 ……………………………………………… 廖　宇　123
字源·隐喻·类比：老子"无为"概念诠解 ………………………… 秦　晓　137
"关系本体"视域下的阳明良知学新探 ………………… 荀子杰　陈　静　153

身体哲学专题

"身实学之，身实习之"
　　——"身体哲学"教改课程观感 ………………………………… 张再林　170
身体哲学视域下的教育体育及其意义 ……………………………… 张　生　177
正念的身体哲学意涵
　　——以南传上座部内观为例 …………………………………… 王　鹏　190

《哲学探索》征稿启事 ……………………………………………………… 220

卷首语

哲学本是感天动地、震古烁今的事业；感天动地故能通晓万物一体，震古烁今所以贯通天道性命。然而，在一个愈发学科化、制式化、技术化、世俗化、产业化的时代，哲学女神的命运似乎已然背离了她起初的意气风发。作为一门学科、一种知识、一项学院里的制度安排，当代哲学何以调节生命、安顿身心、纵浪大化？当哲学系的学生围着教授追问考试的重点，而非生命的智慧和宇宙的真理时，就连"夫妇之愚，可以与知焉"的东西，反倒对"天之骄子们"隔膜难解了。

哲学从古典向现代形态的转型，这是中西方社会都在发生的事情。然而，这一转型的阵痛与不适在我国表现得尤为明显。当代西方大学中的哲学（即皮埃尔·阿多所谓"哲学的柏林模式"）因其理性主义、认知主义、非功利—非实用的特征，虽与"哲学的雅典模式"迥然相别，但其文脉与内在精神仍绵延相连。换言之，当代西方学院派哲学家都是某种意义上的亚里士多德主义者，以追求知识和理论建构为其生活的方式与生命的意义。可是，当柏林模式的哲学平迁至现代化的中国大学以后，那颗渴望"进则建功立业、经世致用，退则陶养身心、解脱烦恼"的中国心又该在哪里安放？于是，"抑郁、躺平、空心病、焦虑、虚无、不作为"竟然成了哲学门下许多年轻士子的集体症候，此景犹如"捧着金碗要饭吃"，这是何等讽刺！

有鉴于此，狮山哲学以通忧共患之心作狮子吼，并渴望凭借《哲学探索》这个交流平台，与关怀哲学事业和青年成长的仁人志士和衷共济、合志同方，探讨在现代学科建制下如何恢复哲学之古典功能（即滋养性灵、功夫贱履、修炼身心）的适当方式。本期辑刊就是承载这一探讨的尝试。

"前沿问题研究"一栏收录了一系列针对资本主义现代性危机而展开的马克思主义哲学的批判。《马克思主义哲学视域中"领导权"理论的多维透视》旨在阐明马克思主义哲学本具的政治旨趣。该文指出，经由列宁、葛兰西、毛泽东、拉克劳与墨菲的探究，"领导权"理论作为马克思主义哲学中的重要组成部分，事关马克思主义哲学赢得认同并指引其他理论思潮的地位，这在我们建设中国式现代化的过程中尤为重要。《同一个现代，不同的现代性批判》通过评论郑飞所著的《马克思与韦伯社会理论比较研究》，解析了马克思与韦伯如何为现代社会诊断出不同的疾病，进而给出的不同药方。马克思将现代性的本质视作"物化"，韦伯则把现代性刻画为"合理化"的过程，而这两个具有内在联系的诊疗方案在卢卡奇的综合之下得以进入法兰克福学派的话语传统，为后世研究者推开了一扇探索"工具理性"和"价值理性"的大门。《精神政治与功绩社会：对韩炳哲社会批判理论的反思与超越》一文是从剖析韩炳哲的精神政治学入手，探讨了韩炳哲如何在新自由主义社会的语境下发展马克思主义和社会批判理论。该文指出，由于当代西方社会在社会权力和社会形态均发生了社会转型，即从生命权力到精神权力、从规训社会到功绩社会，韩炳哲从精神政治之权力技术的管控策略（大数据、感性渗透、绩效导向）和内在逻辑出发对其进行了精准的批判，但其弊端和局限性也是较为明显的，需要在中国现实语境的基础上进行创造性的诠释。

"思想家自述"一栏选取了美国哲学家塞拉斯的《自传回想》。该文记述了塞拉斯从出生以来到他发表第一篇论文之间的主要事件，尤其是他的哲学思想形成和发展的轨迹。读起来既轻松有趣，又富有思想启迪。近年来，随着我国西方哲学的研究逐步与国际接轨，学界对当代西方哲学和思潮的研究早已超越了译介的阶段，然而塞拉斯及其发起的匹兹堡学派因其理论上的晦涩难解和行文上的黏稠曲折，并未得到应有的理解与讨论。此文中译的首次发表，将帮助不熟悉塞拉斯哲学的同仁，快速领略他的问题意识与思想背景。

"批评与对话"一栏刊登了两篇锐利的、富有对话特征的分析哲学论文。《克里普克的模态论证新探》通过考察克里普克对虚构对象的"艰难本体论"方案，进而揭示了其所隐含的反模态主义、虚构主义与抽象人造理论的主题。作者进一步抽丝剥茧地从反模态主义中挖掘出反事实论题、不可分辨性论题与反本质主义论题，即像独角兽这样的虚构对象并不存在于现实世界与可能世界之中，无法对它进行反事实分析；其次，一个与独角兽在外观上无法分辨的现实物种并不就是独角兽；最后，独角兽并没有通常意义上的类别本质、起源本质、种类本质和构成本质。作者指出了这三个消极论题相对的独立性，并最终肯定了克里普克的反模态主义立场。《〈逻辑哲学论〉中的哲学观是"治疗型"的吗？——对李国山先生之解读的回应》一文仅从标题看就更有对话和争论的特点了。此文旗帜鲜明地反对将维特根斯坦的《逻辑哲学论》中的哲学观解释为"治疗型"的，并认为其核心乃是逻辑哲学。维氏用他的逻辑哲学考察命题的本质，并据此思考哲学的本质：澄清思想；而澄清思想就需要分析命题。该文主张对《逻辑哲学论》进行

"维特根斯坦式"的保守解读,用维特根斯坦的思想脉络与哲学背景来准确把握,因而得出结论:"治疗型"解读至多是一种对《逻辑哲学论》元哲学的隐喻性说法,而这一隐喻缺乏认知内容。

作为本期的重头戏,我们呈现了三篇"生命哲学专题"的特邀论文:从道家和道教的角度,重新揭示生命的真义以及以生命哲学为方法论而研究道家文献的尝试。《老子"天下母"论说的生命哲学发微——以〈道德经〉第五十二章为主体的解读》以具体章节为分析对象,指出了老子将"道"称为"天下母"所蕴含的生命哲学的含义。"天下母"是老子阴柔为用思想的集中体现,既是对自然界中无私母爱精神的赞美,更是一种人性论、生态学和宇宙观的汇通。通过"复守其母",人应该正确地养护生命。老子还用"塞其兑,闭其门,终身不勤"与"开其兑,济其事,终身不救"的道理来劝说世人在放纵与苛刻之间保持平衡。此文揭示出老子的生命哲学乃是一种行动的人生哲学,值得我们日用实践。《"抱朴子"之生命觉醒论》分析了葛洪道号"抱朴子"的本真含义:抱朴自守是合道体真的内在要求。"抱朴子"蕴含着生命觉醒的三层价值转向:在价值主体上,从类生命价值到个我生命价值;在价值类型上,从外显之工具价值到内求之目的价值;在价值目标上,从流俗之有限到合道之永恒。此文指出,在抱朴子价值视域中,道本素朴,人秉道而生,本亦如此,然而,嗜欲使人背离其性,失真忘返。抱朴子觉解此弊,疾呼世人,应返璞归真,生与道合,逆修证仙,超越死亡。《〈列子〉的"梦"论与生命哲学——兼论"蕉鹿梦"之寓言》一文从"梦"入手,探讨列子的生命哲学。较早借"梦"的体验推及生命哲学思考的是道家。与《庄子》类似,《列子》善于用语言故事来表达关于生命的哲理,其中"蕉鹿梦"便是一例。通过对"梦"的分类哲思,列子最终凸显了人类认知不可避免的局限,并通过其宇宙论观照世间,意欲表现一种夐夐独造的生命哲学取向,引出道家的"真人"理想境界。

"传统与当代"一栏,我们采纳了三篇打通古今、开启对话的文章。《道家道教文化对工匠精神培养的启示——以制造业为例》一文从道家道教文化出发,探讨了我国古代科技中的工匠思想。道家认为,任何行业的从业人员只要能做到"众所不及"就能称为圣。因此,在国家战略制定方面应该提高产业工人的职业收入,如道家所言:"有益众者,供给饮食";提升职业发展前景,"人作一事而遗后世"。在职业理想培养方面,做到"好道进技,道技合一";在职业品质培养方面,"意志坚明,持之以恒"。《字源·隐喻·类比:老子"无为"概念诠解》一文探讨了老子的"无为"概念。文章从字源学、概念隐喻和语言类比三个方面对"无为"进行了出彩的分析。从字源来看,"无为"有无所作为、不干事的意思，还有没有役使、没有贪欲等意思；从概念隐喻系统上来看，"无为"与"不为""不争""不言"等构成概念隐喻群；从语言类比角度看，"无为"与"无欲""不为""不争"等词语具有"家族相似的特性"。《"关系本体"视域下的阳明良知学新探》一文敏锐地指出了王阳明对宋明道学"本体"概念的关系论改造。由于此前学界对"关系本体"维度的忽视，学者们或者将阳明良知学理解为一种主观主义学说，或者试图外在地为主体良知寻找客体性根基。该文突破了此前许多学者继承自理学的"实在论"眼光来审视"良知本体"，进而将其定义为名词性的"真理""人类""存在""大全"等。而作者却指出，王阳明以一种关系论的姿态，超越"良知本体"的形而上限制，使得名词性的"良知本体"同时就是动词性的"致良知"，使得主体的伦理实践工夫同时就是对主体与他者、主体与物、主体与天地间的关系性伦理本体的根本认识和实现。此种解读在编者看来颇有一种黑格尔主义和过程哲学的意味。

本辑最后殿之于三篇表现狮山哲学特色的文章，即"身体哲学专题"。这一专题反映的是四川师大哲学学院"身体哲学教改团队"正在从事的教学改革事业。这一团队由一群年轻的教师构成，横跨中国哲学、西方哲学、伦理学、逻辑学等多个学科方向。该团队的教改不仅得到学院领导的大力支持，还得到了西安交通大学张再林教授的现场观摩指导。张教授多年来一直从事身体哲学的研究，他对"身体哲学"课堂的观感即构成了此专栏第一篇论文：《"身实学之，身实习之"——"身体哲学"教改课程观感》。此文高度肯定了这种"以身体习之"的教学模式，视之为对"一味强调读书识理、明心见性的积弊"的改革，并表示这门课程实际上是一门寓哲学于体育的全新课程。身体哲学课程试图把教育和运动训练结合起来的理念，不仅是对梅洛-庞蒂"运动觉"的呼应，也是对我国古人"身道"的全新彰显。《身体哲学视域下的教育体育及其意义》一文针对当前体育教育的时弊而提出了全新的教育理念"教育体育"即一种"身体的教育"，这是以身体为本的、具身认知的教育。因此对这种体育或教育模式的研究意味着从理念的、精神的、思辨的认知模式转变为生活的、在世的、具身的认知模式，也是对身心二元认知下的身体观念、教育观念、体育观念的系统反思。这一反思也是中国古代哲学中生生不息、天人合一、身心一如、身神相通等观念的现代回响。由于现代竞技体育过于强调外在价值和功利目的，因而需要教育体育对其进行适当弥补，而且在哲学上，教育体育乃是一种全新的认知模式，即体—知或体—现（embodied knowing）的锻造，将身体与德性结合，形成体育、智育、德育、美育的高度融合。《正念的身体哲学意涵——以上座部内观为例》一文则以身体哲学为范式来考察正念，凸显了正念作为禅修技巧的身体性。本文由佛教、止观、上座部内观三个论域出发，分析身体和身体性在佛教及其禅修中的位置。首先，通过调动身体哲学的视域，澄清了佛教身体观嬗变的原因，即从"凡夫身本位"到"佛身本位"的转变，而非佛教义理的改变；接着，表明了上座部止观的身体特性：规范身体、利用身体、"即身成佛"；最后，通过解读内观禅法的四重身体哲学意涵（身体的本源性、身体的退隐性、身体的认知性、身体的可塑性和超越性）从而揭示了正念禅修得以治疗的身体性机理：将包裹心灵的身体"重新习惯化"乃至最终"去习惯化"。

前沿问题研究

马克思主义哲学视域中"领导权"理论的多维透视 *

胡爱玲

【内容摘要】 马克思主义哲学在不同时代和文化背景下有不同的样态,"领导权"理论作为其中之一,集中体现了马克思主义哲学的政治旨趣。马克思主义哲学始终追求能有效指导和引领特殊政治行动,能洞察民众需求特殊性,能在尊重差异、多样性的基础上统一政治主体的认识,建构和维护自身的领导权。"领导权"理论彰显出马克思主义哲学在建构主体中具有的强大文化力量,指出特殊个体成长为政治主体的历程。考察它,有助于深化对马克思主义哲学赢得认同的内在机制认识,更清晰地理解马克思主义哲学与特殊政治实践相统一的原则,进而明晰马克思主义哲学从内容和形式上实现创新的路径。

【关键词】 领导权;特殊性;认同机制

"领导权"理论是马克思主义哲学及其指导的政治实践发展到一定历史阶段的产物,它在解释、引导和推进社会主义实践中发挥着重要作用。从列宁、葛兰西、毛泽东到拉克劳与墨菲等一直没有停止对"领导权"的探究。他们将理论的普遍性追求与实践的特殊性要求、人类社会发展的伦理目标设定与科学规划的具体实施、政治所需求的集体统一行动与个体成长为主体的机制等问题结合起来讨论。本文力图沿着他们的考察路径来分析"领导权"内涵及其理论关切和旨趣,从中梳理出当下马克思主义哲学的研究方向。

---

* 本文是郑州大学教学改革项目《西方马克思主义》探究式教学模式实践与研究"的阶段性成果。

一 "领导权"内涵厘定

"领导权"在英语中有两种翻译,一种是 Leadership,另一种是 Hegemony。我们习惯性地称之为领导权或文化霸权。在以往的文本中,我国大陆学者基本上都用"领导权"来称谓它,我国台湾学者或部分大陆学者倾向于用"文化霸权"。鉴于本人的阅读背景,一般情况下,本文用"领导权"或"文化领导权"来指称它。无论用什么样的语言描述,学界对它最为一般的内涵还是能形成比较统一的认识,即领导权不同于强制性的权力压制,也相异于纯粹的文化说教,融权力争夺与说服教育为一体。本文在遵循惯常释义的基础上,将探究重点放在如下问题域内,即思考马克思主义哲学作为一种指导思想,它是如何获取、维护和巩固自己"领导权"的。列宁倡导无产阶级在革命联盟中要处于领导地位,牢牢掌握领导权;葛兰西曾以统治与领导的区分为前提,认定无产阶级的主要任务是夺取文化领导权;毛泽东以思想教育凝聚共识,灵活缔造各种统一战线;后马克思主义者分析话语对政治主体及其"领导权"的建构;当下我们强调"要牢牢掌握意识形态领导权";等等,上述这些有关领导权的创见都是在不同历史背景下丰富和发展马克思主义哲学的积极表现。

展开来讲,为了增强马克思主义哲学的解释力和影响力并使其拥有话语权,列宁曾广泛阅读黑格尔、马克思、恩格斯、普列汉诺夫及其他马克思主义者的著作。从对马克思主义哲学的一知半解,到充分认识马克思主义哲学发展的来龙去脉,列宁在理论思考的深度、广度上赶上并超越同时期的其他马克思主义者。正是在与普列汉诺夫、托洛茨基等争论过程中,列宁认识到掌握和熟知马克思主义哲学对获得领导权的重要意义。要赢得党内外其他成员的认同,必须以理论上的优势来让他们相信马克思主义哲学对社会的认知和判断是正确、正当、合理且可行的。拥有强大说服力的列宁主义后来确实于革命联盟中成功实施了对其他成员思想的领导。列宁总结无论政治联盟以什么样的合作方式开展革命工作,无产阶级及其政党要始终牢牢把握领导权。"工人阶级的领导权,就是工人阶级(及其代表)对其他居民的政治影响……"[1](p.133) 具体到知识分子及先锋党如何引导革命群众由自发走向自觉,列宁有充分考量。他以身作则,积极演讲、撰写各种政论文章、召集会议、筹办杂志,并将报纸等媒介比喻为建筑中用的脚手架[2](p.8)。列宁根据实际情况的变化不断调整自己的理论思考方向和政治策略,一直致力于建构无产阶级先锋队政党的领导权。

深受列宁领导权理论影响的葛兰西,基于意大利发达的政治文化传统和相较于俄国其发达的市民社会发展情况,阐述国家正常运转依靠的不仅是强制性的国家机器，而且还需要统一的精神文化支撑。资产阶级在文化上的号召力、凝聚力和整合力使其拥有无产阶级短期内无法撼动的领导权。意大利无产阶级革命战略不能仿效俄国革命模式，在文化领域争夺领导权才是首要任务。无产阶级及其政党只有在文化上赢得了民众的自愿认同，民众才相信他们的理想价值目标值得追求、革命战略有可行性及领导人不会停留在狭隘的集团内专权独断，还能以国家精神为指导严格遵守民主集中制。此外，还赋予有机知识分子及其组成的政党以建构文化领导权的使命。"政党是完整的、全面的知识分子的新的培育人，可以被理解为现实的历史过程的理论和实践统一在其中得以发生的坩埚。"[3](p.246) 政党深入地教育和启蒙民众，可以让民众知晓何为民主、劳动的价值及统一思想对统一行动的意义。能赢得领导权的马克思主义哲学必须是经得起历史尺度检验、能赢得民众自愿认同、反映民众真实心理诉求的理论。它能正视自己的不足及其内在的矛盾，能紧跟时代，能将各种特殊情况考虑进去，能融汇不同学科来不断完善和发展自己，能打造出体现集体意志的历史集团。否则，即使暂时取得了政治和经济领导权，也难以持久，也就是说，通过发展马克思主义哲学来建构文化领导权是当时意大利共产党工作的重中之重。

"领导权"在毛泽东思想中主要凸显政治领导中的教育说服因素。领导权是"以党的正确政策和自己的模范工作，说服和教育党外人士，使他们愿意接受我们的建议"[4](p.742)。说服教育是巩固执政党领导权的重要方式。两条战线（思想和武装斗争）上的领导权争夺缺一不可。为了赢得、维护和巩固自身的领导权，共产党及其领导的知识分子必须深入实际，熟知中国历史、社会现状和性质，不能唯苏、唯上及唯书。毛泽东同志每次开展大的政治行动之前，都要撰写文章，发表对问题的看法、观点，以澄清很多认识，有力论证策略的切实可行性及必要性、重要性。他与列宁和葛兰西一样，将对政治策略的制定与推进马克思主义哲学的完善发展看得同等重要，并适时调和二者之间的矛盾，在实践中总结理论成果，在理论指导之下摸索政治实践道路。毛泽东同志运用马克思主义哲学的立场、观点和方法，论述革命理想目标设定和具体实施战略是否科学、个人利益诉求与集体行动、人的目的动机与现实规律之间关系等问题。

后马克思主义者拉克劳与墨菲对领导权的阐发着眼于反思一些社会主义国家政治实践失败与其坚持的马克思主义哲学关系。他们将实施话语"领导权"看作努力缝合马克思主义哲学和社会主义政治实践裂缝的暂时策略。认定"领导权"是尊重偶然性、特殊性的新政治逻辑，它依赖情感投注构筑出界分敌人和我们的分水岭，以此赢得民众政治认同，进而召唤出主体。话语"领导权"的目标就是实现基于差异的统一，类似于毛泽东不同时期的统一战线思想、葛兰西的集体意志、列宁的革命联盟。为了阐明话语领导权，拉克劳和墨菲解构教条化、简单化的正统马克思主义哲学，彰显马克思主义哲学包含的伦理向度。强调对历史、现实和未来的科学预判存在讨论的空间，目的和因果性、决定论和自由意志、个体与群体之间的关系同样需要交代清楚。[5](p.19) 就此而论，拉克劳与墨菲聚焦领导权探究马克思主义哲学危机与社会主义政治策略的内在关联，不失为一项有意义的事业，启迪如何正确反思理论与实践之间的关系。

二 "领导权"理论的政治旨趣

"领导权"理论尽管在不同时代和文化背景下面临着不同的任务，给出的解释也有很大区分度，但不可否认的是它们都有同样的坚守和旨趣：探究马克思主义哲学普遍性理论指导与特殊性政治实践之间的辩证统一矛盾关系；反思马克思主义哲学及其指导的政治行动赢得领导权的前提条件及路径。

首先，马克思主义哲学追求的普遍性指导与政治实践特殊性要求之间的矛盾是所有领导权理论形态共同关注的焦点问题。马克思主义哲学发展史就是一部改造特殊现实的斗争史，每个时代的马克思主义者都在基于自身对历史和现状的理解来预测未来。马克思主义哲学，起始目标就是成为引导工人阶级走向自觉自醒、改变自己被动地位的思想武器。尽管后来的第二、第三国际马克思主义者结合革命形势呈现出的新情况，探求马克思主义哲学该如何解释和指导政治实践，但由于教条化、简单化地理解和运用马克思主义哲学，认识不到马克思主义哲学蕴含的伦理价值目标总体指导意义及具体实践的特殊性。他们或坐观马克思主义哲学陷入危机无动于衷，或削足适履式地让实践按照过去的理论形态推进，结果导致马克思主义哲学普遍性指导与特殊政治实践之间的矛盾突出，引发理论和实践的混乱。"领导权"理论则基于现实实际，探索理论发展新阶段应具有的新形态。葛兰西将建构属于高级文化的马克思主义哲学以争夺文化领导权视为意大利革命的首选战略；政治和文化领导权于列宁而言，是无产阶级及其先锋党必须时时把控的命脉；毛泽东同志依据中国实际，活学活用马克思主义哲学世界观和方法论，广泛开展思想政治工作，不断扩充革命和建设队伍；拉克劳和墨菲剖析新的马克思主义哲学（后马克思主义）视域中的话语领导权建构与新社会运动的关联。他们都没有拘泥于马克思主义哲学的原有形态，更多地彰显出特殊背景要求下的具体选题。这说明马克思主义哲学要保持自己的活力必须时刻关注新情况、新问题，在追求普遍性指导价值的同时势必加进去针对特殊性实践的务实性考量。

其次，通观上述不同历史阶段的领导权理论，可以看出它们都在宽广的视角下探索领导权争夺策略，即马克思主义哲学赢得和巩固领导权要有高度融合其他理论形态、建构出认同自己的政治主体的能力。葛兰西曾论述马克思主义哲学要战胜资产阶级的意识形态，必须成为融合不同文化形态的高级样态，包括传统文化、大众语言和心理学科发展最新理论成果等。后来拉克劳与墨菲话语领导权思想对精神分析学的借鉴和运用印证了葛兰西领导权思想的独特价值。列宁与普列汉诺夫讨论、分析俄国的辩证唯物主义和历史唯物主义的发展情况、主要内容，了解对马克思主义哲学产生重要影响的黑格尔辩证法思想，从此掌握了批判传统唯物主义和经验主义的论据和方法。同时广泛阅读俄国历史和考察俄国资本主义发展历程，从经济学、社会学等角度来丰富和发展马克思主义哲学。毛泽东同志经由瞿秋白、李达等人，结合哲学、社会学、经济学等解读和诠释马克思主义哲学。拉克劳与墨菲也是融合拉康的精神分析学、维特根斯坦的语言哲学、卡尔·施密特政治学等来探索马克思主义哲学及其指导的社会主义策略。

"领导权"理论立主战胜其他理论思潮，以绝对的优势吸纳更多的个体真信、真学、真用马克思主义哲学，进而建构出归属于自己的政治主体。不论葛兰西、列宁、毛泽东还是后来的拉克劳与墨菲，他们基本上都是在批判其他理论形态的前提下，阐述自己对马克思主义哲学的理解。得益于越辩越明的理论斗争策略，葛兰西批判布哈林庸俗唯物主义、克罗齐内在论哲学等。马克思主义哲学对历史和现实中偶然与必然、自由与规律、哲学与政治等关系的判断在葛兰西的解读下变得更为清晰。列宁批判马赫哲学思想、民粹主义及各种偏离马克思主义哲学的旧唯物主义、唯心主义哲学，建构起具有时代特色的列宁主义。毛泽东同志批判教条主义，与质疑马克思主义哲学的思想作斗争，最终确立马克思主义哲学在革命和建设队伍思想领域的领导权。拉克劳与墨菲将第二国际正统马克思主义、修正主义，以及葛兰西、列宁领导权思想、自由主义及共和主义等思潮作为自己批判和超越的对象，立足差异，凸显出他们话语领导权理论的独特性和优势。随着全球化不断推进，新时期马克思主义哲学置身于更为多样的文化思潮中，包括保守主义、民粹主义、自由主义、共和主义、激进主义等。这对马克思主义哲学发展提出更高的要求，迫切需要我们洞察各种理论思潮产生的时代背景、主要内容及其合理成分、局限与不足，以达到取长补短的效果，明确解构对方话语与建构自身话语相辅相成的道理。

最后，领导权理论没有停留在对特殊性、普遍性及其存在必要性的抽象论述上，更是将目光投向实践、操作层面——马克思主义哲学获得认同的内在机制研究。政治行动的开展基本上都是以民众对其产生认同情感为前提的。尽管马克思、恩格斯、葛兰西和列宁等经典马克思主义者没有明确从心理学层面论及政治认同，但他们的思想主旨仍然是探寻理论怎么掌握群众，群众如何理解理论等问题。他们相信"理论只要彻底，就能说服人"[6](p.9)。列宁表明马克思主义哲学与政治行动关系，就像脚手架对建筑的意义；葛兰西和毛泽东指出马克思主义哲学是行动的指南，特别是葛兰西明确指出意识形态像水泥能将社会粘为一体。拉克劳与墨菲认为政治主体是他们所理解的马克思主义哲学连接的结果，政治主体反对什么、倡导什么取决于新的马克思主义哲学是否赢得情感认同。如果想实现认同目标，就需要密切关注民众的心理诉求，找准阻碍民众需求得到满足的障碍或敌人，并与之划清界限。他们或诉诸出书、办杂志、演讲，或运用艺术创作手段宣传自己的主张。力求娴熟驾驭语言，将抽象的理论浓缩成简短、形象、生动的口号和标语，以此将高尚的社会伦理价值目标赋予马克思主义哲学指导的政治实践活动。同时，不断完善和调整自己的策略，以事实为依据，以实践效果为评判标准，及时总结工作中的成就和失误。保持谦虚谨慎的作风，努力证实政治实践活动的科学性、合理性、可行性和合法性及丰富和发展马克思主义哲学。反对马克思主义哲学脱离实际、知识分子和政党脱离民众，主张知识分子及有其组成的政党教育和启蒙民众，引导他们真正成为改变现实的政治主体。

三 "领导权"理论框架内马克思主义哲学研究路向

当下，个体的选择在各个方面都日趋多元化、多样化，认识、认知和认同形成亟须从认识论上给出可靠的依据，可信息拥挤的大数据时代显示出社会一方面有透明性，另一面突发情况防不胜防。社会急剧变化产生的不确定感让人无所适从，个体对集体、国家的归属感会因网络舆情的扩散而倍受影响。这就给新时期马克思主义哲学提出更高的要求，尽管很难但又必须在处理个人与个人、个人与集体、国家问题上有鲜明的立场、观点和正确可行的方法。即各种各样的认同，包括民族认同、政治认同和身份认同都需要马克思主义哲学能给予积极的引导。马克思主义哲学要满足时代需要，可以从"领导权"理论涵盖的诸多议题及其摸索出的致思路径中，找出解决问题的方式、方法和依据，其中涉及的个体成长机制、斗争策略、伦理目标设定等观念都需要我们重视起来，并赋予它们以新的时代内涵。

首先，应强化主体成长机制研究。拉克劳与墨菲的领导权理论深受葛兰西、阿尔都塞和拉康等人的影响，他们从中了解到主体成长机制。它为更深入地认识和了解人本身提供了新的角度，让我们知晓人本身的复杂性及其认识、认知和认同的内在机制。精神分析学派拉康指出，个体自我意识和无意识都是具有象征意义、能激发个体丰富想象力的意识形态教育的结果。"无意识就是大写的他人的话语"[7](p.457)，主体及其一切都是话语建构出来的。阿尔都塞曾断定个体对社会要求的顺从、社会根据发展需要对个体实现的"主体召唤"、技术专业培训都是在系统化的学校、家庭教育中完成的，是"意识形态把个人唤问为主体"[8](p.490)。对上述观点高度认可的拉克劳与墨菲话语领导权理论也承认个体生存的文化背景对其有很强的塑造作用，尤其是在新的时代背景下，相较于经济因素，政治及其话语更胜一筹。葛兰西曾重点论述，所谓的民主不是对民众进行技术方面的培训，更为重要的是从小开始培养个体的权力、责任意识，树立起正确的劳动观念。新时期我们注重学校教育的同时，也强调家风家训，说明我们也一步步探究影响个体成长的诸多要素。总体上看，以往领导权理论让我们看到了意识形态对个体成长及其政治认同形成所起的决定性作用。显然马克思主义哲学要成为真正意义上的主导思想，要培育出社会主义事业所需要的主体，当务之急就是认清个体成长机制。只有这样，才能为马克思主义哲学丰富和发展自身提供坚实的理论支撑，使其明确社会进步依靠各种各样的主体，马克思主义哲学应清楚社会发展到底需要什么样的个体及如何培育这样的个体。

其次，重视马克思主义哲学与其他理论思潮领导权之争的策略研究。马克思主义哲学自诞生起，就一直处于与其他理论形态的争辩中。回顾马克思、恩格斯不同时期的著作，一个明显的特征就是极具批判性。《哥达纲领批判》《黑格尔法哲学批判》及《反杜林论》等著作的观点都是在批判、质疑其他差异思想的基础上阐发出来的。列宁、葛兰西、毛泽东和拉克劳与墨菲也是在批判和解构各种各样理论思潮中来申明自己观点、立场和方法的。他们的领导权理论也印证了在差异背景下，要影响和建构更多的政治主体，必须在竞争中占据主导地位；仅仅增强自己理论的说服力、解释力还不够，更重要的是善于发现其他理论存在的问题。可以说，"建构"与"解构"是"领导权"理论的两个重要方面。它深知从理论基础上驳倒对方、拥有自己的话语权及让自己的声音准确及时传到民众心里去绝对是一项艰难的工程。不同思想者囿于不同的话语背景、相异的理论、实践旨趣，如何能在各种理论思潮中脱颖而出，看重的绝对是实力和切实可行的方法。尤其是在当下，民众自身的鉴别力、洞察力都在不同程度地提高，马克思主义哲学要真正赢得他们的心理认同，不能不从内容和形式等方面严格要求自身，以具备识别、解构及超越其他理论思潮的能力。如果没有危机意识，对意识形态领域斗争形势不敏感，对新出现的问题给不出合理的说明、制定不出有效解决问题的指导性策略、发现不了其他理论形态的破绽，就很难在领导权争夺中获胜。

最后，要辩证地理解马克思主义哲学伦理价值目标设定与具体科学策略实施之间的辩证关系。马克思、恩格斯对理想社会的勾画、对自由解放的追求，列宁、毛泽东对社会主义的畅想，葛兰西对伦理国家的描述，拉克劳与墨菲对新社会主义的描绘以及新时期我国有关"中国梦"的美好设计，都从不同方面彰显出马克思主义哲学的伦理价值维度。它给人方向感、确定感、动力和信念；没有它就没有方向和奋勇向前的力量。另外，我们应认识到任何基于历史和现实经验而形成的判断，都带有时代局限性，正如恩格斯论说的"思维至上性与非至上性"[9](p.427)。既然相对于无限的世界，每个时代都是有限的，那么针对每个时代的理论成果同样也是有限的。甚至不同思考主体观察社会角度不同，其结论也会不同。如何在不确定中找出确定性的线索脉络绝不是一件容易的事情。这就意味着我们对现实的了解、对历史的总结和对未来的预判及对现实的改造都会有偏离伦理价值目标、违背事实的可能。既然可能性存在，就无法过于自信地拒绝批评和质疑，反而更应该以平和宽容的心态正确对待来自各方面的理论挑战。前面所述的领导权争夺，包含与相异理论形态的争辩和交锋。它们是马克思主义哲学扩大自身影响力的有效方式，是深化理论研究的助推器，可为自我纠偏、调整战略提供有利时机，是理论自信的充分体现。可见，超越现实的伦理价值目标必不可少，绝对正确的实践策略无法担保，在追求理想价值目标过程中，不能不顾现实。在目标设定时更要将长远和近期、人类整体发展目标与民族国家的具体特殊规划有机结合起来。

四　结语

伴随着国家作为教育者的角色转换，"领导权"理论作为马克思主义哲学中的重要组成部分，愈发得到重视。了解它的内容及发展演变历程有助于深化马克思主义哲学研究、正确看待、评估其他理论思潮，便于梳理出影响马克思主义哲学赢得认同的诸多因素。参照马克思主义哲学及其指导下的政治实践曾经积累的经验，能为马克思主义哲学及其坚守的政治事业指出发展方向。总之，有关"领导权"的论述和探讨为建构、维护和巩固马克思主义哲学在意识形态上的领导权提供了理论支撑和方法论指导。它们的共同旨趣指明了推进马克思主义哲学研究的着力点、维护马克思主义哲学在思想上的领导权要处理好的几层关系，这当有利于拓展马克思主义哲学研究视域。

参考文献

[1] 列宁全集. 第 20 卷 [M]. 北京：人民出版社，1989.

[2] 列宁全集. 第 5 卷 [M]. 北京：人民出版社，1986.

[3] [意] 葛兰西. 狱中札记 [M]. 北京：中国社会科学出版社，2000.

[4] 毛泽东选集. 第 2 卷 [M]. 北京：人民出版社，1991.

[5] 拉克劳、墨菲. 文化霸权与社会主义的战略 [M]. 陈璋津译，台北：远流出版事业股份有限公司，1994.

[6] 马克思恩格斯选集. 第 1 卷 [M]. 北京：人民出版社，1995.

[7] [法] 拉康. 拉康选集 [M]. 褚孝泉译，上海：上海三联书店，2000.

[8] [法] 路易·阿尔都塞. 论再生产 [M]. 吴子枫译，西安：西北大学出版社，2019.

[9] 马克思恩格斯选集. 第 3 卷 [M]. 北京：人民出版社，1995.

The Multidimensional Perspective on the Theory of "Leadership" in the Perspective of Marxist Philosophy

Abstract: Marxist philosophy has different forms in different times and culture backgrounds, and the theory of "leadership", as one of them, centrally embodies the political interest of Marxist philosophy. Marxist philosophy always seeks to be able effectively guide and lead special political actions, to be able perceive the specificity of people's needs, to be able to unify the understanding of political subjects on the basis of respecting differences and diversities, and to construct and maintain its own leadership. The theory of "leadership" highlights the strong cultural power of Marxist philosophy in constructing the subject, and points out the course of growth of a special individual into a political subject. Examining it helps to deepen the understanding of the inter mechanism by which Marxist philosophy wins recognition, to understand more clearly the principle of the unity of Marxist philosophy and special political practice, and thus to clarify the path by which Marxist philosophy can realise innovation in terms of both content and form.

Key Words: Leadership; Specificity; Identity mechanism

【作者简介】胡爱玲，哲学博士，郑州大学哲学学院副教授，郑州大学马克思主义哲学研究中心研究员，研究方向为马克思主义哲学。

同一个现代，不同的现代性批判

——评《马克思与韦伯社会理论比较研究》

赵瑞泽

【内容摘要】《马克思与韦伯社会理论比较研究》为当前学界现代性问题研究开辟出一条新进路。该著认为，马克思将现代性的本质判定为"物化"，而韦伯则倾向于将现代性的本质理解为社会生活中各个领域的"合理化"。由于韦伯的思想触及一些马克思所不曾面对过的问题，其"现代性诊断"很大程度上可视为马克思"现代性批判"的延续。马克思与韦伯的两大思想因素在西方马克思主义哲学内部交织在一起，产生了巨大的理论效应，同样说明了这项比较研究的理论价值和现实意义。

【关键词】现代与现代性；马克思与韦伯；物化与合理化；西方马克思主义

"世界上只有一种英雄主义，那就是认清生活的真相后依然热爱生活。"如若按照罗曼·罗兰式的解读，那么马克思与韦伯均无愧为时代之"英雄"。在历史的风云际会中，马克思辗转德国、法国、比利时和英国，"他去世了，没有遗嘱，没有国籍……直到1956年，才树立了一块盖着铁铸顶的巨大的大理石作为墓碑"[1](p.443)。艰苦困顿的字眼印刻在他的生命里，却使后人将"哲学家们只是用不同的方式解释世界，问题在于改变世界"[2](p.502)这句划时代的格言永久印刻在这块墓碑上。同样，韦伯的一生也如其身处的德意志第二帝国一样充斥着紧张、冲突与矛盾。但即使在生命的最后时光，他仍向慕尼黑的青年学子们讲道："一个人得确信，即使这个世界在他看来愚陋不堪，根本不值得他为之献身，他仍能无悔无怨；尽管面对这样的局面，他仍能够说：'等着瞧吧！'"[3](p.117)一句"等着瞧吧！"既是韦伯的高呼，亦是马克思的呐喊，他们不辍以学术为业、以政治为业、以改变世界为己任，立志"为世界除魅"①。鉴于马克思与韦伯的领军地位，学界对两者的研究不可胜数。但是，既有研究大多专注于马克思或韦伯思想的某一点或某一侧面，相对零散以致无法构建起两者思想之间的内在关联。而作为一部既在宏观上把握，又从具体问题切入并系统比较了马克思与韦伯之间关系的论著，郑飞所著的《马克思与韦伯社会理论比较研究》（以下简称"郑著"）一书的理论价值和现实意义便得以凸显。郑著独辟蹊径，立足现代性问题域对马克思与韦伯的社会理论进行比较分析，其对现代性问题的考量以"存在论基础""意识形态批判""社会关系领域的'物化'"以及"生产过程领域的'物化'"四大方面循次展开，此外还辅以多篇相关研究论文，发人深省，值得推介。本文试图从现代性问题域着手对该著的主要内容做简要评述，以期推进当前学界关于现代性问题的研究。

一 现代性问题域下的马克思：现代社会的"物化"本质

在对现代性问题的反思上，学界一直以来众说纷纭、莫衷一是，但这从侧面揭示出现代性问题域覆盖面之广、影响力之大的事实。那么，究竟何谓"现代性"？郑著延续了刘小枫的描述，"一种普世性的转换每一个体、每一民族、每种传统社会制度和理念形态之处身位置的现实性（社会化的和知识化的）力量，导致个体和社会的生活形态及品质发生持续性的不稳定的转变"[4](p.2)，并强调这种描述旨在表明"现代"相对于"前现代"所具有的某种复杂性。历史的车轮滚滚向前，由现代性引发的诸种问题已不可避免地对人类社会生活造成巨大影响，而这些现象恰恰为著者所敏锐觉察。以郑著的观点来看，马克思对复杂现代社会的"诊断"是通过他在政治经济学"资本逻辑"视域下的"尘世批判"展露出来的。正如著者在"马克思关于现代性存在论基础的研究"一节中所强调的那样，"马克思对现代性存在论基础的揭示是通过政治经济学批判最终完成的，政治经济学批判就成为其现代性批判的出场路径"[5](p.35)。

马克思"现代性批判"的批判重心聚焦于政治经济学领域，"人本逻辑"是贯穿其中的思想主线。然而，马克思对其所处复杂现代社会的"诊断"最初并不

---

① "为世界除魅"引自德国著名诗人席勒。1919年，韦伯在题为"以学术为业"的演讲中讲道："只要人们想知道，他任何时候都能够知道；从原则上说，再也没有什么神秘莫测、无法计算的力量在起作用，人们可以通过计算掌握一切。而这就意味着为世界除魅。"千百年来，"巫""魅"与西方宗教神话紧密结合，与理智化的精神背道而驰。"除魅"是对现代性的一种概括，"除魅"过程即现代化过程，就是祛除神秘化、祛除神圣化的过程。马克思与韦伯均以一种总体性的视角对现代性问题进行考察，两者由此完成的对现代社会结构和机制的透视可理解为广义上的"为世界除魅"。

是从经济领域开始，而是同青年黑格尔派近似，从宗教问题着手，立足欧洲现实尤其是德国现实展开相关研究。马克思的观点既不同于鲍威尔纯粹的"抛弃"，也不同于费尔巴哈止于将神学本质还原为人的"类本质"。在他看来，这种立足宗教本身的"缝补"对人类解放之终极事业所起的作用是十分有限的，问题的关键则在于与彼岸世界相对的此岸世界，在于对物质生活的生产方式进行科学研究。尤其在《论犹太人问题》这篇文章中，马克思将犹太人的宗教精神归结为社会生活中人性的自私与贪婪，唯有将对天国的批判还原为对尘世的批判、将对神学的批判还原为对政治经济学的批判，才能在革命实践中对现代社会的弊病彻底加以改造。郑著据此强调，"现代性批判"本质上是贯穿马克思一生的视角。正如马克思在《〈黑格尔法哲学批判〉导言》开篇断言的那样，"就德国来说，对宗教的批判基本上已经结束；而对宗教的批判是其他一切批判的前提"[6](p.3)。在马克思看来，传统的宗教批判已由斯蒂纳、鲍威尔和费尔巴哈等人完成，唯有对现行资本主义世界的实际批判才能接替对宗教的批判，而对现行资本主义世界的批判归根到底是对现代社会的"人"的批判。德国著名哲学家洛维特在《世界历史与救赎历史》一书中对马克思"现代性批判"的观点做出如下概括："对于马克思来说，它（宗教批判）不再是一个神学问题，也就是说，不再是反对异教和基督教的诸神的斗争，而是一种反对尘世偶像的斗争。"[7](p.59)因此，无论是市民社会中的"异化的人"，还是共同体中的"无产阶级新人"，"人本逻辑"一直以来都是马克思理论体系建构过程中的主线。尽管在《资本论》及其系列手稿中，马克思从"商品"出发将全部社会生活纳入一个无所不包的"经济程序"之中，但细致研读这部鸿篇巨制，不难发现其核心并不仅仅是简单地对政治、经济进行批判，更多是以现代社会的"经济范畴"对现代社会的"人"进行批判。在现代性问题域中，马克思的思想发展脉络是连贯一致的，现代性是贯穿其研究始终的视角，其理论内核是一种现代性的辩证法。

在完成理论路径的澄清后，马克思最为关注的事情便转向政治经济学"资本逻辑"视域下的"尘世批判"。毫无疑问，现代社会中最突出的"偶像"就是商品的"物神品性"，即"商品拜物教"及其隐蔽发展形式"货币拜物教"和"资本拜物教"。在郑著"拜物教意识批判"一节中，著者阐述了"资本逻辑"下"商品—货币—资本"这一从抽象上升到具体的运动过程，并以此说明现代资本主义的历史性生成。以货币为中介，简单商品流通"W—G—W"（W代表商品；G代表货币）已基本满足了人们的日常生活需要。但这种温和的交换状态在现代社会中远不意味着完结，当"万物"都以货币为中介用金钱来衡量时，人们不禁思考是否权力、地位等"万事"亦有其内在"价值"。占有货币不仅意味拥有了商品的所有权，还意味拥有了现代资本主义世界中的话语权，即"币权"，人们由此展开了对金钱的狂热追求。正是在这个意义上，"资本逻辑"从根本上改变了现代社会的面貌。过往的商品交换模式"W—G—W"为买而卖，虽然能够基本满足人类的日常生活需要，但在赚取利润方面所发挥的作用却十分有限。当商品交换模式发生结构性的颠倒，演变为"G—W—G′ 且 G′—G=△G>0"时，才能真正形成货币自身的价值增殖。但同时也确如马克思在《资本论》第一卷中所言，从商品到货币的"跳跃如果不成功，摔坏的不是商品，但一定是商品占有者"[8](p.127)。资本家无疑会为这跨过峡谷的纵马一跃绞尽脑汁，"金钱"本应是达至幸福的"手段"，但在他们眼中却成了誓死追逐的"目的"。以致在商品决定人的资本主义世界中，商品从人类创造、满足需要的劳动产品，沦为支配人类、压抑人性的资本增殖工具，甚至人类本身也"物化"为一种可以出售的"商品"。易言之，"G—W—G′"模式下的"W"并非普通的商品，而是作为特殊商品的"人类劳动力"。马克思将上述模式中的△G称为"剩余价值"，并在《资本论》及其系列手稿中多次强调，"资本只有一种生活本能，这就是增殖自身，创造剩余价值，用自己的不变部分即生产资料吮吸尽可能多的剩余劳动"[9](p.269)。由此，"资本逻辑"最终导致了人与人关系的疏离。在资本主义社会化大生产背景下，劳资关系的对立便建立在资本家无偿占有工人剩余价值的基础上，并在现代社会中集中表现为资产阶级和无产阶级的对立。在郑著中，著者生动地将"资本逻辑"描述为一个无限制地增殖自己、膨胀自己的过程。正是这种对"活劳动"的吸附、对剩余价值的榨取过程构成了马克思"现代性批判"之核心。对此，郑著总结道："在《资本论》及其系列手稿中，马克思完成了对现代性本质的透视，全面系统地说明了分工制约下的不同个人的共同活动是如何在现代性条件下导致'物化'，造成人与人的关系采取物与物关系的虚幻形式，揭示出商品拜物教、货币拜物教、资本拜物教，从而将现代性的本质判定为一种'物化'。"[10](p.36)

综上所述，立足现代性问题域，马克思深刻意识到资本主义社会中存在一种"人本逻辑"统摄下的"资本逻辑"，而后者在发展过程中则直接导致了现代社会中"物化"现象的不断滋长。由此，马克思转向政治经济学领域，将对天国的批判还原为对尘世的批判，并试图从"尘世批判"的视角完成其对现代社会的透视。在深受"资本逻辑"控制的现代社会中，人创造的"物"反过来支配人，"物"进而作为"尘世的神"成为人们新的信仰，这显然与马克思终生秉持的"人本逻辑"立场相悖。因而，马克思在对资本主义社会前进发展持肯定态度的同时，也始终保持对其现代性物化本质的批判和否定态度，并与他同恩格斯在《共产党宣言》中做出的"资产阶级的灭亡和无产阶级的胜利是同样不可避免的"[11](p.43)论断遥相呼应。而马克思主义理论的终极目标则在于立足超越现代资本主义社会的历史阶段实现人的自由而全面发展,即对其本质的真正占有。

二 现代性问题域下的韦伯:现代社会的"合理化"阐释

继马克思与恩格斯之后,以考茨基、伯恩施坦为代表的"第二国际"理论家在某种程度上获得了对马克思主义的解释权。然而,这些理论家简单地、抽象地以经济因素的决定作用解释复杂的社会现象和历史进程,无形中弱化了政治、文化等重要因素,这种庸俗的"经济决定论"与马克思思想的真正内涵相背离,以致一经提出便为世人所诟病。由于身处"经济决定论"大行其道的时代,加之马克思多部重要著作写作时间和出版时间的错位①,韦伯对"现代性"问题的考察主要是针对"第二国际"理论家的误读而展开的。一反马克思对现代性"物化"本质的界定,韦伯更倾向于将现代性的本质理解为社会生活中各个领域的"合理化"过程。郑著对此指出:"韦伯把现代社会理解为合理化的产物,合理化构成其分析现代性问题的主要维度,这一原则不仅贯穿现代社会生活,还体现在现代商品生产过程之中,这在某种意义上回应了马克思对现代性本质的判定。"[12](p.23)

郑著充分汲取了过往学界的优质研究成果,为马克思与韦伯比较研究的必要性、重要性分析提供了坚实的理论基础。作为马克思与韦伯比较研究的领军人,洛维特在《韦伯与马克思》一文中写道:"韦伯借由普遍而不可避免的'合理化'来分析资本主义,此概括就其本质而言是一个中性的观点,但评价上的意涵却是暧昧的。相反的,马克思将他对资本主义的阐释立足于普遍但可改变的'自我异化'这样一个清楚明晰的否定性概念之上。合理化或异化,它们是对资本主义基本意义可供替换的两套描述,也包含现代社会的特性。"[13](p.25)洛维特的比较尝试为后世研究者提供了两则重要信息:首先,马克思与韦伯的"现代性诊断"具有某种思想契合性,可以在现代性问题域下对两者的社会理论进行比较;其次,虽然马克思与韦伯在其理论建构过程中均或多或少地涉及宗教领域,但两者在对待现代资本主义社会的态度问题上存在根本性的对立。而郑著则基于严谨的史实梳理指出,洛维特的研究虽开马克思与韦伯比较研究之先河,却未能全面系统地利用并理解马克思与韦伯的主要著作,仍是受到时代局限的。至此,我们理应回

---

① 马克思与恩格斯合著的《德意志意识形态》写作于1845—1846年,却出版于1932年;同样地,《1844年经济学哲学手稿》也直到1932年才首次得以全文发表。而韦伯早已于1920年去世,并未能接触到马克思早期思想中丰富的哲学意涵和辩证法因素。

归马克思与韦伯的相关著述，从相近或共通之处着手，将差别或对立放置在相近或共通的基础上加以阐释辨析，在洛维特之比较研究的基础上展开更为深层的考察。

虽然马克思与韦伯都将宗教问题与资本主义相勾连，但不同的研究理路导致两者在对待现代资本主义社会态度问题上产生根本对立。关于资本主义的历史起源（原始积累）问题，马克思在《资本论》及其系列手稿中有过多次阐述，而"首要的因素是：大量的人突然被强制地同自己的生存资料分离，被当做不受法律保护的无产者抛向劳动市场"[14](p.823)；但在韦伯看来，"其首要问题并不是用于资本主义活动的资本额来源问题，而首先考虑的应该是资本主义精神的出现和发展问题"[15](pp.62-63)，这种精神必须从宗教信仰之恒久的内在特质中寻求。韦伯在系统梳理佛教、儒教、犹太教、基督教等诸世界宗教伦理对经济活动的影响后，走向了一条与马克思政治经济学批判不同的研究理路。通过对东西方诸地域、文明的对比分析，韦伯强调"贪婪与吾人所知的人类历史同其久远"，问题不在于纯粹的否定或批判，而在于思考为何有许多不同的国家和地区都产生了大量的"资本"，但"资本主义"却仅在欧洲开花结果，而没有在中国、印度等地生根发芽的深层原因。这便促使人们追溯现行资本主义社会背后的禁欲主义宗教精神。由此，韦伯开始偏离马克思的政治经济学批判而走向文化领域的资本主义精神批判。

在现代性问题域下，韦伯从禁欲主义宗教精神入手，其研究在很大程度上回答了"现代资本主义社会应何去何从"的问题，同时也填补了马克思在"政治经济学批判之前"这一部分研究上的理论空隙。在《新教伦理与资本主义精神》一书中，韦伯系统阐释了禁欲主义宗教精神在资本主义经济体系建构过程中的推动作用，他认为"基于天职观念的理性行为，正是现代资本主义精神乃至整个现代文化的基本要素之一，而这种理性行为乃是源自基督教的禁欲主义精神"[16](p.182)。以禁欲主义新教中的加尔文宗"预定论"为例，上帝预先决定了每一个人是否为"选民"。但"有限"的人终究不能领悟"无限"的神，究竟何者为"上帝的选民"是一个无法参透的秘密，这些"被选召的基督徒在这世上唯一的任务就是尽自己最大的能力去履行上帝的戒律，从而增添上帝的荣耀"[17](p.107)。需要注意，上帝的预旨一经决定便无可更改，对于那些被上帝拒绝的"弃民"而言，教会、圣礼等任何方式都不能使其得到救赎。"预定论"在社会生活中产生了极强的心理效应，信徒们力图通过善行来证明自己是"上帝的选民"，他们秉承勤劳节俭、忠诚敬业的高尚品德，尽己所能地赚取财富来回馈上帝的恩典，并将其视为一种"天职"（Calling）。正是在这种宗教观念的影响下，人们即使占有大量物质财富也不会穷奢极欲、大肆挥霍，更有甚者会将其投入慈善领域、公益事业中，而这些行为无非是为了获得一种"救赎确认"，即"我是上帝选民"的身份认同。

资本在带来可观经济收益的同时也导致了全方位的社会危机。在《资本论》第一卷中，马克思援引邓宁在《工联和罢工》一文中的片段，生动描绘了资本主宰下人类对金钱的狂热追求。"一旦有适当的利润，资本就胆大起来。如果有10%的利润，它就保证到处被使用；有20%的利润，它就活跃起来；有50%的利润，它就铤而走险；为了100%的利润，它就敢践踏一切人间法律；有300%的利润，它就敢犯任何罪行，甚至冒绞首的危险。如果动乱和纷争能带来利润，它就会鼓励动乱和纷争。走私和贩卖奴隶就是证明。"[18](p.871) 相较马克思，韦伯更倾向将隐藏在现代社会背后的内在经济动因解释为上述的禁欲主义宗教精神。资本主义的起源和发展更多是倚靠数百年来根植于每一名信徒内心深处的宗教精神才不断成为可能。在禁欲主义宗教精神的指引下，一方面，资本主义经济发展遵守合理的经济行为，以最大限度获取利润、积累资本；另一方面，资本主义国家机关遵循合理的管理方式，以期有效地管理社会。换言之，韦伯以宗教合理化为基点向经济合理化、社会合理化进行延展，以阐明宗教伦理与资本主义经济、政治间的亲和性关系以及现代资本主义生活方式的内在动因。在这种路径的指引下，资产阶级的生产关系与神学的天职信仰之间紧密联结，"在现代的经济秩序下，只要是合法赚钱，就可以被看做是一种遵守天职美德的结果和发挥天职能力的表现"[19](p.49)。如此，仿佛资本主义社会下的种种矛盾都在高速发展的经济推力下倾向缓和，甚至得到解决。

综上所述，在马克思笔下受到尖锐批判的现代性"物化"本质，在韦伯引入一种全新的文化因素后愈显"合理"。韦伯充分肯定了资本主义的历史进步性，其对现代社会的"合理化"论证产生了广泛的社会影响。在面对复杂的现代性问题时，虽然马克思与韦伯均力求实现一种总体性的把握，但两者在具体展开路径上依旧存在较大分歧。郑著认为，在马克思那里，现代性批判主要以政治经济学批判的方式来展开；而在韦伯那里，现代性研究是以文化论与制度论两大主题的形式展开。[20](p.56) 韦伯十分重视精神文化因素在现代社会发展过程中的作用，但并非像"第二国际"理论家陷入"经济决定论"一样再次陷入"文化决定论"的窠臼。"韦伯的本意是强调各种因素在现代性的起源和现代社会生活中同等重要，决不可因为承认一者而否定另一者，更不存在高低优劣之分，社会生活的诸领域在他那里是并行的。"[21](p.46) 这些要素在现代社会中互为表里、相互支撑。所以，与其认为韦伯对现代性问题的考察是对马克思"物化"理论的颠覆，毋宁说韦伯将马克思对社会的分析向前推进了一步。这也解释了为何郑著将马克思的理论框架定义为一个"层级系统",而将韦伯的理论框架定义为一个"平行系统"。

三 现代性批判的新尝试:马克思与韦伯的理论"综合"

马克思与韦伯对其所处时代的"诊断"均涉及对现代社会的复杂性理解,相应地对这一复杂现代社会的剖析也亟须引入一种总体性的考察视角,这使在"现代性批判"视域下对两者进行更为全面的理解和把握成为可能。在郑著的第六章"马克思与韦伯比较的效应史考察"中,著者提出了一种立足现代性问题域的新尝试,即对马克思与韦伯的社会理论进行"综合"。"既然'物化'理论实质上是要在马克思的名誉下揭示出韦伯意义上的合理化过程存在的'二律背反',因此可以视为一种以马克思的方式解决韦伯问题的尝试。"[22](p.129) 这种尝试路径起初由卢卡奇开辟,卢卡奇的"物化"理论最早实现了对马克思与韦伯的理论"综合"。马克思与韦伯这两大思想因素在西方马克思主义哲学内部交织在一起,产生了巨大的理论效应,甚至毫不夸张地说,西方马克思主义在很大程度上可视为马克思与韦伯思想因素相互渗透的产物。

马克思基于政治经济学批判,将现代性的本质判定为"物化"。他认为,在现代社会中,资本是掩盖一切其他色彩的"普照的光",是决定着它里面显露出来的一切存在的比重的"特殊的以太"。[23](p.31) 并据此在政治经济学"资本逻辑"视域下展开"尘世批判",逐步揭示出拜物教意识对现代性本质的遮蔽。而韦伯则通过对现代性文化因素的考察,发现了内在于现代社会的"合理化"原则,并最终落脚于现代社会存在的历史必然性。这种历史必然性不是与马克思的"否定"态度完全对立的"肯定"态度,认为现代社会将会在宗教精神的引领下一劳永逸地蓬勃发展,而是秉持着"中立"和"旁观"态度,强调不可否定资本主义在人类历史长河中所达到的高度,资本主义制度下社会生产力的空前发展和文明的长足进步是过往任何时代均无法企及的。

而韦伯则在"合理"的现代性问题域下做出了形式合理性和实质合理性的区分。在他看来,"'预防措施'对任何合理的经济都很重要,如果这种预防措施达到可以并且实际上用数字的即'计算的'考虑来表示的程度,那么这样一种经济行为在形式上是合理的"[24](p.107)。在这里,韦伯提出了严格计算意义上的形式合理性,这种"可算性"不单是日常现实中的"货币使用",而是将"货币计算"作为目的合乎理性的生产经济的特殊手段,充当形式合理意义上的可算性的最大限度,并用以推动社会生产力的发展。相反,实质合理性则更多强调价值合理的基本原则，一个事件哪怕在形式上是合理的、可计算的，但如果其不符合宗教精神和道德责任，那么也是不合理的。遗憾的是，韦伯对于现代性问题的考察止步于此。他并未像同时代的研究者一样回归现实生活，更未在更深层次上开展现代性批判或提出改良方案。但也有观点认为，韦伯其实意识到了这种"合理化的经济行为"以及建诸其上的"合理化的现代社会"是存在问题的。资本主义与基督教神学也并非结成永久"同盟"，"获得全胜的资本主义不再需要禁欲主义的支持了，因为它已经为自己找到了新的根基——机器"[25](p.183)。可见，对于现代性的后果，韦伯同样充满忧虑。恰如郑著分析道："韦伯的合理化理论内部存在着形式合理性和实质合理性的巨大张力，一方面是形式合理性的必然性，另一方面是实质合理性的沦落。正是这种张力，揭示出现代性的内在矛盾，奠定了社会批判理论的规范性基础。但在韦伯本人那里，形式合理性和实质合理性都是作为合理性的理念型，其理论意图并不是要承认一方而贬抑另一方。面对现代性的社会事实，韦伯只能恪守价值中立，只给予实然层次的犀利分析，并未提出应然的规范要求，他本人那里并没有发展出一套系统的社会批判理论，这就留给后世巨大的阐释空间，这也是社会批判理论得以生成的场域。"[26](p.91)时至今日，吾辈学人大可进一步推进这种"合理化的经济行为"，因为在现代社会中，社会生产力空前繁荣，人们关注的永远是如何通过最有效的方法达到既定目标，而时常忽视与实质合理性原则相悖的对工人剩余价值的剥削，这正是值得我们深刻反思的。

"合理化"思想的引入可视为卢卡奇对现代性问题域下马克思社会理论体系的一种新发展，"卢卡奇立足马克思的社会存在—社会意识架构，却采取韦伯的合理化分析这一独特的进路"[27](p.76)。在《历史与阶级意识》中，卢卡奇一针见血地指出，韦伯"根据计算、即可计算性来加以调节的合理化原则"[28](p.155)实则是不合理的。真正合理的社会发展路径应该是在形式合理性和实质合理性两条路径之间的第三条路径，在两种合理性行为中达至均衡统一，也就是在考虑经济和社会发展的同时兼顾道德价值。以现代资本主义社会"形式合理"与"实质不合理"的矛盾为突破口，卢卡奇进一步延伸了韦伯的"合理化"原则。在韦伯所谓的合理化社会中，工人不再是劳动的主体，而仅仅体现为依附于资本家的目的合理性，成了自己创造出来的"物的奴隶"，在某种程度上回归了马克思对现代性"物化"本质的判定。马克思认为，共产主义的最终目的是实现人的自由而全面发展，对于财富的追求仅仅是通达自由而全面发展的手段；与之相对，资本主义的所谓合理化导致的问题是——人本身不再是目的，追逐金钱、追逐利润成为人的唯一的目标。资本主义在生产方式上仅仅强调形式合理性，资本主义社会中的一切行为追求的都是利益和效率的最大化，至于意义则已不在考量范围之内。

质言之，现代资本主义社会的合理化过程是实质合理性不断衰落、形式合理性不断膨胀的过程，人们只在乎理性的、锱铢必较的考量与计算，与此无关的所有价值意义均被抛弃。看似不断"合理的资本主义"其实越来越向着不合理的方向发展。由此，现代社会中韦伯描述的那种被赋予"天职"意义的劳动已然不复存在，转而演变为一种谋生的手段；追求财富也不再是为了救赎自身和荣耀上帝，而仅仅是为了基本的生存。在形式合理性的影响下，社会的一切行动，必须以实现组织既定目标为先决条件，必须以彻底的"非人格化"来换取组织利益的最大化，由此导致个人需要和价值意愿的摒弃，从而抑制自由个性的发展。

在对形式合理的资本主义社会进行全面清算后，卢卡奇试图寻回形式合理与实质合理之间的第三条路径，即"无产阶级意识"的唤醒之路。无产阶级革命理应最先发生于发达资本主义国家，但革命缘何屡屡失败？这是卢卡奇着力回应的问题。在现代资本主义社会中，如果人人都向往利益最大化的形式合理性，资本家无疑会成为最大的受益者，成为被尖锐批判的对象。然而，这只是表层的直观分析。问题的症结在于，资本家的社会身份是基于资本主义社会的，同样资本家的身份也会随着资本主义社会的消亡而不复存在。在《1844 年经济学哲学手稿》中，马克思以"异化劳动"为核心揭示了资本主义剥削的秘密和无产阶级贫困化的实质。从物质生产领域出发，马克思在阐释了人类同自己的劳动产品、自己的生命活动、自己的类本质相异化后，进而揭示了"人支配人"的社会现象。人的异化通过人与人的关系展现出来，最直接的体现就是劳动者的贫困和非劳动者的富裕，进而引申为无产者和有产者、资产阶级和无产阶级的对立。在这种对立中，虽然工人受到资本家的剥削和压迫，但资本家并非"原罪"，他们也是受到异化的人。为更清晰地阐明这一问题，卢卡奇援引了《神圣家族》中的表述："有产阶级和无产阶级同样表现了人的自我异化。但是，有产阶级在这种自我异化中感到幸福，感到自己被确证，它认为异化是它自己的力量所在，并在异化中获得人的生存的外观。而无产阶级在异化中则感到自己是被消灭的，并在其中看到自己的无力和非人的生存的现实。"[29](p.261) 可见，在资本主义社会中，资本家同工人一样成为被禁锢在资本主义生产链条上的客体，成为市民社会的牺牲品。既然资本家的身份是历史的产物，而社会历史又是人创造的人的历史，"代替那存在着阶级和阶级对立的资产阶级旧社会的，将是这样一个联合体"[30](p.53)，在这里，"一方面，每一个人都应当平等地获得其能够发展其能力的一份生活资料，另一方面，每一个人都应该为获取生活资料贡献自己的劳动"[31](p.19)，而这一自由人的联合体是属于全体人类的。至此，我们得以在现代性问题域完成对马克思与韦伯社会理论的"综合"。青年卢卡奇以"物化"思想为中介探寻对马克思与韦伯进行调和的可能性，并以"资本逻辑"和"合理化"的双重视角展开现代性批判。正是通过卢卡奇的"综合"，韦伯的思想得以进入法兰克福学派的话语传统之中，为后世研究者推开了一扇探索"工具理性"和"价值理性"的大门。

评估与展望

以郑著的观点来看，在对现代性问题予以考察后，马克思毅然投身政治经济学领域，自下而上地探研了现代资本主义社会"劳动力变为商品，货币转化为资本"的现代性"物化"本质，并借助对现代性的批判来论证共产主义社会的历史必然性。而韦伯在不断发掘"资本主义精神"这个现代资本主义社会之内在动因的过程中，也完成了对马克思理论路径的重构，并走向了一条"合理化"路径。在韦伯描绘的资本主义世界蓝图中，经济建设不断推进、社会制度愈发完善……现代社会在某种程度上走向"合理"，但长于形式合理性而忽视实质合理性也在人类历史中催生出诸多的惨痛教训。卢卡奇敏锐注意到了这一问题，他不仅面临着修正主义和国际局势的双重压力，更肩负着作为一名坚定的马克思主义者向世人传达何为"正统马克思主义"的历史使命。以"物化"思想为中介，卢卡奇试图对马克思与韦伯的思想观点进行"综合"，但他的综合路径并非简单地将两者等而视之，而是尝试以马克思的思想为底色吸纳韦伯的"合理化"思想。卢卡奇虽然在理论上接受了韦伯"合理化"的部分观点，却批判了他对现代社会非批判性的理论立场，并沿着"合理化"路径强调这种形式上的合理乃是实质上的不合理。营利变成人生的目的，而不再是为了满足人的物质生活需求的手段，这是一种新的拜物教，是"物化"的状态，这种"人自己的活动，人自己的劳动，作为某种客观的东西，某种不依赖于人的东西，某种通过异于人的自律性来控制人的东西，同人相对立"[32](pp.152-153)。这种状态理应是予以坚决反对的。随着"资本主义合理化"愈发深入社会生活各个领域的历史现实，卢卡奇分别从主观、客观两方面出发，深刻地揭示和剖析了发达资本主义工业社会条件下的合理化统治所掩盖着的人的物化和主体性的缺失等问题，并试图用"原子""孤立""机械"等一系列发人深省的词汇唤醒潜藏的"无产阶级意识"。可见，这条综合之路是沿着马克思对现代社会之"物化"本质的判定所展开的，是对韦伯"合理化"思想的批判性继承和发展。

郑著为当前学界现代性问题研究开辟出一条新进路。在卢卡奇的基础上，以霍克海默、阿多诺、哈贝马斯为代表的法兰克福学派，通过各自不同的路径对马克思的思想进行"综合"尝试。与卢卡奇不同，这些社会批判理论家不再标榜自己为马克思主义者，甚至在思想上逐渐远离马克思，反而趋近韦伯。那么，究竟是马克思的思想能够涵括韦伯,还是韦伯的思想能够涵括马克思?郑著的答案是前者,马克思的现代性批判相对于韦伯而言,具有某种内在的优先性。马克思将现实的生活实践作为哲学的立足点,并将之上升到"哲学之一般"的高度,而由于韦伯的思想触及一些马克思所不曾面对过的问题,其"现代性诊断"在很大程度上可以视为马克思现代性批判的延续。[33](pp.156-157) 作为一部既在宏观上把握,又以具体问题切入并系统比较了马克思与韦伯之间关系的论著,初读本书不禁醍醐灌顶。但由于郑著的理论任务主要聚焦于马克思与韦伯思想中的宏观问题,致使整体研究论域过大,迫于篇幅限制而不得不在研究细节上有所牺牲。随着现代社会的不断发展,不单是经济、政治、文化等因素,越来越多的因素都在不断纳入其中,马克思、韦伯和卢卡奇等理论研究者以其各自独立的视角对现代社会的透视只是为我们提供了一个研究方向,在许多具体问题上仍有进一步拓展的空间。总体观之,郑著为汉语学界在现代性研究问题上发出自己的声音做出了独特而卓有成效的贡献,体现了当代学人应有的理论担当与实践关怀。

参考文献

[1]戴维·麦克莱伦.马克思传(第4版)[M].王珍译.北京:中国人民大学出版社,2016.

[2][6][29]马克思恩格斯文集(第一卷)[M].中共中央马克思恩格斯列宁斯大林著作编译局编译.北京:人民出版社,2009.

[3]马克斯·韦伯.学术与政治:韦伯的两篇演说[M].冯克利译.北京:生活·读书·新知三联书店,2013.

[4]刘小枫.现代性社会理论绪论[M].上海:上海三联书店,1998.

[5][10][12][20][21][22][26][27][33]郑飞.马克思与韦伯社会理论比较研究[M].北京:北京师范大学出版社,2019.

[7]卡尔·洛维特.世界历史与救赎历史:历史哲学的神学前提[M].李秋零,田薇译.北京:生活·读书·新知三联书店,2002.

[8][9][14][18]马克思恩格斯文集(第五卷)[M].中共中央马克思恩格斯列宁斯大林著作编译局编译.北京:人民出版社,2009.

[11][30]马克思恩格斯文集(第二卷)[M].中共中央马克思恩格斯列宁斯大林著作编译局编译.北京:人民出版社,2009.

[13]Karl Löwith, *Max Weber and Karl Marx*, Routledge, 1982.

[15][16][17][19][25]马克斯·韦伯.新教伦理与资本主义精神[M].马奇炎,

陈婧译.北京：北京大学出版社，2012.

[23]马克思恩格斯文集（第八卷）[M].中共中央马克思恩格斯列宁斯大林著作编译局编译.北京：人民出版社，2009.

[24]马克斯·韦伯.经济与社会（上卷）[M].林荣远译.北京：商务印书馆，1997.

[31]王南湜.马克思的正义理论：一种可能的建构[J].哲学研究，2018(05).

[28][32]卢卡奇.历史与阶级意识[M].杜章智，任立，燕宏远译.北京：商务印书馆，1999.

Same modern, different criticism of modernity
A book review of *Comparative Studies of Marx's and Weber's Social Theories*

Abstract: *Comparative Studies of Marx's and Weber's Social Theories* opens up a new path for the current academic research on modernity issues. The book holds that Marx judged the nature of modernity as "materialization", but Weber prefers to understand the nature of modernity as the process of "rationalization" in various fields of social life. Because Weber's thought touches on some problems that Marx had never faced, his "Modernity diagnosis" can be largely regarded as the continuation of Marx's criticism of modernity. The two major ideological factors of Marx and Weber are interwoven together in the Western Marxism philosophy and have produced a great theoretical effect, which also explains the theoretical value and practical significance of this comparative study.

Key words: Modern and Modernity; Marx and Weber; Materialization and Rationalization; Western Marxism

【作者简介】赵瑞泽，中国人民大学马克思主义学院博士研究生，主要从事马克思主义基本原理、马克思主义哲学研究。

精神政治与功绩社会：
对韩炳哲社会批判理论的反思与超越

徐 陶 赵雪倩

【内容摘要】 新生代左翼哲学家韩炳哲认为当代西方新自由主义社会的统治或治理已经超越肉体进入精神层面，精神政治作为新的统治框架取代福柯式的生命政治。新自由主义社会不是规训社会而是功绩社会，所采取的治理形式是精神政治的权力技术。韩炳哲剖析了精神政治之权力技术作用于当代西方新自由主义社会的管控策略与内在逻辑，由此对资本主义社会进行了多维度的批判。但是其理论存在一定程度的弊端和局限，我们更应该立足中国现实构建富有中国气派的哲学理论。

【关键词】 韩炳哲；精神政治；社会批判；功绩社会；权力技术

韩炳哲的精神政治学认为当代西方新自由主义社会已经完成从规训社会向功绩社会（绩效社会）的转型，并且以新的统治形式即精神政治为核心。韩炳哲希望以精神政治范式取代福柯的生命政治范式，并基于"功绩社会超越规训社会"这一论断来剖析当代西方社会的各种病理表现。韩炳哲在当代语境下发展了法兰克福的社会批判理论，揭示了当今资本主义社会繁荣幻象中隐含的内在危机，由此在世界范围内产生了较大影响。但是其理论的局限性通常被学界所忽视，这从侧面启发我们构建符合中国现实的哲学理论。

一 当今西方社会权力范式的转变：从生命权力到精神权力

福柯的生命政治学将"人口与身体"作为生命权力的对象，对人口的调节、控制以及对个体身体的规训构成了生命权力的两个维度。①他在《规训与惩罚》中分析了君主权力向规训权力的过渡,"试着基于某种有关肉体的政治技术学来研究惩罚方式的变化,从中读解出权力关系与对象关系的一部共同历史"[1](p.25)。福柯通过分析惩罚制度的演化,即从达米安式的残酷处决到有节制的惩罚制度的逐渐普及,论证了君主的展示权力被规训权力所取代的历史进程。这种对于权力关系及其运作的研究被称为谱系学,生命权力不仅使用相应的知识/权力技术对身体进行操控和训诫,而且是"一种人口的生命政治"——关注与生物学相关的人口数、生育、出生死亡率以及健康状况等,这是一种新的权力形式,同时也是一种"权力的微观物理学"。韩炳哲认为规训权力的本质是一种具有矫正性质的否定,以驯化个体的否定论为基础,这与君主权力相似。[2](p.28)在韩炳哲看来,福柯的生命政治学已经不再适用于今日的资本主义新自由主义社会,理解新自由主义社会需要新的权力理论范式,这可以从以下三个方面进行说明。

首先,资本主义的增殖属性内在地要求清除一切阻碍与否定性以加快资本流通速度,并且借助数字革命的科技成果,渗透进民众的精神领域以实现资本增殖的效率最大化。韩炳哲认为相较于带有否定性质的君主权力与生命权力,具有肯定性质的精神权力虽然也使主体服从,但由于其善于鼓励和诱导,能够使主体自发地提高生产效率以满足资本的增殖目标。或者说,友好型权力比镇压型权力更能满足当代资本的增殖需求,这与19世纪依靠规训和禁令的资本主义相去甚远。另外,从权力统治技术来看,依托大数据的微观心理学层面的精神控制也比借助统计学的宏观生物层面的外在调控更有效,"规训权力的矫正技术太粗糙,因此无法带着自己隐藏的愿望、需求和渴望进入更深层次的精神层面并侵占它"[3](p.29)。如果说生命政治学关注于生物、躯体和肉体,那么"新自由主义作为另一种运行形式,即资本主义的变种,在第一性上无关生物、躯体和肉体。它发现,精神才是生产力"[4](p.33)。总而言之,新自由主义社会的统治技术借助数字技术已经突破肉体层面而进入了精神领域。

其次,韩炳哲将权力范式转化的深层机制归因于生产模式的转型,君主权力向规训权力过渡的原因是农业化生产模式向工业化生产模式的转型;当下资本主义的生产模式进一步被非物质和非肉体的生产所主导,生产出的产品是信息、数据等一系列非物质内容。特别是进入后工业、非物质与信息生产的时代后,以规

---

① 韩炳哲在其作品中并未严格区分福柯"规训权力""生命权力"这两个概念,更多的时候将二者混为一谈,并立足于精神政治学的理论视角对其进行了创造性解读。对于这两个概念的区分,详见[美]狄安娜·泰勒编《福柯:关键概念》,庞弘译,重庆大学出版社2020年版,第33—66页。

训权力为主导的统治技术由于其封闭与僵化而无法实现资本主义的扩张，精神政治作为新自由主义社会的统治形式带来了不同于以往的权力技术，肉体的规训不再那么重要。福柯意义上的规训主体转化为自己管理自己的绩效主体，陷入了永无止境的精神生产之中，"每个人都如同一座劳改所，随时随地把工位带在身上"[5](p.52)。韩炳哲向世人宣告："生命政治的时代随之终结，我们如今正迈向数字精神政治的新时代。"[6](p.111)

最后，韩炳哲认为福柯错失了对权力与精神关系的探索，未能完成由生命政治向精神政治的转向，这被韩炳哲称为"福柯的困境"。19 世纪 70 年代中期之后，福柯的研究重点开始由谱系学向伦理学转变，开始过渡到对"自我技术"的伦理研究，并关注权力技术与自我技术之间的相互关系。[7](pp.54-55) 但韩炳哲认为福柯还是未能深入研究生命政治学的终极原因，"生物政治学和人口学作为规训社会的天然范畴并不适合用来阐述新自由主义政权"[8](pp.31-32)。因此韩炳哲认为，福柯并没有意识到新自由主义社会已经将自我技术纳入其统治体系，更没有意识到权力技术和自我技术的统一创造出了新的剥削方式，这是福柯无法走出困境的原因。在韩炳哲看来，福柯的"自我技术"视域中的自我无法与政治权力技术相抗衡，只不过是新自由主义政治为实现剥削所编织的美丽幻象。

二 当今西方社会范式的转变：从规训社会到功绩社会

韩炳哲的精神政治学是对福柯、阿甘本的生命政治学之延续，但是韩炳哲认为二者的权力理论无法解释当下功绩社会对于规训社会的取代。一方面，福柯关注权力的"微观物理学"，从历史谱系角度分析君主至高权力的退场与规训权力的诞生；相较于君主权力，规训权力渗入身体和灵魂最深处制造规范和习惯以实现统治目的。韩炳哲认为规训社会没有表现出任何权力和统治形式，福柯所描述的情形与其说是一种新的权力形式，不如说是一种新的社会形式，而当今的社会更是超越了福柯的规训社会："21 世纪的社会不是规训型社会，而是绩效社会。"[9](p.128) 另一方面，阿甘本将生命政治的目光重新聚焦于对至高主权的批判，探讨至高主权与赤裸生命的原始结构是如何历史性地存在。但在韩炳哲看来，这种分析路径依旧没能解释当下的功绩社会，因为"那个既是自己的君主又是自由人的绩效主体，其实就是神圣人"[10](pp.189-190)，并且由于被剥夺了超验性而变得既神圣又赤裸。如果说阿甘本以"例外状态"范畴为核心的政治学是从福柯的对立面来对生命政治进行批判性发展，那么韩炳哲以"精神政治"为核心的政治学便是沿着福柯的话语进一步前进，韩炳哲试图将生命政治学理论推向一个新的阶段，同时也重构了福柯对资本主义社会结构的界定与表述。

除了"功绩社会"（绩效社会）之外，韩炳哲还使用了诸多概念来界定当代西方新自由主义社会，例如倦怠社会、透明社会、监控社会、肯定社会、妥协社会等。虽然有的学者主张功绩社会与规训社会之间的连续性："这一社会框架的重新定义依旧是建立在规训和生命政治模式之上的。"[11](pp.4-15) 但韩炳哲始终主张两者的差异，他认为当下社会由健身房、办公楼、购物中心等构成，不再是福柯所述的由工厂、医院、疯人院和监狱等构成的规训社会；这并非指当今社会不存在工厂、医院和监狱等机构，而是指当今社会不再是以清规戒律、排斥和规训为基础的否定性社会，而是充满鼓励的肯定性功绩社会。新自由主义社会不再筑起高墙来区分正常与异常，不再以"应该"作为实施社会管理的情态动词，而是使用一种积极的情态动词——"能够"来打破壁垒与边界。与此同时，功绩社会催生了新的主体，即绩效主体。绩效主体高呼着"我能够办到""我可以变得更好"，带着一种对自由的渴望与对自身的永不满足，不知疲倦地出入健身房、美容院、购物中心等场所，不自觉地成为资本增殖的助推器。

那么，在规训社会向功绩社会转变后，规训范式消失了吗？韩炳哲指出规训范式与功绩范式之间具有连续性，因为资本主义社会对生产最大化的追求已经存在于集体潜意识中，当生产力发展到一定水平后，禁令及一切否定性规范逐渐成为扩大再生产的阻碍。功绩范式以"能够"作为管理的情态动词，对一切生产行为表达同意与鼓励，带有肯定性质的"能够"比带有否定性质的"应该"更能满足扩大再生产的需要。可见，韩炳哲在进行权力分析时否认与福柯权力理论的连续性，而在绩效社会的社会形态分析时又承认二者的连续性。此外，韩炳哲指出绩效社会虽然告别了福柯的规训社会，但也并非阿甘本所述的君权社会。阿甘本宣称例外状态在当下成为常态，这导致了至高权力的无限扩张，法律与暴力没有分别，人人都可能成为赤裸生命。但是韩炳哲认为功绩社会不存在任何例外状态，阿甘本关于"原始结构"的论述是一种历史的错位。功绩社会作为一种肯定性社会，消除了一切可能阻碍资本高速运转的否定性因素，为了使一切都能够被交易，区分与差异被禁止，因此不存在任何例外状态。功绩主体投身于效率最大化，自视自由并认为自己是拥有绝对主权的个体，由此不断地鞭策与优化自我，浑然不觉自己处在自我压迫与自我剥削中。

从20世纪下半叶开始，很多社会理论家对当今社会的特征做出了各种描述，如丹尼尔·贝尔的"后工业社会"、福柯的"规训社会"、利奥塔的"后现代社会"、德勒兹的"控制社会"、齐格蒙特·鲍曼的"液体社会"、乌尔里希·贝克的"风险社会"等。对于如何看待当今新自由主义的西方资本主义社会，韩炳哲从权力范式和社会形态两个方面延续了西方左翼理论的批判路径，"精神政治"

与"功绩社会"构成了韩炳哲对于新自由主义社会之批判的一体两面。那么,精神政治这一权力范式如何作用于新自由主义社会而形成了韩炳哲所述的功绩社会,这涉及精神政治之权力技术的管控策略和内在逻辑两个维度。

三 精神政治之权力技术的管控策略:大数据、感性渗透、绩效导向

韩炳哲认为精神政治的权力技术远比生命政治的权力技术更加精明,虽然精神权力也使主体顺从,但是不同于规训主体,绩效主体对自己的屈从性并不自知。"为你好""你可以变得更好"的诱导与鼓励远比强制性的命令与恐吓更有效,也更具隐蔽性。精神权力技术主要的管控策略为:大数据、感性渗透和绩效导向,三者共同在社会各个层面发挥作用。数字媒体极大地改变了我们的行为、感知、情感、思维以及生活方式,我们沉溺于其中却不自知,这种盲目性构成了当下的危机。[12](p.1)韩炳哲以数字时代为切入点,从以下三个方面剖析了精神权力何以取代生命权力造就了当代西方新自由主义社会。

首先,在韩炳哲看来,对"大数据"的利用是精神权力技术区别于以往权力技术最显著的特征。韩炳哲反对鲍德里亚关于全景监狱已经终结的看法,认为当下"是一个全新的、非透视的全景监狱的开始"[13](p.77)。大数据无差别地消除了距离并改变了社会感知,同时,自我与他者、监控与被监控者的界限也逐渐模糊不见。人们的行动化为互联网上的无数点击与操作,不仅全盘数字化而且被保存下来,能够被追溯和精准再现,其结果便是数字全景监狱的形成。数字全景监狱具有去中心化和"非透视"的特征,每个人在监视别人的同时积极展示自身;边沁式全景监狱聚焦于监控者与被监控者之间单向、不可逆的关系结构,与此不同,数字全景监狱中的居民是彼此联网和交流密切的,这使得全方位监控得以可能:"交际完完全全地被监控了,每个人都是自己的全景监狱。"[14](p.53)数字全景监狱塑造了当今的透明社会,"数字的全景监狱不是生态政治意义上的纪律社会,而是精神政治意义上的透明社会"[15](p.108)。透明性是一种强制性的"肯定性暴力",它要求驱逐一切排斥性和否定性,使一切可见且同质化。

其次,为了创造更大的生产效率,精神权力技术瞄准了主体的感性部分。韩炳哲认为早期资本主义遵循的是理性逻辑,例如马克斯·韦伯认为新教禁欲主义"是一场反对无理性利用财富的斗争"[16](p.317),而新自由主义社会是将情绪资本化的消费型资本主义,更遵循感性逻辑。韩炳哲将情绪与资本主义发展进程联系起来,并使用"情绪资本主义"的概念来理解新自由主义社会。韩炳哲认为情感与情绪都是不稳定的,是主观且无法言表的,但情感与情绪具有践言性——可以

引起特定行为的发生，这是其能够被情绪资本主义所利用的原因。当代资本主义社会进入了数字化时代，情绪成为生产资料，数字媒体作为一种情感体验式媒体作用于精神层面，人们今日消费的不是商品而是情绪。[17] (pp.62-63) "情绪作为本能发源地的边缘系统控制，构成了前反思的、半意识的、身体本能的层面，这个层面通常不被感知。"[18] (pp.31-32) 例如日常生活中的"为情怀买单"的口号，就体现了消费者抛弃理性原则而陷入了情绪化消费，精神权力技术正是通过控制情绪这类感性因素而实现对人的深层干预。

最后，韩炳哲指出"数字时代并不是闲适的时代，而是绩效的时代"[19] (p.50)。绩效导向催生了新的剥削模式，即自我剥削，"在新自由主义政权中，剥削不再是以异化和去现实化的方式进行，而变成了自由和自我实现"[20] (pp.94-95)。绩效主体既是剥削者又是被剥削者，不断的自我完善与自我优化被理解为绩效的提升，这显示了精神权力技术对社会主体"自我"的操控。韩炳哲用普罗米修斯与鹫鹰的关系来隐喻绩效主体对自我所发动的战争，并将21世纪特有的精神疾病（例如过劳与抑郁）归因于此。韩炳哲认为，"人们现在的观念认为自己并不是处于从属关系的主体，而是自我筹划、自我优化的项目"[21] (p.65)，资本生产要求效率最大化，绩效原则被功绩主体所内化，因此将自我积极化为一个建设项目；曾经来自他者的束缚变成了自我束缚，而后者甚至伪装成自由。"绩效原则已经统御了当今社会的所有生活领域，包括爱和性。"[22] (p.30) 正如国内有的学者所说的那样，"人的存在变成了巨大的功绩社会装置下的西西弗斯式的生命，这不仅是一种异化，也意味着人的生命意义的耗竭"[23] (p.10)。

四 精神政治之权力技术的内在逻辑：肯定辩证法与自由辩证法

精神政治的内在逻辑和哲学基础是肯定辩证法和自由辩证法，两者相辅相成，使得新自由主义社会能够以精神政治的权力形式实现对人的隐默控制，使人陷入了普遍的精神困境。这种控制是通过给予主体以肯定和鼓励，诱导主体进行自我规划和自我提升，并将这种自我规划阐释为人的自由来实现的。由此理路，韩炳哲构建了对当代西方资本主义社会进行批判的内在逻辑。

（一）精神政治权力技术的运作逻辑：肯定辩证法。

规训社会遵循否定辩证法，到处充斥着禁令与强制；功绩社会的去管制化进程解除了种种限制，用肯定辩证法代替了否定辩证法。精神政治的权力技术遵循的是肯定辩证法而非否定辩证法，以同一性来排斥对立性；韩炳哲指出黑格尔的辩证法是"肯定—否定—肯定"的闭环，绝对精神以这种绝对闭环为前提认可了否定性。但在当今资本主义社会中，否定性阻碍了资本和信息的交流速度，因此

"如今，他者的否定性让位于同者的肯定性"[24](p.1)。面对死亡这一"绝对他者"带来绝对否定性，功绩社会通过将人的生命绝对化，鼓动有限的个体生命创造更多的绩效与资本价值以对抗死亡，最终消耗自我而变得倦怠。新自由主义社会摒弃了一切否定性而表现为肯定社会，肯定辩证法作为精神政治权力技术的运作逻辑贯穿始终。

新自由主义政权在"肯定辩证法"中实现并强化其治理术，无论是数字管制、情绪渗透还是绩效原则都内在地蕴含着肯定辩证法。首先，"透明社会首先就表现为一个肯定社会"[25](p.1)，当人们为获得肯定性而不断消除否定性时，一切行为都屈身于可计算、可调节与可操控的过程，行为变得"透明"。其次，边沁式的全景监狱服务于规训社会，而数字全景监狱服务于绩效社会，因为后者形成了一个筛选与监控机制，通过对具有否定性的他者之排斥而将背离和敌视现成体制的人排除出去，从而保障现成体制的安全与效率。再次，"情绪利用"这一管控技术同样遵循着肯定辩证法。肯定性社会不能容纳否定性的情感，区别于生命权力技术的禁令与训诫，精神政治的权力技术利用积极情绪的践言性功能，通过循循善诱的方式迎合主体而施加隐性控制。最后，绩效原则也是精神政治的权力技术遵循肯定辩证法的一种典范。奖赏作为一种肯定和承认，需要外在的他者来完成；当带有否定性的外在他者被消除，绩效主体只能进行自我肯定与奖赏，新自由主义社会的绩效原则便内化成绩效主体对自身的一种绝对的自我强迫。

正是由于肯定辩证法无处不在，支配绩效社会的不是基于免疫学范式的排斥性模式，而是一种扩张性模式。韩炳哲指出，"世界向肯定性发展，由此产生了新的暴力形式"[26](p.12)，功绩社会中人们的各类精神疾病正是产生于这种肯定辩证法。如果说否定性的规训社会制造犯人与囚犯，那么肯定性的绩效社会则带来抑郁症和厌世者。由此可见，肯定辩证法作为精神政治权力技术的运作逻辑是功绩社会产生和运作的基础。

（二）精神政治权力技术的布展逻辑：自由辩证法。

韩炳哲指出，"自由的辩证法不幸地将其自身转化为强制和束缚"[27](p.68)。新自由主义社会陷入了自由的悖论并引发危机，这种危机"不在于我们面临一种否定或者压制自由的权力技术，而在于这种权力技术对自由敲骨吸髓般的利用"[28](p.21)，其内化为其治理的布展逻辑。从规训社会向绩效社会的转变，不仅表明否定性向肯定性之转变带来了新的统治形式，更是表明统治伪装成"捍卫自由"而粉墨登场并带来新的强制。那么，自由辩证法如何在绩效社会中实现其自身呢？一方面，绩效社会以"能够"的情态动词代替规训社会的"应当"，这种转变使得主体行动的范围变得无限大且永不满足，主体对自由的追求具有一种更为主动和普遍的强制力。另一方面，绩效社会的主体虽然摆脱了外在的强制，但是由于绩效最大化的魔咒，绩效主体既是企业主又是自己的员工，这种精神层面的自我规划与自我管理被解释为自由行为，而这实质上是一种隐匿的自我强制。绩效主体在自由的幻想中自发地追求绩效最大化，同时又意识到绩效追求的永无止境，从而陷入了一种存在论意义上的倦怠情绪，并表现出抑郁等各类心理疾病。

自由辩证法源于韩炳哲对黑格尔主奴辩证法的创新性发展。韩炳哲认为如果将黑格尔的主奴辩证法视为自由的历史，那么我们离真正的自由还相距甚远，因为当下我们正处于"主仆合一"的阶段。[29](p.40)因此，受自我剥削的功绩主体与受他人剥削的奴隶并无二致，因为二者都没有实现自由。西方新自由主义社会依旧遵循着自由辩证法，精神政治的一切权力技术都内在地蕴含着这种不可见的自我剥削与自我强制，这使得功绩主体成为形式上的自由与实质上的强制之结合体。数字网络被视为主体无限自由之展现，人们在数字媒体中积极展示自我，然而这不过是精神权力技术依托自由的一种管控策略；同样，情绪和游戏都被视为自由的主观表达，但精神权力技术恰恰利用了这种主观性的自由而实施精神操控。新自由主义社会虽然承载了过去人们对于自由与解放的向往，但无论是数字革命还是人工智能都没有导向自由，而是使人处在一种普遍的奴役状态中，由此陷入主体的存在危机；所谓的自我实现被转化为对绩效的追求，而这种追求不过是自由幻影中的自我奴役与剥削。

自由辩证法与肯定辩证法共同构成了韩炳哲分析新自由主义社会的哲学工具，功绩社会的论断正是基于这种消除否定的肯定性与化身为强迫的自由而得以阐发。在看似获得更多肯定、更加自由的新自由主义社会中，个体却受到了更深层次的精神操控而沦为资本永恒增殖的工具。这种论断戳破了数字信息技术、网络技术所带来的当代西方自由社会之幻象，揭穿了西西弗斯式永无停歇之绩效追求的泡影，呈现了一个虚假自由、虚假幸福的倦怠社会之图景。

五　对韩炳哲社会批判理论的反思与超越

韩炳哲对于当今数字社会、功绩社会和消费社会的病理表现进行了诊断，以"功绩社会"定义当下的西方新自由主义社会，试图表明人们千年追寻的自由幸福社会不仅远未实现，而且陷入更加隐蔽的精神控制或文化控制之囚笼。韩炳哲的社会批判理论虽不乏洞见，但仍有以下一些缺陷。

第一，韩炳哲综合了黑格尔的辩证法、马克思的自由与解放理论、法兰克福学派的文化工业批判、福柯的生命政治学等并加以发展，但其理论并不具备充分的原创性和新颖性,实际上是基于当今社会语境对于法兰克福学派和福柯生命政治学的一种综合。有的学者指出,他的精神政治学并非超越而是延续和发展了福柯的生命政治学。[30] (pp.477-491) 笔者认为,韩炳哲批判福柯只关注身体规训而忽视了精神控制,因而错失了对权力与精神关系的探索,这实际上是一种误解。福柯始终关注的是权力之微观运作,而法兰克福学派关注的是文化工业对人的精神控制作用,两者具有不同的致思路径。一方面,韩炳哲所关注的精神权力及其运作机制在法兰克福学派的意识形态理论和文化工业理论中已有揭示;另一方面,生命政治作为对身体的控制与监控在当今西方社会尚未退场。因此,韩炳哲实际上是以法兰克福学派的文化批判理论来批评福柯的生命政治学,他"以精神政治取代生命政治"的基本论断并不具有充分的学理性。

第二,韩炳哲的社会批判理论停留于对于当代社会现象的浮光掠影式的炫技描述,追逐各种社会热点并进行哲学批判,读起来有哲学爽文之快感,但其深刻性和系统性存疑。首先,韩炳哲的社会批判理论最大的问题是未能像马克思的社会批判理论那样深刻关注社会的权力结构问题,而是将喧嚣的文化现象、科技运用和社会现象归因于资本主义的增殖逻辑,从而缺乏政治经济学的深度。马克思的文化批判和社会批判背后则有一套系统的唯物史观,构建了"生产力—经济基础—政治—文化"的系统框架,而韩炳哲的理论缺乏对于现实政治权力结构的必要关注,始终停留于脱离底层政治权力结构之上的商业和文化领域。其次,韩炳哲的社会批判理论在一定程度上有"为批判而批判"之嫌,例如他提出的当今社会"以肯定性来取代否定性"之论断就非常可疑,实际上,比起传统社会意识形态的大一统来说,当今社会似乎更多的是观点和立场的不同,各种群体意见的纷争更是表明这一点。最后,韩炳哲理论之消极批判远甚于积极建构,他并未能给出若干改良社会的建设性方案,从而在彻底批判之后走向了一种解构与虚无。

第三,韩炳哲的社会批判理论过于碎片化而缺乏系统性,这使得他的著作本身成为一种快餐式文化消费品而较难引起严肃思考,他所追逐的热点问题和时髦话题也反噬了其理论的系统性和深刻性。例如,他所批判的数字技术本身并无罪,如果被合理利用则可以成为创造美好生活的工具和手段,只有成为政治和商业共谋下的监控手段时才成为一种数字全景监狱;另外,功绩导向和追寻自由如果作为马斯洛心理学意义上的"自我实现"也是积极正当的,只有成为不公平社会中资本家操控民众的隐性手段时才沦为韩炳哲的批判对象,即以绩效主体的方式沦为资本扩张链条中的被动环节。这是由于韩炳哲未能像霍克海默、阿多诺、马尔库塞、哈贝马斯等社会批判理论学者那样试图构建一套关于自由与人性解放的系统理论，并以此为基础来论述西方社会的种种弊端。

第四，韩炳哲忽视了国家之间的现实差异，他的理论实际上反映了某些国家中公民已经获得较为普遍的政治权利，因而政府和资本联合起来对民众实施隐性的、情感的或精神的操控；而在那些民主与平等的政治权利尚未普遍实现的国家中，不自由、外在压迫和外在剥削依旧普遍存在，因此有学者指出，韩炳哲的自我剥削与自我强迫"必须与其他一系列剥削形式结合起来看待"[31] (pp.433-448)。在那些民众政治权力尚未合法化或现实化的国家中，韩炳哲对于西方资本主义的自我剥削、功绩社会、肯定性社会的批判已然失效。

结　语

韩炳哲试图在当代数字社会、消费社会、新自由主义社会的语境下发展马克思主义和社会批判理论，显示了其理论构建的时代性与针对性。他的很多论述极具启发性，为我们分析当代西方资本主义社会的弊端提供了若干理论视角，也为我们在建设中国式现代化过程中如何规避西方现代化进程的一些弊端，提供了有益的参考和启示。但是其理论弊端和局限性显而易见，我们更应该立足于中国的现实语境进行富有创造性和思辨性的哲学诠释，以哲学反思的高度去审视中国现代化进程中的种种问题，以此促进人的真正自由与幸福。

参考文献

[1] 米歇尔·福柯. 规训与惩罚：监狱的诞生（修订译本）[M]. 刘北成、杨远婴译. 上海：生活·读书·新知三联书店，2019.

[2][3][4][8][14][17][18][28] 韩炳哲. 精神政治学 [M]. 关玉红译. 北京：中信出版社，2019.

[5][6][12][15][19][21] 韩炳哲. 在群中：数字媒体时代的大众心理学 [M]. 程巍译. 北京：中信出版社，2019.

[7] 米歇尔·福柯. 自我技术：福柯文选Ⅲ [M]. 汪民安编. 北京：北京大学出版社，2016.

[9][10] 韩炳哲. 暴力拓扑学 [M]. 安尼，马琰译. 北京：中信出版社，2019.

[11] Manuel Cruz Ortiz De Landázuri, "Psychopolitics and Power in Contemporary Political Thought", *Journal of Political Power*, 2019, 12(1).

[13][25] 韩炳哲. 透明社会 [M]. 吴琼译. 北京：中信出版社，2019.

[16] 马克思·韦伯. 新教伦理与资本主义精神 [M]. 阎克文译. 上海：上海人

民出版社，2018.

[20][26][27] 韩炳哲. 倦怠社会 [M]. 王一力译. 北京：中信出版社，2019.

[22][29] 韩炳哲. 爱欲之死 [M]. 宋娥译. 北京：中信出版社，2019.

[23] 蓝江. 功绩社会下的倦怠：内卷和焦虑现象的社会根源 [J]. 理论月刊，2022(7).

[24] 韩炳哲. 他者的消失 [M]. 吴琼译. 北京：中信出版社，2019.

[25] 韩炳哲. 透明社会 [M]. 吴琼译. 北京：中信出版社，2019.

[30] Caroline Alphin, François Debrix, "Biopolitics in the 'Psychic Realm': Han, Foucault and Neoliberal Psychopolitics", *Philosophy and Social Criticism*, 2021, 49(4).

[31] Ilda Nadia Monica de la Asunción Pari-Bedoya，Alfonso Renato Vargas-Murillo，Jesús Wiliam Huanca-Arohuanca, "Explotados o auto-explotados: sobre el concepto de auto-explotación en la sociedad del rendimiento de Byung-Chul Han", *Revista Internacional de Investigación en Ciencias Sociales*, 2021, 17(1).

Spiritual Politics and Merit Society: Reflection and Transcendence on Byung-Chul Han's Social Criticism Theory

Abstract: The new generation of left-wing philosopher Byung-Chul Han believes that the rule or governance of contemporary Western neoliberal societies has transcended the physical and entered the spiritual level, with spiritual politics replacing Foucault's life politics as a new governance framework. The neoliberal society is not a disciplinary society but a merit society, and its governance form is the power technology of spiritual politics. Byung-Chul Han analyzed the control strategies and internal logic of the power technology of spiritual politics in contemporary Western neoliberal societies, and thus made multidimensional criticisms of capitalist society. However, there are certain drawbacks and limitations in its theory, and we should build a philosophical theory in Chinese style based on the reality of China.

Key Words: Byung-Chul han; Spiritual politics; Social criticism; Merit society; Power technology

【作者简介】徐陶，男，博士，中南大学人文学院，副教授，博士生导师，研究方向为现代外国哲学；赵雪倩，女，中南大学人文学院，硕士研究生，研究方向为现代外国哲学。

思想家自述

自传回想*

[美] 威尔弗里德·塞拉斯 文 王玮 肖雯 译

【内容摘要】 本文是塞拉斯一生中所写的唯一一篇自述。文中讲述了他自出生以来到他发表第一篇论文之间的主要人生轨迹，尤其是他的哲学思想的发展轨迹。威尔弗里德·塞拉斯1912年出生在美国密歇根州的安娜堡，他的父亲是美国著名批判实在论和进化自然主义哲学家罗伊·伍德·塞拉斯。塞拉斯曾在美国、法国、英国、德国等地度过了他的中小学时光，特别是他在路易大帝中学学习期间，哲学开始进入他的视野。塞拉斯曾在密歇根大学、布法罗大学、牛津大学、哈佛大学进行了哲学专业学习，后在逻辑实证主义者赫伯特·费格尔的引荐下进入爱荷华大学哲学系工作，自此开始了自己的学术生涯。在哲学方面，塞拉斯虽能言善辩，却不善写作，后经不懈努力才有了起色。塞拉斯哲学的主要研究内容是分析哲学和哲学史，尤其是康德哲学。

【关键词】 时间的非实在性；经验主义的抽象论；伦理的直觉主义；科学实在论；康德

在20世纪40年代末的一天，我和罗伯特·特恩布尔（Robert Turnbull）开车去明尼阿波利斯机场接鲁道夫·卡尔纳普（Rudolf Carnap），他来研究生哲学俱乐部演讲，并看望他的好朋友赫伯特·费格尔（Herbert Feigl）。那个时候，我正在我的"哲学分析"研讨课上讨论他的《世界的逻辑构造》，回程时我们车还没坐稳，我就开始大肆质问我抓到的听众。我早就忘了我具体问了什么，但我清

---

* 译自 Wilfrid Sellars, "Autobiographical Reflections", *Action, Knowledge and Reality: Critical Studies in Honor of Wilfrid Sellars*, Héctor-Neri Castañeda (ed.), Indianapolis, Indiana: Bobbs-Merrill, 1975, pp. 277-293。本文系国家社会科学基金一般项目"塞拉斯哲学的康德主题研究"（项目号：22BZX103）的阶段性成果。

楚记得他的第一反应是抗议:"但那本书是我老早以前写的!"①当我试着扼要地重构此时此地的我之前的哲学家阶段时,我再次想到了这句话恰到好处。我想到了主要衔接,像共同的性格特征一样,贯穿整个系列。其他主题,像一根绳子中的纤维一样,形成了与之家族相似的对位。自传,像历史一样,是试着重新思考他人的思想。

1912年5月20日我生于密歇根州的安娜堡。我的父亲在密歇根大学做哲学讲师已经有几年了。我的母亲是一位非常美丽的年轻女子,她和我的父亲都出生在加拿大,确切地讲,他们是表亲。她本可以成为一位语言艺术家和油画艺术家。可实际上她从两个小孩(我是老大)开始了她的成年生活,除了两部主要的翻译作品和不计其数的笔记本之外,她的领悟力和创造力仍未公开,但与她的明智和坚强一起,弥漫在我们的生活中。

我几乎不记得我早年有什么看起来相关的事情。我听说我的父亲在我三岁的时候教我阅读,我零星地记得这个经历。阅读很快成为我生活的重要部分,直至余生。我还记得我大多独来独往,不善于结交朋友。

心理学家告诉我们,换个环境,使我们摆脱产生焦虑的刺激。当然,不能使我们摆脱自己,但是,至少在我们更具可塑性的年纪,可以使个人发展的飞跃变得可能。我在这方面格外幸运。小时候,我不但摆脱了旧环境,还被放到了令人兴奋的新环境。我在九岁时离开了安娜堡大约两年,先是在普罗维登斯和波士顿上学。之后一年在巴黎,我和我的母亲、妹妹住在图尔农街,我像一个在腰上绑了一根绳子的游泳初学者一样,被抛入蒙田中学这个陌生的新世界。在巴黎生活以及(在我母亲的不断帮助和鼓励下)同课程——我上课既得学语言也得学内容——斗争的经历,用当代语言来讲,是心灵的伸展。其效应是在随后的几年依照"越有的越是有"②这条真实的(尽管令人不安的)原则"滚雪球"。

在巴黎,十岁的我沉迷于历史。在小仲马的助力下,我成了一名热忱的詹姆斯二世党人(Jacobite)。我们在英格兰度过了几个月,主要是在牛津,国际哲学大会要在这里举办。第一次在牛津逗留期间,我最清晰的记忆是爬上通向莫德林塔顶的梯子,我的母亲严肃地跟在后面。

我一回到安娜堡,果不其然,就主要活在我的幻想之中了。我的功课充其量一般,我记得有一次我的父亲得知我的拼写成绩后感到诧异、有点生气。

---

① 该句英文原文是"But that book was written by my grandfather!"直译为"但那本书是我祖父写的!"塞拉斯在文末借用了这个表述说"But my grandfather wrote that!"直译为"但那是我祖父写的!"——译者注

② 即马太效应,得名于《新约·马太福音》第13章第12节:"凡有的,还要加给他,叫他有余;凡没有的,连他所有的,也要夺去。"——译者注

大约两年以后，我再次因为换了一个环境而得救了，或者说看起来是得救了。这次仅仅是从公立学校到大学的教育学院办的中学（包括初中）。不难想到，我的教职工子女身份——之前多少是一种负担——和我的新视野感是有关系的。我和老师们的关系突然融洽起来，学习再次变得可能，也令人兴奋。我甚至变得沾沾自喜，知道自己是不用怎么努力就可以的人。

1929年我高中毕业，随即去了大学的暑期学校，上一门代数课。我喜欢上了数学，虽然我从未考虑过职业，但如果问我的"专业"会是什么，我很可能会答复"数学"。但这个问题从未真的被问过。我没有感觉到来自父母的任何压力，在秋季学期即将到来之际，差不多最后一刻，我才决定要和我的母亲、妹妹再去巴黎，到路易大帝中学学习。我的父亲会在他下个学期休假的时候与我们会合。我们在8月底到达巴黎，直到1931年1月我才从欧洲回来。

在路易大帝中学，我报了数学班，从大量的科学培训开始了一门课程。然而就是在这里，我和哲学第一次相遇了。我非常认真地说"我的第一次相遇"，因为我根本不知道有一个科目叫哲学，更不知道有这样一个科目。至少就我能记起的内容而言，在和我父亲的谈话中也从未真正提到过；尽管，仔细想想，我能想见一定听到过一些具体的哲学话题，尤其是当我父亲和德维特·帕克（DeWitt Parker）打高尔夫球（他常常这样），我（作为球童）陪他的时候。我清楚地记得有一次，我为关于时机成熟的论点同帕克激烈争辩（令他忍俊不禁）。

所以股市暴跌的时候我在巴黎。当时我结交了一个犹太男孩，也是路易大帝中学的学生，他在英格兰上过学。我们相互吸引，很快成了密友。他有朋友在意识形态上是马克思主义，但他们在政治上是强烈的反斯大林主义。在意识形态上的直接影响源于鲍里斯·苏瓦林（Boris Souvarine）；但托洛茨基（Trotsky）即将登场，他刚刚被驱逐。当然，我在这些事情上完全是个新手。不过，我很快就阅读了马克思主义经典著作，还在每天过量阅读的报纸中增加了《人道报》和《人民报》。也就是说，我第一次认真的哲学阅读仅仅是马克思、恩格斯、列宁，一般来讲，是哲学和准哲学的论辩文献，这是法国知识分子的命脉。

不过，我和哲学的第一次学术接触，前文指出，是在路易大帝中学的一门课程上。它比综述还单薄。但它确实让我了解到哲学问题是怎么分类的，并了解了（法国人眼中的）一些大哲学家。我突然想到我的父亲是一位哲学家，在这方面我对他的存在一无所知。我的母亲向我讲述的内容刺激了我的好奇心，我渴望等父亲2月与我们会合时，去探索这座意外的宝库。

我和我父亲的关系一直很融洽，不过，除了当天发生的事偶然产生的话题之外，我们几乎没什么可谈论的。其实，他是一个冷淡的人，几乎每天要么消失在大学，要么消失在阁楼的书房，他在那里一本接一本地写书（他那几乎不停运转的——或者看起来是这样的——打字机发出沉闷的声音，后来当我开始自己尝试发表时，这个声音总是挥之不去）。因此，有一种意义：在春天的巴黎，父亲和儿子在哲学的帮助下第一次相遇了。不用说，我从一开始就与他的看法相投，很快就摆脱了马克思主义自然哲学的伪黑格尔术语。较难摆脱的是作为一个历史解释纲要的马克思主义的黑格尔意味（本该如此）。不管怎样，我们之间的对话开始了，到现在持续大概四十二年了。

那个夏天，我的父亲回国赚钱以供我们游学，下一个精彩片段是在德国的六个月，我在慕尼黑大学学习语言、旁听课程。经济萧条波及得越来越广泛，也越来越严重，显然，如果情况继续恶化，那么（至少）德国会面临一场社会和政治的危机。我很快确信希特勒会以某种方式掌权，除非反对党可以真正联合起来，遗憾的是这看起来越来越不可能。我觉得这个想法，即可以通过内部革命来推翻掌权的希特勒，极其不切实际。

1931 年 1 月我回到国内，看到了从远方读到的萧条。当时的恐怖难以想象。安娜堡，当然，这是一块受到庇护的乐土，但真实的世界，尤其是底特律这座低落的城市，一直不复苏醒。我继续在大学学习，把时间放在了数学、经济学和哲学上。我没有试过法国会考，却能够考到足够的学分跟上我的同学。在此期间，我积极参加校园的社会主义运动，在 1932 年的选举中，我还在工厂大门前演讲，为诺曼·托马斯（Norman Thomas）助选。

这篇文章虽是传记，却不想仅作为一篇传记，我在前文的详细叙述些许表明了在什么背景下我开始把哲学当作一份职业。这提醒我，在其间某个地方我应该提到一个我容易忘记的因素。我从未经历过这样的神学焦虑：其朝着哲学推进得太多，往往将它扭曲成宗教在世俗的替代品。其实，作为第二代无神论者，我对这个话题十分放心，多年来，我在课堂上和私下的讨论中探讨深奥的神学问题，从中得到了极大的理智快乐。

我第一次认真学习哲学是在 C. H. 兰福德（C. H. Langford）关于洛克、贝克莱和休谟的课程上。其实，它至少像关于经验主义者一样关于 G. E. 摩尔（G. E. Moore）和剑桥分析派（Cambridge Analysis）。我很快上了该科目除了伦理学之外的全部高级课程和讨论课。德维特·帕克（DeWitt Parker）的精品形而上学讨论课介绍了麦克塔格特（McTaggart）论时间的非实在性的经典论文，我决定以此为题写我的学期论文。我很快深入文献，发现自己真正地投入进去了。哲学不再是一座有待探索和评判的替选宝库，而是（从那时起）一次未完成的对话，我在其中可能会有话要说。我很快确信时间问题密切联系其他经典问题，从而像心身问题一样，它是各哲学体系的主要试验场之一。

我对这个时期的清晰记忆之一是与 A. P. 尤先科（A. P. Uschenko）的持久争论，我为关于变化的实有主义存在论抵御这个论证，即当 S 从是 Φ 变化为是 Ψ，S 一定真的是由处于关系早于（*earlier than*）的事件 Φ 和事件 Ψ 所组成。我的答复是一个拙劣的预期，对该话题的后续处理是在"时间与世界次序"中[①]，最近是在"形而上学与人的概念"中[②]，在后者中，古斯塔夫·贝格曼（Gustave Bergmann）继承了尤先科的角色。我依然确信（用更当代的语言来讲）常识框架的基本对象是延续体，而非"同源"事件串。我倾向于认为（用亚里士多德式语言来讲）时间（或空间—时间）中的事件是根据变化之中的实有的实在所做出的计量抽象。

我已经陷入一种经验主义的"抽象论"，相信范畴是"抽象"从"所予"中的解脱。比如，自我所予我们为实有，虽然（我反驳帕克）不能由此推出这在概念上是必然的：所有实有是"自我"。因为我还认为（以彻底塞拉斯的方式）作为能思者的心灵等同大脑，所以我本该比之前更担心自我的所予性。恐怕我会说这所予性以某种方式是不完整的、属的（generic），到此为止。回想起来，我似乎认为自我可以是一个实有，它是诸多物质实有的整体，却被所予为一个实有，没有被所予为诸多物质实有的整体。后来数年，当我试着全面思考抽象论作为一个范畴概念理论的后果时，主要的结果是使我愿意接受康德。

在此期间，我的哲学思考主要聚焦在剑桥分析派。然而，虽然它对严格和清楚的高标准（摩尔是其中的典型）适度地打动了我，但是，总体而言，我拒绝了它的结果。新逻辑的力量也打动了我，以及比我小的同龄人。但我（依然）确信，有哲学旨趣的概念向其逻辑形式的转写，大部分看起来都极不合理。尽管如此，我认为这个策略是合理的，并相信关键问题在于得怎样充实《数学原理》的专业设备以确切说明人类知识的概念形式。

在此期间，我还在了解刘易斯（Lewis）和兰福德的《符号逻辑》的哲学方面，因此，不奇怪，我认为引入逻辑模态是这种充实的范例。即使在那个时候，也看得出来这个策略应该扩展到因果模态。结果是立即支持 C. D. 布罗德（C. D. Broad）和（后来的）W. C. 尼尔（W. C. Kneale）的因果实在论。然而，我很困惑这样说是什么意思：（逻辑的或因果的）必然性在世界中，如果模态概念是真

[①] 载于 *Minnesota Studies in the Philosophy of Science, Vol. III*, edited by Herbert Feigl and Grover Maxwell, Minneapolis: University of Minnesota Press, 1963, pp. 527-616。

[②] 载于 *The Logical Way of Doing Things*, edited by Karel Lambert, New Haven: Yale University Press, 1969, pp. 219-252。

正的概念且有模态命题为真的话，那么似乎肯定得是这样的。否定（negation）在世界中吗？一条之于否定的进路吸引了我，它使其以"不相容性的实在关系"（real relation of incompatibility）为根据，多年以后我才厘清其中的混淆（和洞见）。一般性（generality）在世界中吗？我认为这是共相问题的一个方面，我总是会想到它。可以看到，我早先阅读《逻辑哲学论》的效果甚微。我认为它几乎是剑桥分析派的归谬法（reductic）。

在1933年毕业以后，我去了布法罗当助教。我从一开始就在课堂上不受拘束。我在中学当辩手的时候就已经发现我可以说服多数听众，更重要的是，我可以随机应变。我早就开发了一项技术，将授课和扩展的与"志愿者"——他们碰巧问对了问题，可以引（或赶）至代表课堂公意（*volonté générale*）——的"苏格拉底式"对话结合起来。马文·法伯（Marvin Farber）带我从头到尾第一次仔细阅读了《纯粹理性批判》，也向我介绍了胡塞尔。他极度推崇胡塞尔思想的结构，再加上同样坚信可以给这个结构以一种自然主义的解释，毫无疑问对我后来的哲学策略有关键影响。

虽然我喜欢教学，可以热情地考虑开始这个方面的学术生涯，但写作完全不是这样。像大部分美国学生一样，我几乎没有写学期论文的经验，一直到大学的最后两年。我从容应对了考试；这些限制把答写考试当成了辩手随机应变的任务。至于论文，总有机会再三考虑每个步骤（直到最后一刻！），追求最好往往使得每个选择都看起来不好。数年后我才认识到，不管第一稿多么粗劣、不完整、不融贯，它都包含了一个人所要表达的实质；找到要去修改成形的论文素材，这种慰藉使下一稿的写作成为完全不同的体验。我知道第一稿就是终稿而且还是精品的哲学家。但我敬畏他们，就像我敬畏莫扎特一样，他可以在他的头脑中听到完整的交响乐。

尽管如此，我还是艰难完成了一篇关于时间的硕士论文，在那个圣诞节获得了罗兹奖学金之后，准备继续我在牛津的学习。那时研究生的学习在大学生活中扮演着非常轻微的角色。我被建议去读一个本科学位，我从未对这个选择感到后悔。然后，在1934年的秋天，我进入奥里尔学院开始了课程学习，最终获得了一个哲学、政治学和经济学（主修哲学）的学士学位。

我又得到一次重新开始的机会。我做了大量的阅读，虽然相关的话题我已经大致熟悉了，但是本着更加批判的精神，当我在辅导课上学会要在讨论中竭尽全力时，我学会了与书籍争论。我在奥里尔的哲学指导老师是 W. G. 麦克莱根（W. G. Maclagan），现在他在格拉斯哥，他非常擅长质疑我的教条主义，渐渐地迫使我阐明我的想法和论证。我认为自己已经有一个系统了，而且在某种意义上我确实有。但我越来越意识到它只是纲领性的，内容不清楚也不明晰。

然而，我对摩尔的了解使我确信，清楚和明晰可以达成，其代价（用斯宾诺莎的语言来讲）是充足性（adequacy），而且我们应当给予我们最含混的直觉以最完全的信任。我一直觉得，虽然 C. D. 布罗德可能不比摩尔更清楚，但是他对他们的共同问题更有把握。我现在认为，这可以归结为布罗德之于这些问题的科学背景的意识和专业能力。

我很快受到 H. A. 普里查德（H. A. Prichard）的影响，又通过他受到库克·威尔逊（Cook Wilson）的影响。在这里我发现（至少看起来发现）了一条表达清楚的处理哲学问题的途径，它削弱了（扎根于笛卡儿的）既导向休谟又导向 19 世纪观念论的辩证。同时，我发现了托马斯·里德（Thomas Reid），发现他出于几乎同样的理由而具有吸引力。

与之相一致的是，我越来越支持伦理学的道义论直觉主义，尤其是我在 H. A. 普里查德的著作和讲座中发现的形而上学色彩较淡的那种。较之于摩尔的非常清楚明晰的理想功利主义，我觉得它更加满足道德思考的错综复杂。不过，我意识到，他是匹克威克意义上的直觉主义者。那时我对自己说，普里查德的洞见得以某种方式用自然主义的语言来兑现。

当情绪主义登场时，我觉得它执迷不悟，因为它早期坚持伦理的词项、命题和推理的伪概念特征。然而，我从一开始也觉得它找到了该解答所缺少的因素之一。直觉主义和情绪主义得以某种方式扬弃为一个自然主义框架，它承认伦理的概念是真正的概念，并为主体间性和真找到一席之地。

但在我可以综合这些看法之前，我得找到一种全新的方法来看概念次序。情况大致是下面这样，我已经通过我之于逻辑的、因果的和道义论的模态的实在论进路与传统经验主义决裂了。需要一个关于概念的功能理论，它会使它们在推理中的角色（而非所谓的经验起源）成为它们的首要特征。康德的影响将起到决定性的作用。

我跟我的指导老师——新学院的 H. H. 普赖斯（H. H. Price）阅读《纯粹理性批判》，并开始孕育一种解释，它将成为《科学与形而上学》的核心。这主要源于我越来越意识到关乎心理动作意向性的概念对理解笛卡儿传统以及英国经验主义（甚至休谟）的重要性。

另一方面，我也看到，康德否认感官印象本身（不管对于认知多么不可或缺）是认知的，从而与所有他的前辈（不管是经验主义者还是理性主义者）彻底决裂了。感觉的"关于性"（of-ness）甚至根本不是最初级思想的"关于性"（of-ness）。感官不把握事实，连什么是红的和三角形的这样的简单事实也做不到。抽象论者可以认为概念是从感官抽离的，因为他们用概念的范畴来思考感觉。这使我能够了解康德不是在试着证明，除了知道关于直接经验的事实，我们还知道关于物理对象的事实，而是证明怀疑论者，其承认关于在时间中发生的事件的哪怕是最简单事实的知识，实际上是在承认关于整个自然实存的知识。我肯定他是对的。但他自己的问题萦绕着我，即知识如何可能有这个结构？独断实在论（及其诉求自明真理）和先验观念论（其中概念结构在非认知的感官杂多之上徘徊）之间的张力变得几乎难以忍受。很久以后我才看到，对于该困惑的解答在于，将概念次序正确地置于因果次序，并正确解释相关的因果性。

虽然我总是会想到这项更大的事业，但是我连用来表述它的语言也不清楚。确信任何充足的心灵哲学都得重视心理动作的意向结构，这是一回事；而尽如人意地理解传统表述，完全是另一回事。因而，在发现动作—内容（act-content）区分有用的同时，我意识到，在某种意义上，在不同心灵中的不同动作的"内容"必须能够是相同的，即等同的。因而，之于心理的"动作—内容"进路，连同它的概念论意味，可能要变成"动作—对象"（act-object）（或关系）理论，从而不但承诺标准的柏拉图实体（属性、关系、类别），而且承诺整套迈农的客观命题、可能世界、可能个体，甚至可能共相。我确信一种充足的自然主义心灵哲学得理解这些古典困境，但直到大约十年后（当我开始把思想等于语言时）欲想的综合才开始成形。在此期间，我愿意让其他选择繁荣起来，仅受制于它们要在真正的黑格尔式辩证中扮演的角色。

在1936年的春天，我参加了考试，在巴黎待了几个星期等成绩，其间我的主要消遣是从头到尾阅读《战争与和平》，之后我回到牛津发现我位列I等。听说我的成绩从经济史到逻辑学全是高分，我特别高兴。我兴致勃勃地回国，却越来越（清醒地）意识到，牛津的学士学位（尽管它在时间和金钱的帮助下自动变成了硕士学位）不太可能为我赢得一份工作，尤其是在没有工作的时候。

我在秋天回到牛津开始攻读博士学位，答应在T. D. 韦尔登（T. D. Weldon）的指导下撰写一篇关于康德的博士论文。除了广泛阅读和在档案卡上记下无数的笔记，我真不知道该如何着手。我知道我想要说的是什么样的东西，以及它怎么不同于公认的解释，但就是写不出来任何有价值的东西。实际上，我的看法是系统地不同，从而真的难以知道从哪里开始；或者，坦白地讲，在我可以令人理解（更不要说令人信服）地写康德之前，我得更清楚我自己的想法。我继续受困于这个事实，即我在答写考试和随机应变上很有成效，然而在桌前却如此杂乱无章。尽管我对我的职业生涯前景越来越焦虑，但我还是继续兴致勃勃地阅读和讨论哲学。这年的精彩片段（至少我认为是那一年）是约翰·奥斯汀（John Austin）和以赛亚·伯林（Isaiah Berlin）主持的"C. I. 刘易斯的《心灵与世界次序》"讨论课。

在政治上，我仍然是左派。我对共产主义者不抱什么幻想了，只能将他们在德国的惊人战术——这帮希特勒铺平道路——归于莫斯科的无知与自私。那时没有亲身经历的人难以意识到斯大林在多大程度上破坏了西欧的政治生活。在数年令人消沉的混乱和战败之后，法国人民阵线（The French Popular Front）是第一个令人振奋的信号。虽然西班牙共和国受到孤立然后倒台使得场景暗淡起来，但是我们还是希望明确反法西斯主义的坚定立场。然而已经清楚的是，这个立场得是军事立场，且很可能会引起一场欧洲战争。

在 1937 年的秋天，我到哈佛争取我的"工会卡"（trade-union card）。我记得自己参加了 D. W. 普拉尔（D. W. Prall）（"斯宾诺莎"）、C. I. 刘易斯（"知识论"）、R. B. 佩里（R. B. Perry）（"当代哲学"）、C. L. 史蒂文森（C. L. Stevenson）（"休谟"）和 W. V. 奎因（W. V. Quine）（"逻辑实证主义"）的课程。我觉得其中最后一门课最具挑战性。我已经说服自己艾耶尔（Ayer）的《语言、真理与逻辑》是一部毫无结果的杰出佳作。尽管它鲜活有力，但是象征着由摩尔的"驳观念论"和《伦理学原理》所开启的时代的结束；是归谬法，而非新开始。然而，在奎因的课上，中心人物是卡尔纳普，从《世界的逻辑构造》到《语言的逻辑句法》。可惜我从《世界的逻辑构造》中几乎没有什么收获。我相信，要是能够将我强烈的反现象主义置于一旁，我就会更好地了解它的专业手段的力量。卡尔纳普在做无法做到的事情，因此他的做法一定有什么不对。直到接触了古德曼的《显象的结构》，我才意识到我的错误。至于《语言的逻辑句法》，我和很多我的同龄人的反应一样，认为严格描述句法显然是想望之物，但就其哲学内容而言，卡尔纳普是在本末倒置。语言的逻辑句法肯定（或者在我看起来是这样的）反映了世界的结构，而且因为思想直接和世界打交道，所以那就是行动的处所。然而一粒种子却种下了。要不是因为卡尔纳普自己进入他的语义阶段减弱了《语言的逻辑句法》的作用，它可能会更早发芽，这看起来支持上述的反应。

至于刘易斯为挽救现象主义而做出越来越巧妙的尝试，最为打动我的是他明确利用了法则模态，并对其做出了实在论的解释。从长远来看，有两个问题无法回避：(a) 相关法则的归纳证据的本性是什么？可以用现实所予来讲吗？（b）归纳论证的形式是（统计的或非统计的）概括还是假言—演绎？若是前者，那可以认为物理的基本规律可以用纯粹现象语言来讲吗？若是后者，这不是相当于向实在论做出让步吗？早在我反思现象主义的时候，我就［本着 A. C. 尤因（A.

C. Ewing）的《观念论》最后一章的精神］区分了论点（a）物理对象是现实实存的颜色面域（它们都不等同视觉感觉材料）的齐整模式，和论点（b）物理对象——在一种更抽象的意义上——是现实的和"可能的"（即有条件的）感觉的模式。实证主义的论点，即"所予"是无主体的（*subjektlos*），掩盖了同样的这个含糊之处。它的基本意指是，自我，其得到关于（例如）颜色面域的经验，是用属于同样一般范畴的殊相来构建的。但它自己留下了一个问题，即颜色面域是否在这个捆束之外实存。任何是这样的都在另一意义上是无主体的。这个论点，即宏观物理学的基本规律可以用"纯粹现象语言"来讲，是相应含糊的。我认为第二个选项不融贯，认为第一个和我们的知识，即物理对象由科学对象组成，不一致。这些想法将在接下来的十年中得以解决。

在 1938 年的春天，我通过了初试，开始寻找一个能够应对的论文选题。在牛津时，我曾认为伦理的直觉主义是我的私有，结果震惊地发现威廉·弗兰克纳（William Frankena）（我在密歇根的时候就知道他）对它的掌握是多么彻底和清晰。一个定制的选题被抢先了。虽然我总还可以求助于康德，但此时我对事业的大小不抱任何幻想了。在春天我有了工作的机会，而且因为那个夏天我要结婚，所以越来越想进入外面真实的（学术）世界。毕竟，我已证明了自己学术生活的每一面——除了写作发表。那一面肯定会被证明！但这个问题产生的焦虑将是我未来多年中的一个隐患。

1931 年，在安娜堡的西部分会上，我第一次见到赫伯特·费格尔。那时，他是（或者看起来是）一个典型的逻辑实证主义者。确切地讲，我认为是他发明了这个术语。直到后来才看出来，他的思想的基本动机是感官经验和科学的（告诉我们事物是怎样的）专有权利、对心身等同的反笛卡儿确信、对［他的老师莫里茨·石里克（Moritz Schlick）在其改信实证主义之前非常令人信服地阐明的］自然主义实在论的深切同情。

他像当时很多彻底的经验主义者一样总想着这个质疑："除了'所予'之外"物质之物的实存怎么会根本不是一个假说？它怎么会是一个假说，而不是一个与（例如）贝克莱的唯心主义和莱布尼茨的单子论相竞争的"形而上学"假说？实证主义的现象主义似乎削弱了这个问题，而中立一元论的属的主题似乎提供了一个策略为心身等同辩护。然而这个态势不稳定。物理主义的发展——最初是科学哲学中的一个方法论论点，本身很可能与认识论中的方法论的唯我论是相容的，然而它很快获得了实质论点的特征——以及越来越意识到将关于科学对象的陈述"还原"为关于实验室可观察项的陈述，甚至在原则上也不能等于明确定义，迫使人们在工具主义和科学实在论之间做出选择。一旦问题被清楚地提出来，费格尔的选择就毫无疑问了。他对于理论解释的本性的反思，很快使他重新审视他针对"将物理实在论理解为假说"所提出的异议——这最终形成了他清晰易懂的（但在我看来）不令人信服的"实存假说"。①

但这不是一篇关于哲学史的文章，而且相关的事实是，我和费格尔有一个共同的目的：创立一种科学导向的自然主义实在论，它会"拯救显象"。他熟悉我父亲的批判实在论和进化自然主义的总体轮廓，而当爱荷华大学的系里（他从1931年起就在这里执教了）有职位空缺时，他推荐并邀请我来面试。我们一拍即合，虽然我对诸如因果必然性、先天综合知识、意向性、伦理的直觉主义、共相问题等这样的想法的重视一定伤了他的经验主义感情。即使当我表明了我的目的是将这些结构映射到一种自然主义的（甚至是一种唯物主义的）形而上学，他也和很多人一样觉得我是在走弯路。

1938年8月下旬，我和我的妻子搬到了爱荷华城，开始了我的执教生涯。这是我的一次绝佳机遇。系里有赫伯特·马丁（Herbert Martin）（主任）、赫伯特·费格尔和我自己。我主要负责哲学史。[诺曼·福尔斯特（Norman Foerster）领导的]文学院强烈要求这一科目，因此，可以提出给高年级学生和研究生连续两年从泰勒斯讲到密尔。我还给同一批学生设计了连续两个学期的"人的哲学"（Philosophy of Man）和"文学中的哲学"（Philosophy in Literature），前者向同学们介绍了后者所需的想法。虽然这门课程我只教了一遍，但是我从中学到了很多，也觉得非常有趣。我也开始轮流上"知识论""形而上学""道德哲学"以及哲学史人物选的讨论课。

在此期间，我热切学习了整个哲学史，尤其是我之前没怎么涉及的希腊和中世纪思想。我越来越确信这一科目的重要性，也看到了当前这个科目的很多文献都缺乏知识和洞见。早就该用当前的概念工具来探究历史的想法了，这是每一代人都应该承担的任务。记得在此期间，不但哲学史被忽视了，而且还有积极的活动为了不再将它作为博士学位的必要条件，或者至少是降低它的等级。

也就是说，我又一次令人兴奋地重新开始了。有很多事要做，做的时候也很有成就感，从而完成我的博士论文（我几乎没动）以及发表的任务转入幕后了。赫伯特·费格尔在1941年搬到了明尼苏达，而古斯塔夫·贝格曼，他已来校当库尔特·勒温（Kurt Lewin）的研究助理，来到了系里教高等逻辑和科学哲学。在其第一学期中，他基于卡尔纳普的《语言的逻辑句法》开了一门逻辑理论的精

---

① 载于 *Philosophy of Science*, 1950,1 (17), pp. 35-62。

品讨论课。全系都参加了，现在埃弗雷特·霍尔（Everett Hall）加入系里了，他在赫伯特·马丁退休的时候来到了我们这里担任主任。贝格曼变成了肯尼斯·斯宾塞（Kenneth Spence）的亲密合作伙伴，而我刚开始看重行为主义。这是个诱人的想法，即 S-R 强化学习理论之类的在白鼠行为和典型人类行为之间搭建起了一座桥梁，但我不知道怎样在心灵哲学中将其兑现。尤其是，我不知道怎么将其和意向性——我仍旧认为它是心理的根本特征——关联起来。贝格曼此时采取了一个相当正统的实证主义立场，带有强烈的卡尔纳普和石里克色彩。我和他争论了一系列"伪问题"，其中大部分讨论是在非正式的当代哲学文献研讨会上，每周在霍尔家里开，每个人都认真参加。系还是微小的、非常杂乱的。各种各样的想法都会受到激烈的辩护和抨击，找到共同基础并不容易，然而"为了讨论"，我们展开了自己的想象力。我相信，这是一段独特的经历——当然就我自己的经历而言，我们很快有了一些一流的研究生。最早（也是最好）的有托马斯·斯托勒（Thomas Storer），他的早逝真是哲学的损失。

到了 1942 年的冬天，我对历史研究的投入再也掩盖不住越来越重的发表焦虑。我几次开始，但仍没有解决问题。我也非常担心战争，我的征兵类别逐渐变成 1-A。最终，我申请了海军的任命，在 1943 年的春天，我被任命为美国海军预备役的海军少尉，负责空中情报。那年夏天，我去了罗得岛州匡塞特角的培训中心，在两个月的精简课程之后被派到了大西洋舰队反潜艇开发分队，即匡塞特角，我在那里一直待到了 1945 年的春天。

换个环境再次减轻了焦虑。我热情地投身于我的工作中，其中包括给接受培训的海军中队讲飞机反潜艇作战的理论与实践，管理几个月在楠塔基特岛上的火箭发射场，后来作为联络官与民间科学家一起干研究项目。还有一些学者隶属于该机构，生活即便艰苦也是愉快的。我的工作中有大部分时间在空中，有时处境相当危险，但我以此为乐。

我在华盛顿的海军空中情报统计部门度过了战争的最后几个月。工作平淡乏味，我开始考虑未来。战争的突然结束使我一下子就停下来了。我有大约两年半没怎么阅读或思考哲学话题了，突然就该回来了。我和我的妻子意识到我们根本不可能从我们停下来的地方继续。她已经开始写短篇小说了，而且越来越成功。我必须经历一次转变。我们制定了一个计划，按照计划，我们一回到爱荷华城就日复一日地写作，一天达到十小时，不管我们写下来多少。我们将这个决定付诸实践，并坚持了下来。这是一个团队的努力，而且奏效了。

我开始写一篇论文，竭尽所能，毅然前行，放开论证——差不多本着答写考试的精神。然后我在页边做出评论和批评，之后我本着同样的精神重写。我记得，论文起初是关于名称、所予和实存量化的。三个月写了十稿以后，它开始成为"实在论与新话语"①。每次都对它进行大块大块的重写变成了一种生活方式。在它最终发表之前我进行了大约十七次重大修订。

我终于找到了一个成功的写作策略。即使（至少一开始）结果是一种非常杂乱的风格，我也懂得了修订是一种快乐，连最拙劣的初稿也有它自己的生命。修订除了改正和补充之外还必须简化，将这个常理付诸实践花费的时间更长。我很快发现，如果我的想法凭空闪现，那么我所写的一切都是独特的，和别人说的没什么直接联系。每次闪现都要有一个新的网络来支持它，而寻找固定的参照点变成了为融贯和完整而努力。因此，"实在论与新话语"的每个语句都是"墙缝里的花"②。我很快看到，辩证地使用历史的立场是锚定论点并使其具有主体间性的最可靠方式。在极限情况下，与同时代的人通信、争论说明了历史的这种使用。甚至在字面上，哲学也明确变成了它一直以来的真实样子，即一场持续的对话。

在"实在论与新话语"之前，我的哲学是在内心（in foro interno）、在课堂上、在私下讨论中发展的。自那个转折点之后，它得到了一种更公共的表达，可以得到批判性的查看。尽管如此，随着每篇发表都越来越成为过去（哦，A 系列！③），该到我不由得像卡尔纳普那样说："但那是我老早以前写的！"

【作者简介】威尔弗里德·塞拉斯（Wilfrid Sellars, 1912–1989），美国哲学家，曾受教于密歇根大学、布法罗大学、牛津大学和哈佛大学哲学系，执教于爱荷华大学、明尼苏达大学、耶鲁大学和匹兹堡大学哲学系，他著述百余，内容涉猎广泛、视野宽阔、原创深刻、系统连贯、极富启发，其名文"经验主义与心灵哲学"是 20 世纪英美哲学经典。

【译者简介】王玮（1984— ），哲学博士，浙江大学哲学学院百人计划研究员，博士生导师，主要从事当代英美哲学研究，特别是实用主义和塞拉斯哲学研究；肖雯（2002— ），浙江大学哲学学院外国哲学专业博士研究生，主要从事美国哲学研究。

---

① 载于 Philosophy and Phenomenological Research, 1948, 4(8), pp.601-634。——译者注
② "墙缝里的花"是英国桂冠诗人阿尔弗雷德·丁尼生（Alfred Tennyson）的六行短诗。——译者注
③ 麦克塔格特将"从遥远的过去，经过不久的过去，到现在，然后从现在，经过不久的未来，到遥远的未来"这样一个系列称为"A 系列"，将"从早到晚"的系列称为"B 系列"。参见 McTaggart, J. Ellis.,"The Unreality of Time", Mind, 1908,68 (17), p.458。——译者注

批评与对话

克里普克的模态论证新探 *

陈常燊

【内容摘要】"外部问题"方案过于无情地拒斥了虚构对象的本体论合法性,"简易论证"策略又过于轻率地承诺了此类对象,克里普克提出了介于这个极端之间的一种"艰难本体论"方案。从克里普克方案中可以揭示三个隐藏的独立主题,即反模态主义、虚构主义以及抽象人造物理论。进一步,从他的反模态主义所借助的模态论证中,可以发掘三个相关论题,即反事实论题、不可分辨性论题以及反本质主义论题。至于他的虚构主义所预设的反实在论立场,与抽象创造物理论所预设的实在论立场,则面临了难以自洽的困境。但仍需指出,这个困境的存在并不妨碍他的模态论证的有效性。

【关键词】模态论证;反事实;反本质主义;虚构主义

福尔摩斯是柯南·道尔(Conan Doyle)笔下的一名侦探,他机警果断,破案无数;独角兽则是神话中的一个物种,它形如白马,额前有一个螺旋角。那么,问题来了:诸如福尔摩斯和独角兽这样的虚构对象,它们是否真实存在?若是存在的,应该将它们归入何种哲学范畴呢?近几十年来,此类关于虚构对象的本体论问题,引起了哲学界的广泛关注。在《命名与必然性》《空名与虚构实体》《指称与存在》等一系列著作中,克里普克(Saul Kripke)专门讨论了虚构对象的本体论问题。[①]他的立场实际上分为三个方面,即反模态主义、虚构主义和抽

---

* 本文是国家社科基金重点项目"分析的西方哲学史研究"(项目编号:19AZX013)、国家社科基金后期资助一般项目"维特根斯坦与寂静主义研究"(项目编号:21FZXB042)的阶段性成果。

[①] 索尔·克里普克:《命名与必然性》,梅文译,上海译文出版社 2005 年版。索尔·克里普克:《空名与虚构实体》,刘叶涛译,《世界哲学》2013 年第 2 期,第 5—23 页。Saul A Kripke, 2013, *Reference and Existence*, Oxford: Oxford University Press.

象人造物理论，由此也引发了一些关注和批评。① 本文将重点分析他的反模态主义，并且探讨它与其他两个方面之间的逻辑一致性问题。第一节介绍学术背景，分别讨论"外部问题"方案与"简易论证"策略，并指出，前者拒斥了虚构对象的本体论；后者则过于轻率地承诺了它们，从而引出对克里普克的讨论，并将之视为介于前两者之间的温和方案。接下来的三个小节发掘克里普克模态论证的三个论题，即反事实论题、不可分辨性论题以及反本质主义论题，这构成了本文的主干部分。第五节关注他的虚构主义与抽象人造物之间的一致性问题，讨论它们与反模态主义的逻辑关系，即是否自洽的问题。

一　外部问题与"简易论证"

常识上，福尔摩斯并不存在，独角兽也是子虚乌有之物。然而，当我们说"某物不存在"时，是否可能导致某种概念混乱：难道可以有意义地对某个不存在之物进行谈论？在西方哲学史中，这被称为"非存在之谜"（the puzzle of non-existence）。巴门尼德以来的主流观点主张，我们不能思考或言说不存在的东西，因为这样的言说毫无意义。因此，诸如"飞马②不存在"这样的非存在主张（nonexistence claims）并不是真的，因为它似乎暗示了某种名叫"飞马"的非存在之物，但实际上它只是一个并不指称任何东西的空名（empty name）。

20世纪40年代到50年代，围绕形而上学的存在问题（existence question），诸如"数存在吗？"是否具有特别深刻的含义，卡尔纳普（Rudolf Carnap）与奎因（W. V. O. Quine）之间发生过一场争论。卡尔纳普主张我们必须区分两种类型的存在问题：第一类是关于构架内的某些新类型的东西的存在问题，称为内部问题（internal questions）；第二类是关于作为整体的各东西的系统的存在或实在性的问题，称为外部问题（external questions）。[1](p.206) 内部问题在卡纳尔的系统中具有绝对的优先地位，因为最终只有内部问题是可以借助事实方法被理解。仿照卡尔纳普的思路，可以做出内部问题与外部问题的区分：

（1）内部问题：神话中的独角兽，具有某些特征：形如白马，额前有一个螺旋角；

---

① 批评意见主要集中于对抽象人造物理论，比如，S. Friend, 2007, "Fictional Characters", *Philosophy Compass*, 2, pp.141-156, 以及 R. M. 赛恩斯伯里：《虚构与虚构主义》，万美文译，华夏出版社2015年版，第131—134页。

② 此处"飞马"特指古希腊神话的那匹有翅膀、能飞的马，而非想象中的任意一匹会飞的马，故而常被音译为专名"珀伽索斯"（Pegasus）。

（2）外部问题：独角兽存在吗？

内部问题涉及一个琐碎为真的陈述：的确有"独角兽"这样的虚构的动物种类；而对外部问题回答符合我们的素朴实在论：虚构对象并不存在。作为外部问题，独角兽的存在问题也就是它的本体论性质问题，是一个伪问题，本质上属于语词之争。存在问题无非是一些纯粹的概念问题，与其诉诸形而上学解决方案，毋宁寻求语言学的解决方案。存在很多不同的本体论框架（ontological frameworks），各自做出关于何物（种类）存在的本体论承诺，其中某些本体论框架对于特定的意图来说或许是更有用的，但并不存在关于何种框架是真的或正确的客观事实。

在《论何物存在》《本体论的相对性》等论文中，奎因对存在问题给出了与卡尔纳普相反的回答：我们不仅可以有意义地谈论那些不存在之物；而且可以采取本体论相对性方法，讨论任何事物的存在都只是相对于特定背景语言的存在。一般来说，我们的词项"兔子""数目""独角兽"，是否分别指称了兔子、数目和独角兽，而非指称某种被巧妙置换了的"所指"（denotation），绝对地问这个问题是无意义的，只有相对于某种背景语言，我们才能有意义地提问。[2](pp.48-49) 由此，奎因捍卫了有意义地讨论形而上学的可能性。他的口号"存在就是存在量化所表达的东西"[3](p.97) 成为一个得到广泛认可的本体论承诺标准。根据这个标准，我们可以揭示一种理论的本体论承诺，首先使用一阶谓词逻辑的语言来表达这个理论，其次确定在如此表达的理论中所使用的约束变量中可能获得的取值所必须承认的实体种类。所谓约束变量（bound variable），是一个受到量词约束的变量，比如在公式"$(\exists x)Fx$"中，变量 x 受到存在量词"$\exists$"的约束，亦即，至少有一个事物 x，使得 x 是 F。

近年来，托玛森（Amie Thomasson）提出了"简易论证"（easy argument），在某种意义上也是一种"新卡尔纳普主义"，同时吸收了奎因的本体论承诺方法，从而主张我们可以简易地承诺虚构对象的存在。[4] 其基本思想是，许多本体论问题可以借助于无争议前提的琐碎的推论来回答，最终表明关于这些问题的长期以来的争论变得不合时宜。在一阶层面，简易本体论可以被视为一种素朴实在论（first-order simple realism）；而在二阶层面，它是一种元本体论的紧缩论（meta-ontological deflationism），它认为本体论纷争本身是误导人的，因为存在问题可以诉诸一些素朴的概念工作或经验性工作来回答，尽管实在论者往往认为它们是难以回答的"艰难本体论"（hard ontology）问题。

仿照托玛森的思路，可以构造下述关于虚构对象存在的"简易论证"：

（P1）无争议事实：虚构作品（神话）中的独角兽，形如白马，额前有一个螺旋角；

（P2）概念真理：如果x是独角兽，那么x是一个虚构对象；

（P3）派生主张：神话中的独角兽是一个虚构对象；

（C）因此，有如下本体论主张：有一个虚构对象。

然而，对于数目、属性和虚构对象的"简易论证"都是富有争议的。亚布洛（Stephen Yablo）称之为"过于简易的存在证明"（overeasy existence proofs），并批评到，这样的论证带有一种"从帽子里变出兔子"的明显感觉。[5]譬如，从一个先验的或经验上明显的前提，仍然无法断言有关于虚构对象存在的"简易论证"。如果说，"外部问题"方案过于无情地拒斥了虚构对象的本体论合法性，"简易论证"策略又过于轻率地承诺了此类对象，那么克里普克提出了介于这两个极端之间的一种温和方案，也就是托玛森所说的"艰难本体论"方案。

二　模态论证与反事实论题

在《命名与必然性》中，克里普克发展了一种"模态论证"，旨在反对一种在弗雷格涵义概念、罗素的摹状词理论和塞尔的簇摹状词理论上发展而来的描述主义的专名理论，即专名N是有意义的，其意义由一个或一组摹状词给出。其论证要点是：如果描述主义是正确的，那么，名称和相应的摹状词应该有同样的模态身份，一个以名称做主词、以相应的摹状词做谓词的句子应该是必然为真的。然而，名称和摹状词有不同的模态身份，一个以名称做主词、以相应的摹状词做谓词的句子并不是必然为真的。所以，关于专名的描述主义是错误的。[6](p.81)

在《空名与虚构实体》中，克里普克提出关于虚构对象的一种模态论证，旨在反对刘易斯（David Lewis）的模态主义理论，后者主张一个可能的个体是福尔摩斯的候选人，假使他在一个可能世界里有福尔摩斯的属性，在这个世界里福尔摩斯的故事被称为已知事实。[7](pp. 261-275)仿照克里普克，可将关于虚构对象的模态论证重构如下：

（P1）如果模态主义是正确的，那么，空名与普通名称具有同样的模态身份或同一性条件，诸如"福尔摩斯"这样的空名是一个严格指示词，它在任何可能世界里都指称福尔摩斯；

（P2）空名与普通名称具有不同的身份或同一性条件，诸如"福尔摩斯"这样的空名不具有普通名称的指称功能，也不是严格指示词，它不管在现实世界还是其他可能世界都没有严格意义上的指称；

（C）因此，虚构对象的模态主义是错的。

上述模态论证，其实是对刘易斯模态主义的一个反驳。严格来说，这是一个"非模态论证"（amodal argument），因为在克里普克看来，虚构对象具有非模态特征，而不具有模态属性，不管是一个"现实的福尔摩斯"，还是一个"可能的福尔摩斯"都不是存在的。福尔摩斯既不是必然存在的，亦即，他并非在所有可能世界都存在；也不是偶然存在的，亦即，他并非只在部分可能世界中存在。与其说他将虚构对象当作某种"可能对象"来讨论，不如说他将其当作某种"不可能对象"来讨论。

克里普克采取了两个论证策略。首先，将福尔摩斯和独角兽的识别或个体化问题看作一个"形而上学论题"，笔者也称之为"反事实论题"。该论题是说，我们无法借用反事实的方式识别出一只独角兽，没有任何一种反事实的情形可以适当地被描述为可能存在独角兽的情形。形而上学论题分别从事实角度和反事实角度提出了下述描述：

（1）事实描述：并不存在独角兽，也就是，不存在神话中所描述的样子的物种：它形如白马，额前有一个螺旋角；

（2）反事实描述：假如存在独角兽，那么它就是神话中所描述的样子的物种：形如白马，额前有一个螺旋角。

依据对于反事实的标准定义，独角兽真实地存在于这样一个可能世界之中：在其中，反事实条件句的前件为真，并且它与现实世界"只有极小差异"[8](p.102)，或者"最大程度上相似"[9](p.20)。鉴于可能对象与虚构对象之间存在某种相似性，有些哲学家会把虚构对象当作可能对象来处理，比如刘易斯；有些哲学家则反过来，把可能对象当作虚构对象来处理，比如扎尔塔（E. N. Zalta）。此外，还有第三类哲学家，采取特定的标准，相对严格地将它们区分开来，比如克里普克——他承认可能对象的存在，但拒绝将虚构对象理解为一种可能的或反事实的对象来处理。这样，福尔摩斯既不是一个现实人物，也不是单纯可能的人物，他只是一个虚构人物。这一点与尼克松不同：后者在现实中（历史上）是一个担任过美国总统的人；我们可以设想一个单纯可能的尼克松，他从未担任过美国总统。[10](p.29) 关于福尔摩斯的实质条件句和反事实条件句，有下述分析：

（1）实质条件句：如果福尔摩斯这个人物形象不是被柯南·道尔塑造的，那么他是被其他人塑造的；

（2）反事实条件句：如果柯南·道尔没有塑造出福尔摩斯这个人物形象，那么就会有其他人塑造出这个人物形象。

上述实质条件句似乎琐碎为真，它假定了柯南·道尔这个人物形象已经被人塑造出来了；在这个情况下，如果不是柯南·道尔，只能是由其他人塑造的。然而，反事实条件句则是隐晦为假。它并没有假定柯南·道尔这个人物形象已经被人塑造出来，在这个情况下，要说它不是被柯南·道尔塑造出来，就会被另一个人塑造出来，就显得不自然——反事实条件句隐含了一种宿命论，它断言福尔摩斯这个人物形象注定要被人塑造出来。但是在实质条件句中，并没有隐含这个断言。

说独角兽不存在，是说只在我们这个世界不存在，还是说它在所有可能世界都不存在？我们不能有意义地讨论反事实的虚构对象。反事实分析的核心是，我们不能有意义地说，"假如独角兽存在，……"一个现实中不存在的人或物，也不会在可能世界中存在。比如，既然福尔摩斯并不真实存在，那么我们就不能用反事实的方式来说，某个可能的人若是存在，他本来会是福尔摩斯。这种反事实情况假定了一个具体的、可能的，但实体上又并非真实存在的人物。拿独角兽的例子来说："我们不能说到任何可能的动物，说它们会是独角兽。我们只是可以说，它看上去有独角兽应该有的样子。如果一个可能世界包含两个很不相同的物种，两者都完全符合前述故事中的描述，我们也不能说出它们哪一个会是独角兽。"[11](p.17)

笔者认为，克里普克的反事实条件分析是严肃的，它适用于现实世界中的人和事物。然而，如果我们站出来反对这种反事实条件分析，那么，不管是虚构对象还是非虚构对象，都无法通过反事实分析。问题于是就转变成，非虚构对象在多大程度上类似于克里普克所说的虚构对象，而不是相反，虚构对象在多大程度上类似于克里普克所说的非虚构对象。克里普克启发我们提出了这样的问题，尽管他给出的回答并不总是令人满意的。此外，当我们说"福尔摩斯既不是必然存在，又不是偶然存在"时，其意思是，福尔摩斯在字面意义上是不存在的。这句话与"福尔摩斯既是必然存在的"又是在"偶然存在的"逻辑上等价，但那不是双面真理论。后者假定了福尔摩斯是存在的，但前者并没有假定这一点。

三　不可分辨性论题

如果福尔摩斯只是一个虚构人物，那么当我们说"福尔摩斯不存在"时，是说他仅仅在现实世界中不存在，但他可以在单纯可能世界中存在吗？借助反事实条件来说，假设现实中有一个人与福尔摩斯的外貌、性格和经历高度相似（夸张一点，设想他俩完全一样），那么他就是福尔摩斯吗？换言之，两个外观上不可分辨的人或物之间，真的可能是同一个或同一种事物吗？① 克里普克的"认识论论题"（亦可称为不可分辨性论题）是：

> 认识论论题：仅仅在考古学上发现某些动物具有神话中的独角兽那样的特征，这决不能说明，这些动物就是神话中讲到的那些动物。

《命名与必然性》中所讲的"历史—因果联系"，对于在认识论上识别出一只独角兽，是一个必要条件。对待独角兽，就像对待福尔摩斯那样加以"严格指示"，即借助神话传说与一种物质物体的历史联系加以确定。如果没有这种历史—因果联系，恰恰又在考古学上发现了一种外观上几乎与神话中的独角兽一模一样的物种 X，那么这种相似性，只是一种偶然的相似性。换言之，没有历史—因果联系的指称只是巧合。借助大量的摹状词，人们可能说 X 就是传说中的独角兽。但这里的"就是"并没有根据。

专名是借助于某些与这个名称有关的历史事实去指称某个特定对象。历史上真实存在或者假定有一个命名仪式，福尔摩斯被他的创作者柯南·道尔取了这个名字，就像丘吉尔的父母给他取了"丘吉尔"这个名字一样。其他认识他的人也用这个名称称呼他，很快建立了一个"传递链条"。而他们用"丘吉尔"称呼丘吉尔，与他的父母如此称呼他之间存在一种因果联系。[12](p.75) 这种因果联系是传递的；传递可能发生中断的情况，传递的中断是一个经验的、后天的问题；在未中断的情况下，"丘吉尔"指称丘吉尔，或者，"福尔摩斯"指称福尔摩斯，这是一个后天必然命题。这种链条中的必然性，能够通过内涵主义的检验，尽管它在外延上仍然无法避免"一对多"以及"多对一"的困境。这两个困境是外延主义的。借助（簇）摹状词，我们可以描述我们所认识的丘吉尔或福尔摩斯的特征，这些摹状词有很多，但是丘吉尔或福尔摩斯只有一个，这里存在"多对一"

---

① 对这个问题的否定回答不需要假定此性论（Haecceitism），而只需要假定内涵主义语义学。此处不多作分析。

的情况。从摹状词的角度看，没有哪一个摹状词可以严格地（唯一地、排他地）识别出他们。反过来，一个摹状词也可以对应两个或两个以上的人。担任过"第二次世界大战"期间的英国首相的人，可以不是丘吉尔，而是另外一个人，但丘吉尔只能是丘吉尔。

弗雷格和罗素的外延主义无法通过反事实的内涵主义检验，他们无法用涵义（簇摹状词理论）来锚定名称的指称。相较而言，克里普克的普通名称（专名和通名）都具有严格的（具体的）指称，但没有确定的涵义。普通名称既包括现实名称，也包括可能名称（名称的可能状态）；可能名称不是在实体上的，而是在属性上的，并不是存在一种"可能的实体"（刘易斯的对应体），而是"实体的可能属性"，比如，一个"可能从未当过总统的尼克松"，是指"尼克松的从未当过总统的可能状态"。[13](pp.21-22) 严格的指称无须用簇摹状词来锚定，而是借助历史—因果的命名理论。指称能够通过内涵主义检验，涵义无法通过这个检验。

然而，在克里普克看来，虚构名称（空名），不管是空专名还是空通名，都既没有严格的指称，也没有确定的涵义。它们都只是假装着有指称和涵义，它们的指称（和涵义）都是抽象的。此外，它们也无法通过反事实的内涵主义检测。从超内涵角度看，即便通过了反事实检验，虚构对象也无法有明确的指称。说存在的事物存在，是琐碎的，但很多存在的事物的存在，只是它们的偶然属性。它们原本可能不存在，因此，设想它们的反事实状态是有意义的。

即便某个可能世界存在与我们的虚构故事中的独角兽在外观上不可分辨的某个物种，我们也无法说它就是独角兽。"说一部作品是真实的还是虚构的，这个问题并不等同于：那些断定某些发生在什么事中的事件的存在陈述发生了，或者没有发生。这种巧合可能让人感到奇怪，但这一点不是不可能，如此这般的东西可能会发生，但却与这部作品没有任何关联。"[14](p.21) 如有雷同，纯属巧合。这里只有性质上的偶然相似性，就像刘易斯所说的复制品，但两者之间并不存在本体论上的相关性。

这种巧合甚至不如黏土块与雕像之间的那种"时空偶合"关系那样值得在本体论上的认真对待。在黏土块与雕像之谜中，至少黏土块作为具体物质对象，是有时空占位的。而在一个虚构实体与外观上不可分辨的另一个实体（不管它是不是虚构实体）之间，并不存在这种物质构成关系。就此而言，正如某些哲学家所做的那种，承认艺术作品（如《雅典娜神像》）是一个抽象人造物，与像克里普克那样，承认福尔摩斯是一个抽象人造物之间仍然存在重要的本体论差异。也许它们的存在都属于经验问题，依据人们是否创造出它来，或者一段隐喻意义上的"历史因果链条"，来给出肯定或者否定的答案。"抽象人造物是由创造它们的行为而被个体化的。"[15](p.111) 我们知道，梅纳尔的堂吉诃德与塞万提斯的堂吉诃德并不是同一个虚构人物，尽管他们在外观上甚至是不可分辨的，因为他们是由不同的人在不同的时间创造的，他们有不同的"历史因果链条"。在短篇小说《〈吉诃德〉的作者皮埃尔·梅纳尔》中，阿根廷著名作家博尔赫斯虚构了一个名叫皮埃尔·梅纳尔的小说家，罗列了他的一系列各种风格的"作品"，其中就包括一本《吉诃德》。十分诡异的是，这本《吉诃德》在字面上与西班牙文艺复兴时期的伟大作家塞万提斯的《堂吉诃德》一模一样——也许只有作者的不同以及书名上的微妙差异。[16](pp.25-40) 但是，虚构对象的存在命题不是内涵语境的，它不能通过内涵性检测，特别是，无法通过反事实检验。

四 反本质主义论题

本质主义者通常认为，一个对象或种类的某个或某些属性是必然的，另一些则是偶然的。从"从物模态"（de re modality）角度讲，对象或种类具有一些模态属性，但属性的改变对于它们的同一性的维持有一个限度。如果不把"存在"本身当作一个真正的属性，那么一个对象的存在必须在最低限度上保留哪些属性呢？在《命名与必然性》中，克里普克讨论了四种类型的本质主义。[17](pp.99-102) 仿照日常对象的本质主义，可以将虚构对象的本质主义观点刻画如下：

（1）福尔摩斯的"类别本质"（sortal essentialism）：福尔摩斯在所有可能世界都是一个侦探。你很难想象他不是一名侦探。

（2）福尔摩斯的"起源本质"（origin essentialism）：福尔摩斯本质上由他的父母所生。

（3）独角兽的"种类本质"（kind essentialism）：独角兽是形如白马，额前有一个螺旋角的动物，所以它本质上是动物。

（4）独角兽的"构成本质"（constitution essentialism）：作为一种形如白马，额前有一个螺旋角的动物，它本质是由细胞构成的，因为所有动物都是由细胞构成的。

然而，克里普克的模态论证支持关于虚构对象的下述反本质主义立场：

（1'）福尔摩斯并不存在于任何可能世界：他是一个抽象对象，但它并非存在于所有可能世界，相反，它甚至并非存在于任何世界。就其并非存在于任何可能世界而言，福尔摩斯是一个"不可能的"对象。

（2'）福尔摩斯没有起源本质，孙悟空没有父母。虚构对象可以违背现实世界的自然法则。他只有一个"创造本质"：福尔摩斯是一名侦探，这个事实，奠基于他是被柯南·道尔创造出来的。

（3'）独角兽没有"种类本质"，因为它不是自然种类。

（4'）独角兽没有"构成本质"，它不是由细胞构成的，甚至也不是由任何物质构成的，因为它不是物质对象。

总之，个体化识别和同一性判断是一个经验问题。对此没有基于先验的模态论证。按照这个思路，孙行者不是行者，王母娘娘也不是娘娘。孙行者与行者孙是不是同一个人的问题，涉及虚构对象的同一性问题，对此应该做何种回答，是要依赖于具体的历史研究的，他并不认为能够给出一个充分必要条件为确定虚构对象的同一性标准，也不应该奢求这样的条件，或许只有在数学领域中才会有这样的条件。

反模态论证的结论是，在严格字面意义上，福尔摩斯不是一名侦探，独角兽也不是一种兽类，因为它们既不存在于这个现实世界，也不存在于任何一个可能世界，而任何的侦探和兽类都必须现实地或可能地存在。就其作为虚构对象来说，福尔摩斯是一名侦探，独角兽是一种兽类，但是虚构名称"福尔摩斯"和"独角兽"并不具有普通名称的功能，它们只是在被假装着进行指称，包含它们的陈述也只是被假装着表达了一个有真值的命题。当我们说它们作为虚构对象而存在时，这里的"存在"是在创造主义意义上使用的：它们是一些被人创造出来的抽象对象。作为被创作物，它们不是具体的；作为抽象对象，它们不是必然的，"它们的存在并不像数目那样，数目被认为是必然存在的实体，数目的存在独立于任何的经验事实"[18](p.72)。不管是《福尔摩斯探案集》这部虚构作品，还是其作者所塑造的福尔摩斯这个虚构人物，都是人类经验活动的结果。通过创作活动，柯南·道尔在创作这部虚构作品的同时，也一并创作了相应的虚构对象：虚构的贝克大街，虚构的福尔福斯，虚构的烟斗，诸如此类。

如果反事实描述可以被看作对事实描述的一种形而上解释，那么就相当于说：

独角兽是存在的，当且仅当，它就是神话中所描述的样子的物种：形如白马，额前有一个螺旋角。

然而，克里普克不承认这个双条件句的有效性。设想某些物种（X）完全符合上述外部特征（external appearances），那么它是我们能够从这些神秘的物种中识别出独角兽的充分条件吗？但是这里的充分条件应该是某种"内部结构"（internal structure），但外部特征并不是内部结构，因此并不存在任何真实的或哪怕是可能的物种可以充分地被我们当作独角兽。内部结构不是解剖学意义上的。我们甚至无法从对独角兽的神话传说中穷尽我们对于它的解剖学信息。退一步说，即便我们掌握了足够多的这方面信息，这种解剖学上的不可分辨性仍然不能当作它们是同一个物种的充分条件。换言之，这种外观上的不可分辨性无法通过内涵主义的识别性检验。这里的检验标准要求，某个在外观上与神话中的独角兽不可分辨的反事实对象（可能实体），无法作为它被识别为独角兽的充分条件，因而也不能当作被识别为独角兽的充分必要条件。

根据内涵主义的识别标准"X　U→X=U"，独角兽不是任何现实世界中的物质对象，也不是任何可能世界中的"可能对象"，它是一种作为虚构实体的抽象对象。在克里普克看来，我们无法将 X 识别为 U，是因为上述双条件句是不成立的——我们很简易设想一些反例：某物它满足 X 的所有条件，但它不是 U。当然，从超内涵角度看，即便上述双条件句是成立的，仍然不能确立 X 与 U 之间的同一性，换言之，我们无法将 X 识别为 U。后模态的哲学家们，如法因、塞德尔，他们想要的是一种"超内涵主义的现实主义"，而不是克里普克（也许还包括普兰廷伽、斯托内克等人）的"内涵主义的现实主义"。

五　虚构主义与抽象人造物

传统形而上学特别重视"殊相""共相"这样的范畴。比如，哲学家们会讨论如何将属性、数目或几何图形归入殊相还是共相之中。当代形而上学特别重视"具体对象""抽象对象"这样的范畴，哲学家们讨论如何将可能事物以及虚构对象归入具体对象还是抽象对象之中。一个现实中不存在的人或物，假设他或它在逻辑上是可能存在的，亦即，设想他或它的存在，并不违背逻辑法则，那么他或它就能被归入可能对象之中；而如果这些人或物出现于过去和现在的神话、传说、文学或其他艺术作品的创作中，那么它就成为虚构对象，而不管它是否遵守逻辑。

作为一个消极论题，即虚构对象"不是什么"，克里普克借助模态论题表明，空名没有普通名称那样的指称功能，它们不是严格指示词，无法经过反事实检验，因此并不存在于我们的现实世界以及其他的可能世界。接下来我们来考察克里普克的两个积极论题，亦即他关于虚构对象"是什么"的两个理论，一是虚构主义的"假装"理论；二是抽象人造物理论。消极论题是积极论题的一个必要非充分条件，接受模态主义的人，难以同时接受虚构主义，但是即便他不接受模态主义，并不意味着他就要接受虚构主义。虚构主义与抽象人造物之间的联系则要更加疏远，一个人支持关于虚构对象的"假装"理论，但可以不接受抽象人造物理论；反之亦然。所以，克里普克关于虚构对象的本体论立场，实际上涉及了三个不尽相同的理论。

虚构名称包括虚构专名与虚构通名。大体上，克里普克主张虚构对象是一种抽象对象，它们的存在取决于是否在人们的虚构作品中被创造出来。关于虚构对象是否存在的问题，他的回答是，如果在字面上严格理解"存在"，即柯南·道尔笔下的夏洛克·福尔摩斯存在，当且仅当，"福尔摩斯"这个名称有一个指称对象，那么，它们没有像普通名称（如"尼克松"）那样的严格指称。既然如此，我们为什么还能有意义地谈论福尔摩斯呢？在克里普克看来，源于当我们在谈论福尔摩斯时，我们只是假装着在指称，关于福尔摩斯的陈述也只是假装表达了命题，尽管严格来说，"福尔摩斯"并没有指称，"福尔摩斯住在伦敦贝克街221号"也没有表达命题。因此，严格来说，福尔摩斯并不存在。"存在"不是对福尔摩斯的谓述，尽管尼克松存在，"存在"是对尼克松的谓述。这样，说某个个体（如尼克松）存在，就像说某个个体是红色的一样，是真正地对它有所谓述。严格来说，并非所有能被我们有意义地言说的事物都是存在的，就好比并非所有事物都是红色的。虚构对象不能被我们事实地言说，也不能被我们反事实地言说，而只能被我们"假装"着言说，这是一种关于虚构对象的虚构主义观点。

福尔摩斯并没有"是一名侦探"的属性，但他有"是一个虚构人物"的属性，在这两种意义上，对于虚构对象，属性并不蕴含存在。这里涉及"外部真理"与"内部真理"的区分，相应地，我们认为存在"外部属性"与"内部属性"的区分。"福尔摩斯在思考"，只有作为"内部真理"也就是"在故事中"的意义上，才是真的；这样，"福尔摩斯存在"也只在作为"在故事中"中才是真的。福尔摩斯并没有因为"是一名侦探"这个内部真理而成为一个外部真理意义上的"福尔摩斯存在"，而只能对应于外部真理的"福尔摩斯是一个虚构人物（对象）"。

然而，"独角兽"这个通名并不命名一个自然种类，甚至也不命名一种迈农式的自然种类，而只是一种现实的抽象实体、一种"虚构的生物"，因此是一个"空通名"。"独角兽存在"并不表达一个真正的，也就是有明确真值条件的命题，但我们可以假装它表达了一个命题。当我说"独角兽存在"时，我不是在用"独角兽"指称一个（虚构的）物种，在老虎这个物种存在的意义上（它是具体物质对象），也不是在想象的老虎的意义上（它是具体心灵对象）。所有这两种老虎都是自然对象，但是独角兽属于人造对象。椅子或手机也属于人造对象，但它们不属于抽象对象；柏拉图意义上的数目或几何图形属于抽象对象，但它不属于人造对象。说独角兽是抽象的，不是说柏拉图主义那种抽象物，具有永恒、不变的本体论特征，而是说它是非空间的（nonspatial）、非心理的（nonmental）。

是否具体＼是否人造	人造	非人造
具体	椅子或手机	自然界的老虎
抽象	福尔摩斯或独角兽	柏拉图主义的数目

表 1 抽象／人造物

就其作为内部问题，我们在一种意义上说"独角兽存在"，是说作为虚构对象的独角兽存在。但是，就其作为外部问题，我们在另一种意义上说"独角兽不存在"，是说包括独角兽在内的所有虚构对象都是不存在的。这里的问题不再是一个存在物的琐碎清单，而是虚构对象这种范畴的本体论性质。

（1）X 是一个虚构实体，当且仅当……。
（2）X 是一个虚构实体，仅当，它是一个抽象人造物。

然而，正如我们在开篇之初提到的，把虚构对象看作抽象人造物的理论会遇到一些挑战。在所有这些批评意见之外，笔者还想补充一点：虚构主义实际上是一种关于虚构对象的反实在论观点，它并不像迈农式的"虚存"那样，假定它们是一种心理实体。而如果你假定它们是某些抽象创造物，相当于又把虚构对象的实在论召唤回来了。这样，他的虚构主义所预设的反实在论立场，与抽象创造物理论所预设的实在立场，则面临着难以自洽的困境。但仍需指出，这个困境的存在并不妨碍他的模态论证的有效性。而为了避免这些挑战，一个值得考虑的备选项是支持虚构主义的"假装"理论，同时放弃抽象创造物理论。

六　小结

概言之，克里普克对虚构名称的指称问题，采取了普通名称的指称问题类似的论证策略，但结论恰恰相反，福尔摩斯和独角兽这些虚构名称不具有普通名称的功能，虚构实体既不是真实对象（像老虎和尼克松那样的具体物质对象），也不是可能对象（如从未担任过美国总统的尼克松），而只是由于人类的活动才得以存在的一类特定类型的抽象实体。作为消极论题，他的模态论证表明，虚构对象并不存在于我们的现实世界以及其他可能世界之中，无法对之进行反事实分析；一个与神话中的独角兽在外观上无法分辨的现实物种，并不就是独角兽；独角兽或福尔摩斯没有通常所说的类别本质、起源本质、种类本质和构成本质；借助积极论题，他解释了我们关于虚构对象的直觉，认为虚构名称只是假装着在指称，关于虚构对象的陈述也只是假装了表达了命题；进一步，他指出虚构实体属于某种抽象人造物：它们是抽象的，因此不像日常对象那样属于现实世界；它们是人造物，因此并不存在于任何单纯可能世界之中；借助人们的经验活动才得以被创造出来，诉诸经验便可对之进行量化并建立同一性条件。然而，一方面考虑到消极论题相对于积极论题的独立性；另一方面考虑到两个积极论题内部的不自洽性，我们可以考虑坚持他的反模态主义立场与虚构主义立场，或者只坚持反模态主义立场。无论如何，反模态主义立场是值得接受的，而抽象人造物理论则未必如此。

参考文献

[1] Rudolf Carnap, "Empiricism, Semantics, and Ontology", in *Meaning and Necessity: A Study in Semantics and Modal Logic*, Chicago: University of Chicago Press, 1956.

[2] W. V .O. Quine, *Ontological Relativity and Other Essays*, Columbia Unviersity Press, 2005.

[3] W. V .O. Quine, " Existence and Quantification" , in *Ontological Relativity and Other Essays*, New York: Columbia University Press, 1968.

[4] Amie L. Thomasson, *Ontology Made Easy*, Oxford University Press, 2014.

[5] Stephen Yablo, " A Paradox of Existence", in Everet A. and Hofweber,T. (eds.), *Empty Names, Fiction, and the Puzzles of Non-Existence*, Palo Alto: CSLI Publications, 2000.

[6] 陈波. 反驳克里普克的模态论证 [J]. 晋阳学刊，2012（3）：70—82.

[7] David Lewis, "Truth in Fiction", *American Philosophical Quarterly*, 1978,15(1), Reprinted in *Philosophical Papers, Volume 1*, Oxford: Oxford University Press, 1983.

[8] Stalnaker, Robert, "A Theory of Conditionals", in Nicholas Rescher (ed.), *Studies in Logical Theory*, Oxford: Blackwell, 1968.

[9] David Lewis, *Counterfactuals*, Oxford: Blackwell Publishers, 1973.

[10][12][13][17] [美] 索尔·克里普克. 命题与必然性 [M]. 梅文译. 上海：

上海译文出版社 .2005.

[11][14] [美] 索尔·克里普克 . 空名与虚构实体 [M]. 刘叶涛译 . 世界哲学 . 2013 年第 2 期 .

[15] [美] 赛恩斯伯里 . 虚构与虚构主义 [M]. 万美文译 . 北京：华夏出版社，2015.

[16] [阿根廷] 豪尔赫·博尔赫斯 . 小径分岔的花园 [M]. 王永年译 . 上海：上海译文出版社 . 2015.

[18] Saul A Kripke, *Reference and Existence*, Oxford: Oxford University Press, 2013.

New Exploration on Kripke's Modal Argument

Abstract: "The external problem" is too ruthlessly dismissive of the ontology of the fictional object, and the "easy argument" strategy is too reckless to commit to such objects, between the two extremes, Kripke proposes a "hard ontology" solution. This paper reveals the three independent themes hidden in his solution, namely, anti-formalism, fictionalism and abstract artificial physics. From the model of his anti-modalism, this paper further excavates three topics, namely, the anti-fact thesis, the indiscernibility thesis and the anti-essentialism thesis. As for the presupposition anti-realism position of his fictionalism and abstract creationism, it faces a difficult dilemma. But it is important to note that the existence of this dilemma does not affect the effectiveness of his modal argument.

Key Words: Modal argument; Counterfactual; Anti-essentialism; Fictionalism

【作者简介】陈常燊，山西大学哲学社会学学院教授，哲学博士、博士生导师，《中国分析哲学》副主编。研究方向：现代英美哲学、语言哲学。电子邮箱：ccs314@sxu.edu.cn。

《逻辑哲学论》中的哲学观是"治疗型"的吗？

——对李国山先生之解读的回应*

徐 强

【内容摘要】 李国山先生宣称《逻辑哲学论》的哲学观是"治疗型"哲学。"治疗型"哲学观念的内容包含诊断和治疗。我不同意李国山先生的解读。为了回应李国山先生，我从"维特根斯坦式"解读视角出发来解读《逻辑哲学论》。按照我的路径，我的结论如下：《逻辑哲学论》中的元哲学是基于运用该书中的解说系统所得到的其中的一个推论。《逻辑哲学论》解说系统的核心构成部分是维特根斯坦的逻辑哲学。维特根斯坦严格地运用了他的逻辑哲学来考察命题的本质，最后他从命题的本质所得出的洞见来思考哲学的本质。早期维特根斯坦认为哲学的目的在于澄清思想；思想的外在表现形式是语言；澄清思想就在于分析命题。在"维特根斯坦式"解读中，就"哲学"观念而言，早期维特根斯坦不是"治疗型"的。

【关键词】 李国山；《逻辑哲学论》；元哲学；"治疗型"哲学；"维特根斯坦式"解读；命题的本质

引 言

传统维特根斯坦（简称"维氏"）阐释者通常将维氏哲学分为前期和后期，

---

* 本文是国家社科基金一般项目"'新维特根斯坦学派'研究"（项目号：21BZX097）的阶段性成果。

即以《逻辑哲学论》(简称 TLP)的观点为代表的早期哲学,以《哲学研究》(简称 PI)的观点为代表的后期哲学。20 世纪晚期开始学界出现了"果决式"解读,这些解读后被称作"新维特根斯坦"学派(简称 NW)。该学派着力于倡导并建构维氏哲学的连续性,其核心论据就在于,维氏整个哲学的目的都是"治疗型"的。[1](p.1)李国山先生最近再次论证了维氏在整个哲学生涯中都坚定不移地倡导和实施"治疗型"哲学。[2](p.21)他分别从前期、中期和后期维氏入手,论证了"治疗型"哲学是维氏哲学体系中一以贯之的方面。我赞同李国山先生的连续性立场,然而我不认为"治疗型"哲学观念能够作为维氏哲学连续性论证的核心论据。我在本文中将论证,"治疗型"哲学观念在整个维氏哲学中不是一以贯之的,尤其是早期维氏哲学并不是"治疗型"的。

本文分为六部分:首先阐明维氏哲学的连续性观念;然后系统地阐明李国山先生对 TLP 的"治疗型"解读;接着初步分析和回应李国山先生的解读;之后从"维特根斯坦式"解读视角来考察 TLP 中的元哲学;最后,基于我的理解对"治疗型"解读做出回应。

一 李国山先生对维氏哲学整体性和连续性的阐明

在李国山先生看来,维氏哲学连续问题由维氏哲学分期的问题造成。维氏哲学分期是人为的,原因来自后世对分析哲学历史的回顾与反思。一些学者认为前期和后期维氏分别完成了两场哲学革命。[3](p.20)维氏哲学二分法存在许多弊端。NW 强调维氏前后哲学的连续性和统一性,反对将维氏哲学人为地切分和拆解。李国山先生欲为 NW 的连续性和统一性论点作辩护。换言之,"正因为维氏始终坚守着同样的哲学观,才让我们有理由认为,将其前后期思想进行人为的分割,是不得要领的"[4](pp.20-21)。

就语言与实在的关系而言,李国山先生隐约指出了前后维氏哲学的连续性所在。根据我的理解,这种连续性内涵包括四点:(1)PI 中指出要把 TLP 和 PI 参照思考,才能更好地理解维氏哲学。"这说明,维氏前后期的语言哲学思想具有内在的关联性,一定意义上可以被视作一个整体。"[5](p.16)(2)就语言哲学而言,维氏哲学连续体现在,他从年轻时的理想主义情怀到后期现实主义关切的发展;(3)中期维氏的 6 年小学教师从教经历让维氏有机会密切关注语言的日常用法,这种经历进而影响了后期维氏哲学。[6](p.16)(4)维氏从前期语言的静态理想图画转变到了后期动态的生活图景。[7](p.16)

进一步说,李国山先生认为维氏哲学的连续性表现在三方面。具体包括:(1)早期维氏哲学研究的内容从逻辑次序到后期语用的转变只是顺序的演变,而非实质的变化；（2）"治疗型"哲学观念是维氏哲学一以贯之的；（3）可以从河流隐喻、交响乐之变奏的隐喻视角来更为生动地阐明维氏哲学的连续性；（3）维氏世界观的连续性。[8](pp.21-26)

本文只考察早期维氏哲学是不是"治疗型"的。李国山先生指出"治疗型"哲学是维氏哲学中连续的方面。"维氏终其一生都在……致力于哲学病的诊断与治疗。而且，其前后期都是而且只能是通过撰写哲学著作来医治哲学疾病的……他早年的研究追求命题的一般逻辑形式，构造出了一套关于命题意义的图像论……他在《逻辑哲学论》中还是以这种独特的方式完满地贯彻了它对哲学病的诊疗意图。"[9](p.25)李国山先生分别从早期、中期和后期维氏文本研究出发，尝试挖掘出维氏的"治疗型"哲学观念，进而论证维氏哲学的连续性。

二 李国山先生对《逻辑哲学论》的解读

李国山先生在不同地方提出了他对早期维氏哲学的理解，他的观点可以归纳如下。

第一，李国山先生从整体式解读视角来回应"实在论"和"反实在论"解读之争。

TLP 的核心在于语言和世界的关系。后来学界出现了"实在论"解释和"反实在论"解释。实在论解读观点在于：（1）它是根据 TLP 的展开顺序（行文方式）为解释出发点的。就此而言，TLP "给人的印象是：维氏首先肯定一个外在与我们的现实世界的存在，我们依照其组成和结构去描绘它"[10](p.33)。（2）实在论者解释的前提是，断定维氏哲学存在核心转变。正是这种理论预设才导致这些阐释者得出实在论的解释。相反，反实在论解释认为 TLP 的展开顺序并不能论证维氏是实在论者。因为，语义学解释同样从 TLP 有关文本中找到了论据，从而表明"维特根斯坦似乎倾向于把世界与对象的存在当作一种逻辑推断的结果"[11](p.33)。"世界""对象"是该书的逻辑哲学理论中理论预设的对象，不具有实质指涉。此外，"反实在论"解释的主要推论在于提出维氏前后哲学思想的连续性。

李国山先生认为上述两种解读各有利弊。按照他对 TLP 的文本理解和对双方阐释的重构，他认为"双方都抓住了维特根斯坦在（语言和世界）这一问题上有利于自己的论断，同时淡化处理不利于自己的论断"[12](p.33)。李国山先生倡导对 TLP 的整体式解读视角，从而回应语言与世界的关系。"首先要把《逻辑哲学论》所表达的思想作为一个整体予以把握，不能以偏概全；其次要正确理解维特根斯坦一些迥异于传统哲学家甚至其他分析哲学家的独特论断……从这些论断入

手,串联起该书公认的主题思想,期求得到一种较为圆满的解释。"[13](p.35)

整体式解读视角强调从 TLP 的三个层次来理解维氏有关语言和世界的观点,认为 TLP 的主旨在于以逻辑分析方法来探讨哲学问题。TLP 的三个层次包括名字与对象、命题与事实、语言与世界。基于上述视角,李国山先生总结道:"只有在《逻辑哲学论》整体思想的大背景下,并联系到维特根斯坦的一些独具特色的新思想,才有望准确把握他关于语言与世界关系的论述。"[14](p.37)

第二,李国山先生对《逻辑哲学论》"治疗型"哲学观念的阐明。

"维特根斯坦式的治疗主义者"突出地关注到维氏有关哲学本质的看法,认为维氏哲学在于对哲学的治疗。[15](p.118) 李国山先生认为"治疗型"解读从某种程度上说是有说服力的。"治疗主义的解读仅仅抓住的是前后维氏关于哲学作为一种澄清意义的语言分析活动的元哲学思想,并坚持认为,维氏哲学的根本目标是消解哲学问题,因为无论是前期还是后期,他都主张哲学是要治疗人类的理智疾病。"[16](p.118) "治疗型"解读的目的在于强调维氏前后哲学的连续性。[17](p.122)

1. 李国山先生对维氏元哲学的三个重要见解

第一,读者若要全面理解维氏对分析哲学的贡献,最好了解其元哲学思想。

第二,早期维氏对哲学和科学的界定彰显出哲学的独特性与自主性,这种观点在维氏整个哲学生涯中是一条演变的脉络。维氏重新阐明了哲学和自然科学的关系,这体现在 TLP 第 4.1—4.111 小节:"句子表现事态的存在和不存在。整个自然可续(或自然科学的总体)就构成所有真句子。哲学不属于自然科学。('哲学'这个词应该意味着某种位于自然科学之上或之下的学科,而不会与之并列。)"李国山先生指出:"这种哲学观极力强调的一点就是:哲学是自主的独立探究活动,完全不受科学的发展或进步的影响。如果说维氏早年还有意识地参照科学来理解哲学的任务的话,那么,他自 1929 年重返剑桥之后变逐步淡化哲学与科学的对照,甚至完全从哲学本身理解哲学,并不时提醒人们将哲学探究与科学探究(如语言学、心理学等)严格区分开来,从而愈益彰显哲学的独特性与自主性。"[18](p.21)

第三,后期维氏哲学是"治疗型"哲学。李国山先生的论据来自 PI 和《字条集》。譬如:"哲学家诊治一个问题就像诊治一种疾病。""毕竟没有单独一种哲学方法,但确有哲学方法,就像有各式各样的治疗法。""哲学家是那种在达到常识性观念之前必须先治疗自身的许多理智疾病的人。"

2. 李国山先生对《逻辑哲学论》中"治疗型"哲学观念的定义

李国山先生认为早期维氏"治疗型"哲学观念的内容包含诊断和治疗。诊断"是对传统哲学的批判",治疗"是在批判的基础上所做的正面工作"。[19](p.24)

这两部分内容一共有五个方面，其中前四个方面属于"诊断"，第五个方面属于"治疗措施"。具体包括："第一，哲学问题根源于语言；第二，哲学问题的提出，是因为哲学家未能按照语言本身的逻辑来使用语言；第三，哲学家试图说不可言说的东西；第四，哲学家一直把哲学当成一门'超级科学'，致力于探究事物的终极本质，并渴望构建出类似于科学理论、却具备更高确定性的哲学体系；第五，哲学的劳而无功状况必须从根本上加以改变，其途径在于，彻底抛弃原有的哲学探究方式，密切关注语言的用法，弄清语言本身的逻辑或语法，这样，哲学问题便会消失，哲学困惑便会随之解除。"[20](p.23)

维氏是如何诊断和治疗"哲学病"的？在李国山先生看来，早期维氏采用弗雷格和罗素的逻辑分析方法，但维氏的方法跟他们有所不同。维氏并不认为日常语言是混乱不堪的，"他认为，人们实际使用的语言具有其自身的逻辑次序，知识被表面的语法形式掩盖了……年轻的维氏此时带着浓重的理想主义情怀，因为他相信语言具备'完全的逻辑次序'，只要对其进行严格的分析便可揭示出这种逻辑次序，从而发现科学命题如何因为遵循这种次序而具有意义，而哲学命题又是如何因为违背这种次序而成为无意义的"[21](p.24)。

在李国山先生看来，就早期维氏而言，语言的一词多义现象很平常。然而如果哲学家一旦将这些词语拿来用于哲学研究，构筑哲学命题，就会造成巨大的哲学混乱。接着，李国山先生认为，早期维氏针对上述哲学病所开出的药方在于，为哲学家引入一种指号语言。"维氏这里要求使用的一套理想的指号语言，这种语言是通过逻辑分析发现的，其秘密在于指号与符号的严格同一。指号是可感的，属语言层面；而符号是指号的运用，是不可感的，属思想层面。正是二者的严格同一，才杜绝了哲学中的一切混淆。如此便完成了对哲学病的治疗。"[22](p.24) 李国山先生进一步指出，后期维氏在 PI 中明确提出了"治疗型"哲学。

3. 早期维氏的元哲学是"治疗型"哲学

早期维氏萌发并持有"治疗型"哲学。李国山先生说："维氏早年便已经确立了'治疗型'哲学的目标，亦即通过对语言的逻辑分析，探究语言何以可能图式世界，进而指明哲学语言何以无法对世界做出有意义的言说，从而消除哲学问题。"[23](p.21) 进而言之，在 TLP 有关哲学本质的讨论中，维氏提出了"治疗型"哲学。

李国山先生对上述观点所给出的论据如下：① TLP 指出全部哲学乃是语言批判；② TLP 中关于哲学本质的讨论类似于"治疗"，比如哲学是一种活动；③维氏认为构成 TLP 的命题是无意义的；④ TLP 之后，维氏意识到了 TLP 中的严重错误。"实际上，他（维氏）所说的这些严重错误包括这种构建'胡说'

来澄清意义的做法。尽管如此，我们依然可以说，维氏在《逻辑哲学论》中是严格贯彻了自己所提出的哲学观的：哲学不以建构理论为目标，而是通过语言批判澄清命题的意义。"[24](p.21)

4. 早期维氏通过将哲学与科学相对照从而显示出哲学命题的无意义性的做法非常类似于"治疗型"哲学

维氏对哲学命题和哲学问题进行分析，指出这些命题是无意义的，哲学问题也是无意义的。为什么呢？维氏认为核心在于"无意义"。TLP 前言写道："本书处理哲学问题。我认为它已经说明，这些问题之所以提出，是因为我们的语言的逻辑遭到了破坏。"[25](p.29) TLP 正文 4.003 节给出了详细解释："有关哲学主题的大部分句子和问题不是假的，而是无意义的。于是我们就不能够回答这类问题，而只能指出它们是无意义的。哲学家们的大部分句子和问题之所以被提出来，是因为不懂我们语言的逻辑。"李国山先生认为上述文本隐含着"治疗型"哲学观念。"哲学家由于对语言的逻辑缺乏足够的了解，所以才提出了无法解答的哲学问题……而维氏正是希望通过语言的逻辑分析揭示出：科学命题如何通过图式事实而具有意义，而哲学命题又如何因为无法图式任何东西而不可避免地成为无意义的。这种通过将哲学与科学相对照对显现哲学命题的无意义性的做法，已非常接近于一种针对人类的理智疾病的治疗方法。"[26](p.22)

5. 治疗的结果是哲学的平静

"一旦消除了传统哲学问题，哲学家就不再为这些似是而非的问题所困扰，哲学便可回归平静了。维氏在时隔 10 年重新开始哲学探究之后，一直还在为它早年所定下来的哲学目标做着持续而艰苦的努力。他后来明确提出'治疗型哲学'的观念，可谓水到渠成，绝非突发奇想。"[27](p.22)

三 李国山先生有关《逻辑哲学论》"治疗型"哲学解读的张力和我的初步回应

我分别考察了李国山先生对维氏哲学整体性和连续性的理解，对 TLP 的元哲学的"治疗型"的解读的具体论证过程。① 在我看来，李国山先生的论述中存在着一些张力。

第一，李国山先生对他的"整体式"解读中的观点缺乏解释。

---

① 在最新的文章中，李国山先生没有明确地指出 TLP 中的元哲学到底是不是"治疗型"的。参见李国山《阐释〈逻辑哲学论〉的一条可能路径——从新维特根斯坦学派的解读谈起》，《河北学刊》2023 年第 1 期，第 48—57 页。

李国山先生对TLP"整体式"解读中给出了两个阐明：(1)维氏在TLP中提出了一些有别于传统哲学的独特论断，包括四个方面；(2)可以从三个层次来理解语言跟世界的关系。

在我看来，阐明(1)没有解释为什么唯独就是那四个方面对维氏哲学而言是独特的，并且有助于读者达到对TLP的完满解释。就"维特根斯坦式解读"视角而言，"对象"所具有的性质、图像作为事实、唯我论和实在论是一致的，这些断言是从TLP使用的逻辑哲学中得出的推论。因此，它们对其他哲学家而言才是独特的。

阐明(2)没有告诉读者维氏分层的根据。李国山先生认为，我们可以从名字与对象、命题和事实以及语言与世界的层次来理解语言和世界的联系。我认为这是从两个角度来考察语言和世界的关系：从语言的角度出发来看待语言和世界的关系，从世界的角度出发来看待语言和世界的关系。从语言角度出发，语言可以还原为命题，命题可以还原为名称；从世界角度出发，世界可以还原为事实，事实可以还原为对象。最终，在最为基本的层次上，名字跟（简单）对象对应、基本命题跟原子事实对应、语言和世界对应。因此语言和世界属于对应/镜像关系。①进而言之，语言和世界之所以能够还原为上述两个层次，而且彼此有对应关系，其中的根据是"逻辑原子主义"和"逻辑图像论"。李国山先生没有指出语言和世界的关系到底是怎样的。

第二，李国山先生对维特根斯坦元哲学的三个观点是值得商榷的。

第一，李国山先生刻意地强调维氏元哲学之重要性，这种倾向可能会导致更多的问题。②(1)在我看来，维氏元哲学观点的具体内涵才是真正需要研究的。在这一点上，我和李国山先生的理解是一致的。(2)我认为维氏对分析哲学的影响并不主要在于其元哲学。马后炮地说，如果维氏真的提出过任何元哲学观点，同时那些观点就是李国山先生所理解的观点，那么，起码就1950年代以后的国际分析哲学的发展趋势和历程而言，许多分析哲学家所做的工作，对哲学本质的看法，跟维氏所的元哲学观点有所不同，甚至是相反的。(3)李国山先生可能认为，维氏元哲学观点对维氏哲学而言具有根本地位。我们研究维氏哲学，可能首先就需要搞清楚其元哲学观点。如果我没有误解，上述观点似乎颠倒了维氏具体哲学研究主题同维氏元哲学观点之间的逻辑关系。李国山先生认为必须首先理解维氏元哲学，然后才有可能理解维氏具体哲学观点。元哲学诚然是哲学研究的基

---

① 我的解释跟范光棣先生的阐释类似，请参阅范光棣《维根斯坦》，东大图书公司1994年版，第41页。
② 当然我不是有意贬低维氏元哲学所具有的价值。

础，但哲学家的哲学研究活动并不时时刻刻都在想到或渗透着他的元哲学思想。换言之，维氏哲学研究主题的具体内容是一阶的，维氏的元哲学观点是二阶的。要搞清楚二阶问题，首先得搞清楚一阶问题。

第二，李国山先生指出早期维氏对哲学和科学的界定，从而彰显出哲学的独特性与自主性。我同意李国山先生关于维氏在不同时期是如何思考哲学和科学的关系的理解。李国山先生只给出了观点，没有给出具体解释。早期维氏是在何种意义（语境下）讨论科学，以及哲学和科学的关系的？后来为何维氏逐渐淡化了科学和哲学关系的讨论？我认为这些问题才是至关重要的，而这些问题又跟如何解读TLP的方法论紧密联系。可以说，如何解读TLP决定着如何理解TLP中有关哲学和科学的关系的论述。李国山先生的观点是基于他对TLP的解读方式之上的。如果从别的解读路径出发，或许得出的理解可能跟李国山先生的理解不一致。

第三，李国山先生认为后期维氏元哲学是"治疗型"哲学，比如"哲学家诊治一个问题，就像诊治一种疾病"。我在别处已经论证了中后期维氏的元哲学不是"治疗型"哲学，其原因主要在于"治疗型"哲学观念源于维氏阐释者的解读，而非维氏本意。①

第三，李国山先生对《逻辑哲学论》"治疗型"哲学解读的论证不令人信服。

李国山先生从不同角度来论证维氏在TLP中的哲学观是"治疗型"哲学。在我看来，上述解读存在着如下张力：（1）他对"治疗型"哲学概念的定义是不清晰的；（2）他所给出的论证令人不信服；（3）他认为TLP的元哲学是"治疗型"哲学的原因主要有两点：他受到了其他学者对中后期维氏元哲学"治疗型"解读的影响，从而将那种解读移植到了前期维氏元哲学中；他弄混了维氏在TLP中所做的主要工作和维氏在TLP中通过他的工作所得出的有关哲学之本质的推论。

李国山先生没有清晰地定义"治疗型"哲学概念。在他看来，"治疗型"哲学包含诊断和治疗。"诊断"是对传统哲学的批判；"治疗"是在批判基础上做的正面工作。其中，"诊断"包括四部分。我认为上述对"治疗型"哲学的定义的

---

① "精神分析式"阐释宣称维氏从1930年代早期逐渐体现出与弗洛伊德精神分析密切相关的"治疗型"哲学。为了论证此视角，其代表贝克从"中期"哲学遗作和魏斯曼的记录中挖掘证据，并指出，二者存在如下关联：两者的目一样，都在于达到某种明晰性和提升哲学对话者的自我意识。哲学研究是对概念的澄清，以此让哲学家对他使用语言的语法达到明晰理解。精神分析目的在于让患者对自己的行为有清楚认识；两者评价标准一样，患者/哲学家本人的承认是精神分析/哲学治疗"治疗"是否奏效的标准；对分析结果的承认与否完全取决于患者/哲学家本人。"精神分析式"视角有过度阐释维氏哲学的嫌疑，具体分析请参阅：（1）徐强：《对"中期"维特根斯坦"治疗型"哲学两种解读的争论的回应》，《清华西方哲学研究》，2022a（1）：51-70；（2）徐强：《论贝克对"中期"维特根斯坦"治疗型"哲学的"精神分析式"解读》，《理论界》，2022b（07）：37-43。

内涵过于宽泛，而且是隐喻性说法，不具有实质意义。人们通常是在"病人—疾病—医生"的对话语境中谈论"治疗"的。X有病通常不是常人能够确定的，至少需要满足两个条件：X展现出了有关某种疾病的症状；医生通过各种诊断方法从而得出X有某种疾病。先查明病症，接下来才是具体治疗方案。因此，李国山先生的"治疗型"哲学观念跟常识观的"治疗"观念是不相容的。这主要体现在：(1)我们从李国山先生的定义中无法精确识别出"病人"的具体对象是谁。(2)我们从李国山先生的定义中无法精确找出"病人"体现出来的具体"症状"（李国山先生在他的定义中忽略了"症状"这一关键部分）。换言之，若病人没有体现出某种疾病的具体"症状"，那么，我们很难做出判断，说病人患了某种疾病。当然，李国山先生可以回应说，哲学家错误地使用了语言，对某种本质主义的追寻就可以被称作某种疾病的具体"症状"。但是这并不是"疾病"和"症状"这两个词语最初的具体用法。"哲学病"不是病，而是一种修辞。(3)按照李国山先生的"治疗型"解读，TLP的作者即维氏很有可能就是那位"医生"。医生开了哪些处方呢？在李国山先生看来，维氏开的处方不是药丸，而是让那些患病的哲学家抛弃他们原有哲学研究方式，转过头来仔细关注语言的用法。维氏的上述方法可以被当作一种处方吗？读者可以发现，按照上述思路所展开的讨论，似乎已经变得越来越抽象且离题了。

在我看来，TLP中的"治疗型"哲学不是实质上的"治疗"，而是一种隐喻，目的在于帮助李国山先生更好地描绘TLP中的元哲学。定义过程不涉及隐喻等修辞手法。倘若涉及了，那就不是定义。以"人是有理性的动物"和"人是机器"为例。"人是有理性的动物"不存在任何隐喻。倘若我说："人是禽兽。"这里就存在两种解释：人的确是禽兽，因为人是动物，动物属于禽兽；人的确不是禽兽，因为人有智慧。这样一来，我们给出的定义就是含混的，不同的人有不同理解，而且所有理解都成立。"人是机器"也不是定义，而是一种需要论证的哲学观点。就日常语言而言，"人是机器"是隐喻。因为直观而言，人不是机器。所以说，李国山先生的"治疗型"哲学并不是维氏在TLP中的元哲学观点，至多只能是隐喻性理解。

第二，李国山先生给出的论证不具有说服力。一般说来，"有说服力的论证必须具备三个要素：可识别性、有效性和可靠性"[28](p.37)。李国山对他有关TLP"治疗型"哲学的解读给出了6条论据。我认为上述方面不具有可识别性，也不可靠。

（1）就可识别性而言，我们无法从李国山先生给出的6条论据中直接识别出，维氏在TLP中的元哲学就是"治疗型"的。比方说，"全部哲学乃是语言批判"。上述断言的意思是说，哲学问题源于哲学家误用了他们工作语言的逻辑。因此，哲学研究的首要任务在于搞清楚哲学家所使用的工作语言的运作的具体逻辑/机制。就此而言，这种对语言的批判性研究不是"治疗型"哲学。

（2）TLP的"梯子"隐喻是反驳"治疗型"解读最直接和有力的证据。维氏认为构成TLP的命题是无意义的，他在6.54节给出了"梯子"隐喻。他说，只有那些理解他的人，他们通过这些命题攀登上去并且超越那些命题，才会认识到那些命题是无意义的，最后会抛弃梯子。维氏对TLP的整体结构、目的和方法的总体描述就凝结在这个"梯子"隐喻中。可以将TLP看作一架梯子，如果读者真正理解了维氏在TLP中的工作，那么他就会把维氏在TLP中提出的诸多观点当作一架梯子，他通过这架梯子达到了另一个层面的理解，即他意识到TLP中的命题是无意义的。

6.54小节是"正统"和NW争论的核心。他们争论的问题集中在，到底如何理解"梯子"？到底该不该"抛弃"梯子？无论上述问题的答案是什么，起码他们都有一个共识："梯子"隐喻已经清楚地说明，维氏在TLP中并不是在从事某种"治疗"工作。如果TLP中的"梯子"是一种从事哲学的具体方法，那么，这种方法绝不是"治疗型"的。"梯子"隐喻和"治疗型哲学"的隐喻理解，二者不仅是不同的，而且也是不相干的。最后，就隐喻本身的有效性而言，人们无法对一种隐喻性理解的合理性提供任何有效反驳。戴维森曾指出，所有事物都可以被隐喻性地理解，因为所有事物都像所有事物。[29][30]

（3）李国山先生对中期维氏"治疗型"哲学之解读给出的论证是不可靠的。其不可靠性主要在于，维氏在完成TLP之后并没有实质地放弃哲学研究。李国山先生认为治疗的结果是哲学的平静。"维氏在时隔10年重新开始哲学探究之后，一直还在为它早年所定下来的哲学目标做着持续而艰苦的努力。他后来明确提出'治疗型哲学'的观念，可谓水到渠成，绝非突发奇想。"[31](p.22)李国山先生的理解代表了大多数维氏学者的看法。但是，就目前我所掌握的文献来看，这种理解是不可靠的。巴特利通过调查研究，提出了完全不同的观点。他说："他（维氏）在第一次世界大战结束以后出版了《逻辑哲学论》之后，根本没有放弃哲学，相反，他试图把自己早期哲学的伦理学部分付诸实践，与此同时，开始构思他后期哲学的主要思想。"[32](p.4-5)维氏在1919年至1929年间并没有放弃哲学，他反复思考了"命题""语言游戏"等关键观念。此外，如果上述十年属于中期维氏哲学范畴，那么，中期维氏的元哲学观点就不是李国山先生的"治疗型"哲学，因此维氏的元哲学就不完全是"治疗型"的了。

四 《逻辑哲学论》的"维特根斯坦式"解读

我所提倡的 TLP 的"维特根斯坦式"解读具体内涵包括：强调不带任何偏见地阅读该书文本；遵循维氏的思维脉络，尽量做到读者和作者的"视阈融合"；切勿脱离具体语境和文本，将 TLP 中的文本、讨论的问题单独分析和讨论。可以说，"维特根斯坦式"解读是保守且固执的。总之，我强调实事求是，按维氏原意来理解维氏文本。客观地掌握有关哲学背景是哲学经典著作的诠释者所必备的。TLP 的诠释者应具备如下方面的知识储备。① 维氏在写作 TLP 的时候受到了其他哲学的影响；联系维氏在 TLP 之前完成的有关哲学文本中的观点；基本的数理逻辑知识。

第一，《逻辑哲学论》处理的主要问题是命题的本质。

TLP 序言虽然陈述了维氏在该书中所处理的主要问题，但是他在那里的表述比较晦涩。他说："这本书处理哲学问题……这些问题之所以提出，是因为我们语言的逻辑遭到了误解……因此，界限只能在语言内划出，界限另一边的就只是无意义。"[33](p.29) 上述说法的晦涩性体现在如下方面：该书处理的是哲学问题，但是（1）到底是哪些哲学问题呢？（2）为什么说"那些"哲学问题是由于哲学家误解了语言的逻辑所造成的呢？（3）哲学家是如何误解语言的逻辑？（4）"能够说的"是什么？"不能说的"又是什么？

若无法直接从 TLP 文本中发现上述问题的答案，我们或许可以在《战时笔记：1914—1917》（简称 NB）中尝试挖掘。② 维氏在 1915 年 1 月 22 日表明他当时的哲学研究任务。"我的全部任务就在于解释命题的本质……给出所有事实——命题是它们的图像——的本质。给出一切存在的本质。"[34](p.63) 因此，TLP 跟 NB 的任务是一致的，它们都是在考察命题的本质。就此而言，TLP 关注的核心问题是命题的本质。这样一来，TLP 中序言的表述才能合理地串联起来：TLP 处理的是命题的本质。传统哲学问题是由于哲学家误解了语言（命题）的逻辑所产生的。我们通过考察命题的本质，进而揭示出命题的逻辑句法，那么我们就能处理哲学问题。

第二，《逻辑哲学论》的框架是"思想—语言/命题—世界"。

TLP 的 7 大命题贯穿于 TLP。每个命题下面又分为许多次级命题。命题 3、

---

① 约瑟夫编辑的《逻辑哲学论》已清晰地展示出了理解该书所需要掌握的知识。请参见 L.Wittgenstein, *Tractatus Logical-Philosophicus*, Josef M. ed., Toronto: Broadview, 2016, pp.147-185。

② 我的观点受到了麦金的启发。请参见 Marie McGinn., *Elucidating the Tractatus: Wittgenstein's Early Philosophy of Logic & Language*, Oxford:Oxford University Press, 2006, p.15。

4、5、6 在 TLP 中所占的篇幅比例非常高。根据上述比例，TLP 讨论的主题包括事实、逻辑图像、思想、命题、有意义／无意义、基本命题、真值函项以及可说／不可说，等等。就上述主题所占比例而言，维氏在 TLP 中集中思考的是命题 3 至命题 6。概括起来，它们可以表述为下述环环相扣的内容：思想的本质是有意义的句子。思想的内容包含事实的逻辑图像。逻辑图像是罗素和早期维氏共同发展出来的一种哲学理论，目的在于用逻辑图像来描述外部世界。句子是基本命题的真值函项。真值函项跟基本命题密切相关。真值函项的一般形式是句子的一般形式。我们将上述方面串联起来可以这样阐述：命题是沟通人类思想和世界的媒介——命题不仅可以把人类想法表达出来，同时人类也可以借助命题来描述世界。人类对世界的认识体现在人类表达的语言之中。语言由命题构成。这里存在一个三元关系：思想—语言／命题—世界。这个三元关系中的语言／命题起着桥梁作用。这些主题通过 7 大命题串联起来。要进一步理解他们之间的逻辑关系，需要考察 TLP 的"数字编码系统"。

第三，《逻辑哲学论》的"编码系统"是理解该书的指南。

按照维氏的观点，TLP 的 N($\bar{\xi}$) 写顺序是按照他提出的"数字编码系统"进行的。他对这个系统作了详细解释："分行列出的各个句子前加了十进制的数字作为编号，这些编号表示各个句子在逻辑上的重要性，以及在我的解说系统中的位置。比如，标有 n.1、n.2、n.3 等编号的句子是第 n 号的注解，而第 n.m1、n.m2 编号的句子则是对 n.m 号句子的注解。"[35](p.1) 根据 TLP 解说系统的思路，我们可以得出如下共识：（1）TLP 的 7 大命题之间存在一种层层递进关系。命题 2 的逻辑重要性高于命题 1；这样一来，命题 7 的逻辑重要性是最高的。同时命题，7 在 TLP 中的解说系统中占据着最为重要的位置。（2）除了命题 7 之外，其余 6 个命题都被分为不同层级；更低层级的命题是对更高层级内容的解释。这里区分层级的标准是十进制的"数字编码系统"。TLP 中最多有 6 个层级，如 2.02331。这些最低层级命题似乎已经抵达了解释的终点。

五 讨论

第一，《逻辑哲学论》中的元哲学。

"元哲学"主要涉及两个方面："哲学"是什么？如何做哲学？[①] 维氏在 TLP 中的元哲学体现在第 4 大和第 6 大命题。命题 4 是说思想就是有意义的句子。命

[①] 我早前较为系统地考察了 TLP 中的元哲学，我在这里的理解是对之前理解的进一步深化。请参见徐强《论〈逻辑哲学论〉中的哲学观》，《延安大学学报》（社科版）2015 年第 3 期。

题 6 考察的是真值函项 / 命题的一般形式。6.001："这恰恰是在说，所有句子都是对基本命题迭代运用操作 $N(\bar{\xi})$ 的结果。"[36](p.76) TLP 中就第一个问题的讨论集中在两个部分：4.003、4.0031；4.11 以及下面的诸多小节，包括 4.111 到 4.116 节；就如何做哲学而言，TLP 中的直接论述体现在 6.53 小节。①

维氏在 4.003 和 4.0032 小节阐明了什么是哲学。他的观点可总结如下：（1）绝大多数有关哲学主题的语句不是假的，而是无意义的；（2）那么我们就不能回答这些哲学问题，只能指出它们是无意义的；（3）哲学问题或者言说之所以是无意义的，是因为哲学家不懂日常语言的逻辑；（4）那些所谓深刻的哲学问题是伪问题；（5）既然我们是通过指出哪些构成哲学问题的表达式是无意义的，从而指出哪些哲学问题是伪问题，最终不存在哲学问题，那么，若我们从事的工作仍可以被称作哲学研究的话，哲学研究就在于对语言的分析和批判。因为，"是罗素表明了，句子表面的逻辑形式不一定就是其真正的逻辑形式"[37](p.22)。

维氏在讨论自然科学的时候牵涉到了哲学的本质。（1）哲学不是自然科学，他们不属于同一层次。（TLP：4.111）（2）哲学的目的在于从数理逻辑的角度澄清思想。（3）既然维氏强调哲学的目的在于澄清思想，那么，哲学就是对思想、命题意义的澄清活动。哲学不是一种理论，而是实践。哲学是要去实践、去做的。（4）作为澄清活动，其产物就不是"哲学命题"，而是对命题的澄清。（5）澄清就是把可以说的和不可以说的划定界限。"没有哲学，思想就会是混乱和模糊的。"（TLP：4.112）"混乱"指的是哲学家陈述其哲学思想的时候，他所使用的表达思想的命题的逻辑是混乱的。"模糊"指那些表达思想的命题的意义是含混不清的。4.113 至 4.116 节主要在阐明"划界"观念，比如哲学应该为可以思考的东西划定界限，从而为不可思考的东西划定界限。可以思考的就是可以说的。"一切终究可以思考的东西都可以清楚地加以思考。一切可以说的，都可以说清楚。"（TLP：4.116）

命题 7 说，凡是可以说的都可以说清楚，不可以说的必须保持沉默。维氏认为，可以思考的是可以说的，不可以思考的当然就不可以说。"不可说的"并不是不可以思考的。我们如何理解或者通达那些"不可说"之物呢？维氏认为"通过清楚地展示哪些可以说，它表明哪些不可以说"，"不可说"是可以思考的，但是只能通过"可以说的"来"显示"。维氏在 6.4 节中谈到了"不可说"之物，

---

① 我反对直接将上述部分拿出来分析并且总结得出 TLP 的元哲学。我要强调的是，读者要从维氏角度来理解上述命题，要考虑到该书的"数字编码"系统，尤其是每节之间的逻辑重要性及其同一节下面诸多阐明性小节的层次关系。

比如"世界的意义""价值""伦理学命题"。又比如,伦理学为什么是不可以说的呢?因为"句子不可能表达任何更高的东西"(TLP 6.42)。句子为什么不能表达更高的东西呢?因为在 TLP 中,所有句子都是等价的(TLP 6.4)。

要想理解上述区分,我们必须要考虑到维氏在 TLP 中有关逻辑本质的观点。维氏的上述逻辑哲学思想集中在 6.1 到 6.13 节。李国山和朱文瑞归纳了早期维氏的逻辑哲学观点:(1)逻辑哲学的核心是逻辑命题的性质和地位。早期维氏逻辑哲学的核心观点在于逻辑命题是重言式。(2)逻辑命题是必然为真的。(3)逻辑命题是先验的。(4)逻辑命题不是实在的图像。(5)逻辑命题是等价的。[38](p.69)

最后,我们从 4.003 节中可以隐约地挖掘出维氏的观点:因为有关哲学讨论的大部分句子是无意义的,因此我们是不可能回答无意义的哲学问题的。我们只能通过指出那些表达哲学问题的句子是无意义的,从而指出不存在哲学问题,进而消解哲学问题。维氏在 TLP6.53 节给出了明确阐明:"在哲学中正确的方法是这样的:只说可以说的东西,即自然科学命题,而这是与哲学无关的句子;同时要坚持,只要有人要说起形而上学的东西,就向他表明,他没有赋予句子中的某些记号以意义。对其他人来说这种方法可能不让人满意,他不会觉得这是在教哲学,然而,这是唯一在严格意义上正确的方法。"[39](p.96) TLP 中的哲学方法之所以是"严格意义上的正确的方法",是基于 TLP 的逻辑哲学。因此,按照"维特根斯坦式"解读方法,我们不难理解为什么该书的书名是"逻辑哲学论"。

第二,《逻辑哲学论》中的哲学观不是"治疗型"的。

TLP 中的元哲学是基于维氏在该书中的解说系统的运用所得到的其中一个推论。按照我的理解,TLP 的解说系统的核心构成部分就是维氏提出的逻辑哲学。维氏正是严格地运用了他的逻辑哲学来考察命题的本质,最后得出了诸多具有重要开创意义的观点。

我跟李国山先生的"治疗型"解读的首要差别在于,我认为以维氏的方式去理解 TLP,可以获得较为深刻的洞察。我提出的解读视角没有把 TLP 的元哲学放在解读工作中的优先地位。就我所掌握的资料来看,绝大多数阐释者在考察 TLP 的时候,都没有把该书元哲学主题放到首要地位。比如,比莱斯基等人在有关 TLP 的主题阐明中,他们把元哲学放到"含义"和"胡说"之后、"解读问题"之前。① 韩林合把"哲学"主题放到了最后进行研究。[40](pp.757-802)

---

① Biletzki, Anat and Anat Matar, 2023, "Ludwig Wittgenstein", *The Stanford Encyclopedia of Philosophy*, Winter 2021 Edition, Edward N. Zalta (ed.), URL =〈https://plato.stanford.edu/archives/win2021/entries/wittgenstein/〉.

维氏在 TLP 中的元哲学不是"治疗型"哲学。TLP 指出哲学跟科学不是同一层面的。哲学的目的在于澄清思想。思想的澄清不是通过药物来治疗的，因为思想的外在表现形式是语言。"坏"的哲学家的思想不一定是混乱和模糊的，但他们用来表达他们思想的表达式确实是混乱和模糊的。那些哲学家及其哲学思想之所以在早期维氏那里是"坏"的，是因为他们没有理解他们的表达哲学问题的语言的逻辑。在早期维氏那里，"正确"的哲学是要严格遵循他的逻辑哲学的具体主张的。

我认为存在一种例外。"坏"的哲学家思考的东西可能是"不可说之物"。那么，就此而言，在早期维氏看来，那些"坏"的哲学家有关那些"不可说之物"的所有言说都是无意义的，都是在"胡说"。早期维氏清晰地区分出"可说""不可说的"等等。在 TLP 中，维氏指出，凡可以思考的，都可以清晰地说出来；凡可以说出来的，都可以清晰地说出来。的确存在"不可说"之物。这些"不可说"之物不是"不可思考的"，而是可以思考的。维氏通过研究命题的本质，从而为"可以说的"和"不可以说的"划定界限。维氏认为我们对不可说之物要保持沉默。

六 结语

可以说维氏在 TLP 中给出了一种"意义"的测验标准：这个标准主要针对的是命题的意义，其哲学基础是 TLP 提出的逻辑哲学。TLP 的目的在于考察命题的本质。在我的解释路径中，就"哲学"观念而言，维氏的观点绝不是"治疗型"的。李国山先生的"治疗型"解读至多只能是对 TLP 元哲学的一种隐喻性说法，这种"治疗型"的隐喻缺乏认知内容。退一万步说，TLP 中 6.53 节至多只能算作蕴藏着"治疗型"哲学的种子：

> 在哲学中正确的方法是这样的：只说可以说的东西，即自然科学命题，而这是与哲学无关的句子；同时要坚持，只要有人要说起形而上学的东西，就向他说明，他没有赋予句子中某些记号以意义。对其他人来说这种方法可能不让人满意，他不会觉得这是在教哲学，然而，这是唯一在严格意义上正确的方法。[41](p.96)

参考文献

[1] R.Read & A. Crary, eds., *The New Wittgenstein*, New York:Routeledge, 2000.

[2][3][4][5][9][10][19][20][21][22][23][24][26][27][31] 李国山. 维特根斯坦哲学的分期及其弊端 [J]. 河北学刊, 2019（1）：20-27.

[6][7][8] 李国山. 语言哲学的困境与出路——以维特根斯坦语言哲学及其解读为例 [J]. 云南大学学报（社会科学版），2015（06）：12-17.

[11][12][13][14][15] 李国山. 实在论还是语义学？——评关于《逻辑哲学论》思想的一场争论 [J]. 江苏社会科学，2002（1）：32-37.

[16][17][18] 李国山. 维特根斯坦与实用主义. 社会科学，2016（4）：116-123。

[25][33][35][36][37][39][41][奥] 维特根斯坦. 黄敏译. 逻辑哲学论. 北京：中国华侨出版社，2021.

[28] 段吉福. 哲学论文写作导论 [M]. 北京：中国社会科学出版社，2023.

[29][美] 戴维森. 隐喻的意义. [美] 马蒂尼奇.《语言哲学》[C]. 北京：商务印书馆，1998.

[30] 徐强. 论戴维森隐喻观中的维特根斯坦思想渊源 [J]. 北京第二外国语学院学报，2020（2）：104-116.

[32][美] 巴特利. 维特根斯坦传 [M]. 杜丽燕译. 北京：东方出版中心，2000.

[34][奥] 维特根斯坦. 战时笔记：1914—1917[M]. 韩林合编译. 北京：商务印书馆，2020.（NB）

[38] 李国山. 朱文瑞. 前期维特根斯坦的逻辑哲学及其影响 [J]. 学术界，2019（2）：68-74.

[40] 韩林合.《逻辑哲学论》研究 [M]. 北京：商务印书馆，2007.

Is the *Tractaterian* Conception of Philosophy "Therapeutic"?
——A Reply to Professor Li Guoshan's Interpretation

Abstract: Professor Li Guoshan argues that Wittgenstein's conception of philosophy is therapeutic, and it is the spirit of Wittgenstein's philosophy. Specifically, he argues the metaphilosophy in early Wittgenstein's *Tractatus* is therapeutic. According to his interpretation, therapeutic philosophy has two elements: diagnosis and treatment. I do not agree with professor Li Guoshan's "therapeutic" understanding of early

Wittgenstein's conception of philosophy. In order to reply and criticize professor Li Guoshan's stance, I propose a "Wittgensteinian reading of the *Tractatu*s". Based on my approach, I have the following conclusions: Wittgenstein's conception of philosophy in *Tractatus* is one of the inferences which are deducted from the expository system he had built in that book. More specifically, the essence of the *Tractaterian* expository system is early Wittgenstein's idea of logicism. Wittgenstein rigidly performed an investigation on the nature of proposition by his philosophy of logic, and consequently he put forward his conception of philosophy based on his insights about the nature of proposition. In a word, the early Wittgenstein took the elucidation of thought as the purpose of philosophizing. Language is the external form of thought, and the elucidation of thought is to analyze proposition. Hence, early Wittgenstein's conception of philosophy is not therapeutic.

Key Words: *Tractatus*; Professor Li Guoshan; Metaphilosophy; "Therapeutic" philosophy; "Wittgensteinian reading of *Tractatus*"; the Nature of proposition

【作者简介】徐强，四川彭山人，男，哲学博士，西南民族大学哲学学院教师。研究领域为分析哲学。

生命哲学专题

老子"天下母"论说的生命哲学发微

——以《道德经》第五十二章为主体的解读

詹石窗

【内容摘要】 在老子思想体系中，作为本原性的基本概念，"道"具有许多特征，而最为根本的特征就是母性，老子称之为"天下母"。作为一个古老的哲学概念，"天下母"既是其阴柔为用思想的集中体现，也意味着特有的爱心与力量；既是对自然界中无私母爱精神的赞美，更是一种人性论、生态学和宇宙观的汇通。老子在论述了"天下母"以及如何"复守其母"之后，进一步阐发了如何养护生命的问题。他所讲的"塞其兑，闭其门，终身不勤"与"开其兑，济其事，终身不救"可以看成对人们如何正确生活的双向建议。老子告诫人们：既不要过度放纵自己，也不要过于苛刻节制，而是要在适当的情况下取得平衡，既遵从大道自然法则，也保持积极热情和认真的态度去对待生活和工作，从而实现高尚而健康的人生。以老子为大宗的道家生命哲学告诉我们，每个人都有自己独特的生命力量和能量场，在人生的旅程中，我们应该完善自己，发掘自身的潜力和优势，不断追求更高的境界和更深的意义。老子不但善于进行理论创造，而且注重实践，老子提出的思想观念往往包含着如何行动的理路与方向。可以说，老子的生命哲学就是一种行动的人生哲学。在现代社会中，人们往往被物质利益和竞争压力所迫，拼命追求功利和表面的成功，而遗忘了自己的本质和内心的平衡。我们读老子《道德经》第五十二章，认真揣摩其要义，有助于洞察变化，把握自我生命的内在精神，以"常"应变，宁静致远，道通为一，升华自我精神境界。

【关键词】 天下母；生命哲学；袭常

引 言

作为道家理论的代表作，老子《道德经》不仅在哲学领域有着广泛的影响，同时也渗透到文学、艺术、生活等诸多方面。长期以来，学术界对《道德经》的研究已经取得可观的成果，相关专著不少，论文更多。然而，从生命哲学[①]角度进行诠释、解读的却较为少见。笔者检索报纸杂志，发现在这个专题上的论文仅有 20 余篇，基本上是比较笼统泛论的类型，至于选取某一章进行生命哲学考察的专论，则为稀罕。鉴于此，本文拟以第五十二章为主体对象，略作分析。

这一章，河上公章句本称作"归元"；宋常星《道德经讲义》称作"守母"。所谓"元"，即本初、原始的意思，"归元"就是回归于原始。古人以元气为生命之本，所以从生命化生与还原的立场看，"归元"便具有回归于元气本初的意义。例如王充《论衡》谓："人未生，在元气之中；既死，复归元气。元气荒忽，人气在其中。人未生无所知，其死归无知之本，何能有知乎？人之所以聪明智惠者，以含五常之气也。"[1] 这是从元气论的角度解释生命的存在与认知。如果从母子关系的角度看，那么构成生命的元气就是"母"，固守元气就是"守母"，宋常星以"守母"为章名，既是从老子《道德经》原文"复守其母"这个短语缩略而成，也是对传统元气论的一种统合，他在本章的题解中称"保母气而不失，全母命而不违"[2](p.232)，这显然带有元气说的内容。杜光庭在解释老子《道德经》第十六章"致虚极"的时候说："情者末也，性者本也。自性而生情，则随境为欲；自情而养性，则息念归元。归元则五欲不生，六根不动，无猒其气，无狭其心，则妙本之道自致于身矣。"[3](p.385) 照此说法，则"归元"就是回归天然本性，因为回归了本性，所以身体就能够载道，实现"生"与"道"的合一状态。

"归元"这个概念虽然首见于河上公章句本《道德真经注》之中，但这种回归于本初的思想理念则早存在于先秦时期。《周易·系辞上》有言："易有太极，是生两仪，两仪生四象，四象生八卦，八卦定吉凶，吉凶生大业。"[4](p.519) 其所称"太极"从卦象符号学的角度看，也是一种"元"。按照《周易》的逆数法度来读，由八卦反推回去，最终达到"太极"，这就是易学的归元。老子《道德经》所谓"复归于无极"，则超越了"无极"，归到了宇宙发生的混沌状态，这是更为

[①] 生命哲学是关于生命本质、生命起源、生命意义和生命价值研究的一门哲学学科。它试图探讨人类及其他生命形式与宇宙之间的联系和关系，阐明生命之间的相互依存和联系，为人类提供对生命的更深层次的思考和认识。正如其他学科一样，生命哲学不仅具有丰富的内容，而且形成了自身别具一格的方法论，运用生命哲学的方法论来探索中国古代经典，不啻一种可行的学术工作。在道家文献研究方面，当然也可以尝试生命哲学研究方法，以获得新的理论认识。

深刻的归元。

在后来的发展中,"归元"作为一个特有哲学概念,用来描述人们追求事物本元、回归真实本质的行为和态度。这个概念的内涵比较丰富,可以涵盖多个方面。例如,在医学上,"归元"被用来表达治疗疾病需要从根本上寻找病因和治疗原则,强调了诊断与疗治必须针对病因本身,才能取得最好的疗效。

在修身养性方面,"归元"也有着重要的作用。它被用来描述人们追求心灵和身体健康,回归自然、追求内心平静与和谐的精神状态。在艺术创作和思维方式方面,"归元"则被赋予了更加广泛的意义,强调真实、简洁、纯粹和本质,避免烦冗和复杂。

总的来说,"归元"强调将一切事物归于本元、契合本质,追求纯净和简洁,注重事物的内在意义。这种理念被普遍应用于哲学、医学、文化等多个领域,具有极为重要的意义。

用《道德经》本身的言辞来讲,"元"就是"天下母"。所谓"归元"就是远溯作为万物本根的"道母"。从延年益寿的性命涵养角度说,这就是宋常星概括的"守母"。如何守母呢?下面分四个专题来讲述。

一 "复守其母"的生命归本智慧

在老子思想体系中,作为本原性的基本概念,"道"具有许多特征,而最为根本的特征就是母性。原初之道,混沌无形,阴阳未显,故无其名;由本化形,而有万物;万物有名,因道而生。由此观之,大道乃是万物之母。在第五十二章一开始,老子发挥说:

> 天下有始,以为天下母。
> 既知其母,复知其子。
> 既知其子,复守其母,没身不殆。

这几句话,老子以母子来比喻宇宙万物与"道"的关系。如何理解这种母子关系呢?唐代老学名家陆希声解释说:

> 天下万物固有所始,始天下者,其惟无名乎?天下万物固有所生,生万物者,其惟有名乎?然则无名为天下之始,有名为万物之母。夫无名、有名,存乎体用,用因体生,故复以无名为有名之母也。故曰天下有始,以为天下母,即道生一也。夫一为道之子,道为一之母。道谓真精之体,

一谓妙物之用。既得其体，以知其用；既得其用，复守其体，体用冥一，应感不穷，然后可以无为而治，故能殁身不殆也。[5]

陆希声这段话有三点值得特别注意：首先，将老子《道德经》第五十二章与第一章以及第四十二章串通起来互相诠释。所谓"无名"与"有名"出于《道德经》第一章"无名天地之始，有名万物之母"。陆希声的串讲表明："母"这个概念在《道德经》中不是偶然出现的，而是多次使用的，以"母"喻道乃是《道德经》开创的一种生命哲学言说方式。再从第四十二章的"道生一"角度看，"道"既然是母，那么"一"就是"道"之"子"。其次，引入"体用"的哲学范畴来解释"有名"与"无名"的母子关系，认定"无名"是"体"，那么"有名"就是"用"，体生用，用归体，母生子，子发用。最后，使用"真精"的概念来阐发"道"的本质属性，"道"虽然无形无踪，但并非空泛，而是精气的凝聚，这就是存有。"守母"就是守住生命得以生生不息的本元。

"天下母"作为一个古老的哲学概念，它不是孤立的存在，而是其阴柔为用思想的集中体现。老子《道德经》第五章说："天地不仁，以万物为刍狗；圣人不仁，以百姓为刍狗。"[6](p.19)意思是讲，天地养育万物没有偏爱，所以万物在宇宙间具有平等地位；圣人无私无我，所以能够像天地一样平等无偏地对待百姓，扶植百姓自食其力。这里的"天下母"也就是天地之母，它能够滋润万物，含养万物，是万物的总根源。

老子讲的"天下母"与古老母系社会的生活方式有着密切关系。众所周知，母系氏族社会是指以女性为中心的社会组织形式。在这种组织中，基本的社会关系以母亲血统链为基础，母亲在传承族群财产、掌握族群权力等方面居于主导地位。同时，女性在生育方面的作用也被高度重视，母系氏族社会的人认为母亲对子女的抚养至关重要，因为母亲是孩子的天然抚养者。

母系氏族社会这种注重生养本然的观念，在老子以"天下母"为基本表征的生命哲学思考中得到了思想升华。老子认为，天地之间一切生命都是由"天下母"所生。在这种生态系统中，每一个体都有特定的职责和使命。人们在家庭和社会生活中应该互相关爱、互相帮助，为共同维护自然生态与社会生态的平衡而努力。

在《道德经》中，"天下母"也意味着母性的爱心与力量。母亲的慈爱、关怀、温暖等情感哺育和精神滋养，由"天下母"这个形象得到了最好的表述。从生命哲学的立场看，"天下母"意味着万物皆有生命，我们要尊重生命，珍惜生命，保护生命。同时，"天下母"也象征着孕育和爱护一切生命的责任和义务。

"天下母"还有另一层深刻含义，即万物之间都有着相互依存的联系，这种依存联系构成了一个庞大的生态系统。我们要经营好这个系统，才能够让天地之间达到和谐平衡的状态。因此，"天下母"观念在生命哲学中的意义是很深刻的，它凸显了生命的神圣不可侵犯性和生态系统的高度重要性。

不言而喻，"天下母"精神是一种大爱精神，它表达了老子对于生命的尊重和对于生态平衡的关注。这种思想意义不仅可以帮助人们建立正确的人生观、价值观，也对于生态环境的保护和可持续发展具有重要的现实指导意义。

总的来说，老子"天下母"这个概念既是对自然界中无私母爱精神的赞美，更是一种人性论、生态学和宇宙观的汇通。在这个学说中，关爱、同情和尊重的精神内涵得到了充分的体现，而"复守其母"就是要人类保持这种大爱无私的天性，这就是老子《道德经》第五十二章的生命哲学底蕴之所在。

二 "塞兑闭门"的生命守护法度

老子在论述了"天下母"以及如何"复守其母"之后，进一步阐发了如何养护生命的问题。他指出：

> 塞其兑，闭其门，终身不勤。
> 开其兑，济其事，终身不救。

这两句话用了四个动词，皆两两相对。"塞"对应于"开"，而"闭"则对应于"济"。所谓"塞"就是把通道堵住，不让其通过；所谓"闭"就是关闭，两个动词都具有限制性的意义。与"塞"及"闭"相反，"开"与"济"讲的是活动的主体开启了自我心灵接受外界信息的通道，意味着情欲的涌动不受限制。

关于前一句话，宋代老学家吕惠卿解释说：

> 此则守其母之谓也。心动于内而吾纵焉，是之谓有兑。有兑则心出而交物，我则塞其兑而不通，不通则心不出矣。物引于外而吾纳焉，是之谓有门。有门则物入而扰心，我则闭其门而不纳，不纳则物不入矣。内不出，外不入，虽万物之变芸芸于前，各归其根而不知矣，夫何勤之有哉？古之人有能废心而用形者，以此道也。[7](p.170)

吕惠卿基于"守其母"的前提，从内心的保护来阐释"塞"与"闭"的操作法度。他认为，人心动于内，容易被外部事物所纷扰，使得自己的心思疲于奔命，缺乏宁静。如果能够在心灵深处将自己的情欲通口控制好，就可以达到内心的平静与安宁，从而避免外部事物的扰动。此等生命守护导向不仅可以帮助人们避免精神上的损伤，也有助于躯体健康，为生命的延续提供一定的保障。

从生命哲学的角度来看，吕惠卿的言说揭示了老子"天下母"论说体系的思想精髓：天地万物都出于道母，所以皆可以拥有母性基因品格的遗传，这就是孕育万物、包容万物、养护万物、保护万物。人作为宇宙间一种生命存在，也应该学习"天下母"的特质，建立自己的道德体系，爱护和保养自己的外在形体和内心世界。这样做不仅是为了保证生命个体的完整性和安全性，也是为了坚守人类在世界中生生不息的光荣使命。

从吕惠卿的解读可知，《道德经》"塞其兑，闭其门，终身不勤"，意为"关闭身体的泄纳之道（指性欲），遏制躁动的欲望，摒除外界干扰信号之来袭"。如此行事，方可终身不受累，达到健康养生的目的。这种养生方法与《易经》中的《兑》卦有一定的联系。

《兑》卦系《易经》的第五十八卦，其卦象原型物是"泽"，本质就是水，象征欣悦。其《彖》辞说："兑，说也。刚中而柔外，说以利贞。是以顺乎天而应乎人。说以先民，民忘其劳；说以犯难，民忘其死。说之大，民劝矣哉！"[8](p.445) 文中的"说"与"悦"通。在《彖》辞作者看来，阳刚居中，心怀诚信而柔和处外，逊顺接物，这可以达到自然的物情欣悦。这种欣悦既顺应天道也合乎人情。君子大人欣悦，身先百姓而不辞劳苦，百姓受到熏陶也必定任劳任怨，所以能够不畏艰险，舍生忘死。可见，欣悦的感情对于生活而言是多么重要啊！从这个角度讲，兑卦可谓蕴含着和谐、柔顺、养分充沛、求得平衡的能量。

然而，事物总是相反相成的。有欣悦就有悲伤；有欢喜，就有愤怒。由于外界情境信息的刺激，人们产生了喜、怒、忧、思、悲、恐、惧的七情活动。这种情感活动在一定限度内对人的精神与躯体不会造成危害，但如果过度了必然诱发内伤。所以《兑》卦六三爻辞说："来兑，凶。"[9](p.448)《说卦》称"兑为口"[10](p.583)，开口说话，是表达的需要，但也会因为言辞不当而引来口舌之灾，故而有凶相。老子正是在看到了人生旅途欣悦一面的同时也意识到了感官与外界联通可能带来的风险，所以告诫人们应该"塞其兑，闭其门"。将之与《周易》之《兑》卦联系起来，我们不难体会到老子讲述的用意：适时地控制生理欲望和冲动，这样才能使身体处于和谐、柔和，节省能量的耗损。

实际上，《易经》之《兑》卦的卦爻辞以及解释《兑》卦的《彖》辞与《象》辞也蕴含养生思想。就整体上看，兑卦具有丰富的象征旨趣，其中有一点值得特别注意，这就是代表夫妇之间相互融洽、生育能力强、家庭和睦的状态，这些都是人体健康的保障。同时,《兑》卦还暗示了人们在外界压力和事件冲突中保持内心平衡、续存自己的能力,这也是养生所必需的。

通过《易经》中的《兑》卦和《道德经》中"塞其兑,闭其门,终身不勤"的养生方法的追溯分析,可以看出在传统文化中,养生与心理、行为、生理等方面都有关系,而这种关系与现代的健康观念也有着相通之处。因此,我们在日常生活中应该保持身心协调、避免过度劳累、保护自己的生理和心理稳定,从而以充沛的精力去实现生命的理想。

老子《道德经》中讲了"塞其兑,闭其门,终身不勤"的养生方法之后,紧接着讲到"开其兑,济其事,终身不救"。这两句话之间具有内在的自洽性。首先,"开其兑,济其事"是从"塞其兑,闭其门"的相反方面进行对比而提出的,表明开启通道以应接外界事务必须适时得当才能保持身体的生理和心理平衡、维持健康,否则就会产生无可救药、终身遗憾的不良后果。其次,这里的"兑"也可以理解为涵汇、包容,表示要有开阔的胸怀、宽广的心态和理解别人、包容他人的态度,它提醒人们需要适度努力和付出才能取得更好成果。同时,也引申出我们应当有积极进取、孜孜不倦的生活态度,因为老子说"道常无为而无不为",并非无所作为,所以人生需要进取的时候就要进取。

总而言之,"塞其兑,闭其门,终身不勤"与"开其兑,济其事,终身不救"可以看成是对人们如何正确生活的双向建议。它告诫人们:既不要放纵自己,也不要苛刻节制,而是要在适当的情况下取得平衡,遵从天道法则,保持积极热情和认真态度去对待生活和工作,从而实现高尚而健康的人生价值。

三 "守柔曰强"的生命谦养思路

生命健康与否,这不仅需要对欲望进行恰当的自我控制,而且需要情感的通达。必须指出,老子强调控制情欲,不等于不要情感通达。从健康人格培育需求出发,"通达"既是目的,也是方法。就形体的物理存在而言,"通达"是健康的一个基本指标;就情感运转需要而言,"通达"就是一种方法。但不论是就形体的物理存在而言,还是就情感的释放节制而言,都应该以"柔"为操作原则。老子说:

见小曰明,守柔曰强。

这里的"小"与"大"相对,"柔"与"刚"相对。由刚而强,故有刚强之大者。求大、爱刚,这是普罗大众的向往;不过,老子讲的大修持法度却与众人的希望相反。众人欲求其大，老子则告之以"小"；众人欲求其刚，老子却示之以"柔"。如何理解这两句话呢？

我们先来考察前一句"见小曰明"。对此，唐玄宗解释说：

> 此示防患之源也。恶兆将兴，细微必察，故忧悔吝之时则存乎纤介，令守母之人防萌杜渐，理之于未乱。能如此者，可谓之明。[11](p.789)

唐玄宗关于"防患"的论说，从生命保护和社会治理两个角度看，都有深刻意义。一方面，生命健康和延续需要及时发现和处理身体的小问题，才能避免病灶恶化甚至诱发更大的疾病；另一方面，敏锐察觉微小的社会矛盾和危机，及早发现问题、化解风险，这是避免社会动荡和混乱、维护社会稳定与平和的要义。之所以把社会与生命健康关联起来，是因为社会乃是生命存在的人际环境，这种环境出了问题，其危害也不亚于自然环境出问题，故而"防患"的思考是不能缺少对社会进行洞察的。可以说，唐玄宗的言说，比较中肯地解释了老子生命哲学的践行观、技艺论。他强调预防，深刻体现了生命维护和安全的重要性；考虑到文化传统的承袭和社会机制状况，唐玄宗对"见小曰明"的解说也注入了治国理政的智慧。

唐末老学名家杜光庭对唐玄宗的解释进行发挥，他指出：

> 守道之人，理国之主，防微于未兆，虑患于未萌。杜邪佞之门，贤良进用，闭嗜欲之键，朴素日臻矣。忧悔吝者，《易·系辞》云：辩吉凶者存乎辞，忧悔吝者存乎纤介。言吉凶悔吝之来，虽纤介之微不可慢也。[12](p.504)

杜光庭在接着唐玄宗话题进行诠释时，强调守道之人、理国之主应该具有前瞻意识。他认为，守道之人和理国之主必须懂得防微杜渐、未雨绸缪，从而选拔优质人才来管理国家，这种论说与唐玄宗的分析是一脉相承的。同时，杜光庭提到了"杜邪佞之门"和"朴素日臻"，旨在营造风清气正的社会生活环境，为此他呼吁人们要具备崇高的道德情操，摒弃世俗的陋习和嗜好，加强自己的内在精神修养，陶冶自己的思想情操，并且进行良好的社会道德实践，这也具有提升生命境界的意义。

在唐玄宗的《御制道德真经疏》与杜光庭《道德真经广圣义》的诠释体系里，"见小曰明"与"守柔曰强"两句话是分开解读的，但彼此又存在承上启下的逻辑关系。唐玄宗在疏解前一句话之后，话锋一转说：

> 守柔弱之行者，处不竞之地，人不能加，同道之用，能如此者，可谓之强。[13](p.789)

唐玄宗的解读体现了一种新的思考方式：守柔能够培育出人生的一种强势，弱点也可以转化为人生的一种优点。这种思考方式可以称为"逆向思维"。在生活中，我们习惯于将强势与坚毅联系在一起，而将柔弱与无能联系在一起，但唐玄宗却给出了一个截然相反的解读：看似柔弱的性格特质，在适当环境下，可以发挥出非凡的效能。

唐玄宗的解读为我们理解老子"守柔曰强"提供了一种全新的启迪。由此可以领悟：人生在世，面对纷繁复杂的世界，完全可以从弱点入手，探寻别开生面乃至起死回生的路径，化解现实生活的危机，从而将之转化为生命能量。顺着唐玄宗的解读思路，不难明白以老子为大宗的道家生命哲学的精神启示：每个人都有自己独特的生命力和能量场，故而可以发掘自身的潜力，不断追求和美的思想境界，从而成长为富有魅力的真正强者。在这个过程中，逆向思维是一个非常重要的工具和方法。根据这种思维方式，我们可以不断尝试打破既有的认知框架，探寻事物的真谛和本质。

我们扩展一下视野，再看看杜光庭对唐玄宗《御制道德真经疏》关于"守柔曰强"疏解的发挥。杜光庭指出：

> 力强者人折之，智强者人害之，势强者人谋之，气强者人制之，德强者人伏之。守弱体柔，不犯于物，其德如此，可谓之强。如道之用，孰敢害之也？[14](p.504)

杜光庭接续唐玄宗的思路，强调了"守弱体柔"的重要性，并给出了五种强者必败的例子。他认为：力强者自负其力，会受到攻击；智强者傲慢自大，会惹人嫉恨；势强者独断专行，会被暗中排挤；气强者野心勃勃，会受到反抗；而德强者谦虚低调，能够获得他人的尊重和信任。

杜光庭这一论断可以看作老子"守柔曰强"的应用和具体化。他将守柔的优点和外强内虚者必败的例子联系在一起，呈现了"柔弱化刚强"的自然逻辑。同时，这种思想也表明了一种新的处事方式：守柔谦虚，不自居功，尊重他人，避免与他人发生冲突，随和而不失原则。这种生命哲学的思想内涵是：知行合一，以柔克刚。也就是说，人类在生命旅程中，不仅应该看到自己的弱点，尽可能充实自己，而且应该具有宽广视野，兼顾自身与他人之间的关系，从而保持自我与天地之间的能量传递。

通过考察唐玄宗与杜光庭的疏解，我们可以将老子讲的"见小曰明，守柔曰强"的思想主旨及其当代价值稍作概括：老子讲的这两句话是一个问题的两侧观察，他告诉我们：在处理事务时，应该关注细节和局部，发现其中的问题和矛盾，这样才能看清事物的本质和真相。同时，要在处理事情时保持柔软的姿态，避免过度强硬和苛求，这样才能实现持之以恒的目标。从生命哲学的角度看，这种态度可以指导我们理性地面对生活，面对世界。对于困境和挫折，我们要及时发现和解决它们，不断优化自己的思维方式和行动技术，这样才能一步步地克服阻力，走向成功。在处理人际关系时，也需要这种"柔中有刚"的态度，要在与人交往中尽量理解和体谅对方，尊重其个性和权利，避免过度强求和争斗。同时，也要保持合乎天道的原则和自我尊严，不能随意妥协或弯曲自己的立场。总之，"柔中有刚"的态度可以帮助我们处理人生中的各种挑战和困难，让我们更加理性和灵活地思考问题，处理事务，避免情绪化和冲动的行为。在面对挫折和危机时，要坚定信念，鼓足勇气，相信自己的能力和价值，积极寻求解决之道，展现生命的意义和价值所在。

四 "光明习常"的生命境界向往

老子不但善于进行理论创造，而且注重践行。所以，老子提出的概念往往包含着如何践行的理路与方向。从这个角度看，老子的生命哲学就是一种行动的人生哲学。

老子在《道德经》第五十二章的最后总结说：

> 用其光，复归其明，
> 无遗身殃，是谓习常。

如何理解这里讲的"光"？又如何领悟"复归其明"的意义？我们先来看看古人的几种解释。

《唐玄宗御制道德真经疏》谓：

> 光者，外照而常动。明者，内照而常静。由见小守柔为明为强，不矜明而用强，故虽用先外照还归内明，此转释见小守柔之义，使息外归内，

故曰复归其明。[15](p.790)

唐玄宗对老子《道德经》中"用其光，复归其明"这句话的解释，强调了内在能量的重要性，认为内在的明和静是如何运用外在的光和动能的关键。他强调的是，只有内外结合，方可达到完美状态。

从生命哲学角度来审视，这一解释可以看作一种自我调节的方法。外界各种各样的诱惑和挑战，这对于每个人而言都是严峻的考验。如何保持内心的恬淡和宁静，就成为一种重要的能力。在唐玄宗的解释中，内在的明和静，可以视为人的精神和道德的本质，而外在的光和动态则是人所处的社会环境和外界实际的事物。唐玄宗正是通过贯通内外关系，阐发调节自己、把握主动、达到最佳状态的道理。

唐玄宗的解释还强调：在面对复杂的社会环境时，更需要内外结合，具有见小守柔、见微知著的洞察力，协调内在的涵养和外在的表现。唯有如此，才能取得理想的结果。

唐玄宗之后，老学名家杜光庭又有进一步阐发，他说：

外明者，其照有极，谓五里之外牛马不辨也。内明者，其照无穷，谓一心密照则远近皆察也。所以外则万境所牵，劳神伤性，内则重玄默悟，造静归根。复其内明，几乎道矣。[16](p.504)

杜光庭的解释将内明和外明做了对照，从而阐发了"重玄"这一哲学思想的内涵，指出"复其内明"乃是遵循逆向思维法度以察照道体、不断趋向于道、实现"与道合真"的过程。具体而言，包含两层意义：首先，杜光庭表达了外明和内明的不同层次和境界，外明只能照亮一个有限的空间，而内明则能照耀无穷无尽的心境。照杜光庭的看法，外明虽然可以为人们带来一定的便利，却会被无数诱惑所吸引，耗费了人们很多精力和时间，对人的心灵和身体都会有一定的伤害；而内明则是人的智慧彰显，表现为一种超越器物存在的灵通状态。其次，杜光庭采用了"重玄"这个重要概念，旨在以逆向思维的方式在静默中回归原初的素朴和自然，从而开启与获得本元的能量。在他看来，人应该超越视觉和听觉，以内心的平静体悟生命的真谛，探究万物的本根，并且与之相契合。总的来说，杜光庭虽然承认外明的实际作用，但他所倡导的是由外返内，以内在智慧之光照亮寻道、悟道、合道的心灵空间，从而超越一般思想认识，探寻生命真谛。杜光庭的诠释让我们看到了：老子所言"复归其明"为人们指出了一条激发心灵能量、丰富生命内涵、返璞归真的精神升华之路。

继杜光庭之后，宋代著名学者、苏东坡的弟弟——苏辙著《道德真经注》，他在该著中说：

> 夫耳之能听，目之能视，鼻之能嗅，口之能尝，身之能触，心之能思，皆所谓光也。盖光与物接，物有去而明无损，是以应万变而不穷，殃不及于其身，故其常性湛然相袭而不绝矣。[17](p.312)

苏辙把耳、目、口、鼻、身、心与外界的感通过程现象都看作"光"。首先，在他看来，光是一种兼具稳定性和应变性的自然现象，而人的感官和心智也具备一种类似光的功能。这种光与物接触，随着万物的变化而灵活变化，在人的感官灵通中扮演着重要角色。其次，光是一种不会随着物体的离开而消失的自然现象与能量。物体消失之后光明仍然存在，这说明光具有持久性。最后，光具备应变能力，可以适应环境的变化。这似乎提示人们要学会在外部环境的变化中保持自己的内心平静和稳定。概括而言，在苏辙这段解释中，光是和感官相联系的，但它同时又有自己的内在本质，能应对外部环境的变化。苏辙希望通过这个比喻，让人们了解到如何学习应对变化的本领，让生命更加美好。

如果我们把杜光庭与苏辙的解释进行一番比较，就会看出两者的共同点与不同点：杜光庭和苏辙都从感官角度入手，谈及光和感官的关系。但是，他们对光的概念和内涵理解不同，从而导致了解释的区别。苏辙注重强调感官的作用，认为耳能听、目能视、鼻能嗅、口能尝、身能触，这些感官都具备"光"的功能。他认为，这种光与物相接，能够满足人的需要，在遭遇各种变化和干扰时，不会轻易受到损害。这种光与感官的灵应，让人的身体和精神得以保持某种自然状态；而杜光庭则更强调内在光明，他认为人之所以能够充分发挥智慧与灵性，恰恰在于内在光明的作用。在杜光庭的思想中，"重玄"即内明的抽象哲理表达。两位学者对于光的内涵和特点的理解虽然并不相同，但都表现了中国古代先贤探索光明和世界本体问题的深刻思考，有助于我们理解老子所言"用其光，复归其明"的奥义。

再看老子本章最后两句"无遗身殃，是谓习常"。这里的"习常"，或作"袭常"，历代注疏之家的解释也多。唐玄宗首先从文字上进行梳理，他把"遗"解释为"与"，有给予的意思；把"殃"解释为"咎"，有遭受灾难的意思。紧接着串讲论说，他指出：

> 言用光照物，于物无着，还守内明，不自矜耀，守母存子，反照本元，自无殃咎。是谓袭常者，密用曰袭，能察微远害，守柔含明，如是等行者是谓知子守母，密用真常之道。[18](p.790)

唐玄宗对"无遗身殃"这个警句进行了深入阐释，指出这是通过用光照物、于物无执的方式，保持内心的清明和母爱子的心态，反照出内在本元，从而避免了身体和内心的伤害。接着，他将"袭常"这个概念解释为"密用"，即能够察觉微远的危害，从而以柔和、包容的态度去面对生活世界。他指出真正的袭常者，应该通过行动来证明自己遵循了自然法则，而不只是停留于口头上的空谈。可以看出，唐玄宗的解释主张在德行修养中，返观内照，感悟真常大道。

杜光庭从内在义理上进行阐发，他说：

> 既了复明内照之理，故无殃累及身。殃累不侵，真常密契矣。理国若矜其外照，察察绳非，其政益烦而人益乱。复能见微防患，谦己守柔，晦智含辉，任贤垂拱，三五之理，夫何远哉？[19](p.505)

杜光庭对唐玄宗的解释作了进一步发挥和阐述。杜光庭认为，要实现"无遗身殃"的境界，需要明了"复明内照"的原理，即通过母爱子的精神觉醒和心灵的清明，反照内景隧道，寻求生命本元，作为良药来医身疗疾。只有这样，才能真正密契真常之道，避免意外和外部因素的干扰。在治国理政方面，杜光庭指出，如果政治家只关心外在表象，而忽略内在本质，则会产生繁苛的政治干扰，酿造出社会混乱。为此，他主张政治家要善于发现微小的危险和防范措施，要保持谦逊、柔和的品格，要将智慧隐含于光辉之中，同时要任用贤能，行三五之理，这种理念是非常重要和现实的。

杜光庭讲的"三五之理"，向来有不同的解释。考其源，首见于《周易·系辞上》："参伍以变，错综其数，通其变，遂成天地之文；极其数，遂定天下之象。"[20](p.517) 文中的"参伍"亦即"三五"。按尚秉和先生《周易尚氏学》的说法，《周易》卦爻，分为经卦与别卦，又称内卦与外卦。经卦三爻，重卦六爻，爻数由下而上，至三爻而"内卦终矣，故曰必变"。又称："此从三才而言也。若从五行言，至五而盈，故过五必变。"《易经》中的"三五"以爻象表征天地人"三才之道"以及木火土金水"五行之运"，三才五行，联通流行，变化无穷。至西汉时期，司马迁《史记·天官书》"论赞"中记太史公之言云："夫天运，三十岁一小变，百年中变，五百载大变；三大变一纪，三纪而大备：此其大数也。为国者必贵三五。上下各千岁，然后天人之际续备。"[21]此谓天运有常数，也有变量。然而，万变不离其宗，"三五"之期是为大者，法天之运，行动有数，此乃万物生生不息之大道。追溯《周易》与《史记》的记载，再看杜光庭言辞有"垂拱"二字，笔者猜测这可能是在描述社会政治清明之象。查《尚书·武成》有言："惇信明义，崇德报功，垂拱而天下治。"[22]而《周易·系辞下》则称"黄帝、尧、舜垂衣裳而天下治"[23](p.533)。种种迹象表明，杜光庭所言"三五之理"首先应该是表征三皇五帝时期效法自然而天下大治的美好社会景象。再进一步说，"三五之理"或许也有和合"三才"、顺理"五常"的意义。古以天地人为"三才"，而以仁、义、礼、智、信为"五常"。在杜光庭看来，和合三才，顺理五行，尊尚五常，既是个人生命谦养的指南，也是治理国家的重要原则，国家应该遵循自然法则以立纲常。作为修道者，必须注重道德修养；作为政治家，必须推崇仁德之道，以此来管理国家，维持社会稳定。从这里，我们看到了道家与儒家的思想融通，而正是这种融通，从发展的思路展示了老子"光明袭常"的生命大智慧。

从深层次上看，"袭常"就是"习常"，既是因袭，也有变通。所谓"因袭"，就是传承先民古老的生命智慧；所谓"变通"，就是在实际所处境况中对生命修养与社会管理的具体措施进行适当的调整。就生命哲学的核心精神而言，这就是遵循"无为而治""返璞归真"等基本思想，以顺应自然的理路，去实现内外的和谐统一。

在现代社会中，人们往往被物质利益和竞争压力所迫，追求功利和表面的成功，而遗忘了自己的本质和内心的平衡。我们读老子《道德经》第五十二章，认真揣摩其要义，学会洞察变化，把握自我生命的内在精神，以"常"应变，宁静致远，道通为一。如此，则可以升华自我精神境界。

参考文献

[1]（汉）王充.《论衡》卷第二十[M].《四部丛刊》景通津草堂本.

[2]（清）宋常星.《道德经讲义·守母章第五十二》[M].《老子集成》第九卷.北京：宗教文化出版社,2011.

[3][12][14][16]（唐）杜光庭.《道德真经广圣义》卷十五[M],《道藏》第14册.

[4][8][9][10][20][22][23]黄寿祺，张善文.《周易译注》.上海：上海古籍出版社,2004.

[5][19]（唐）陆希声.《道德真经传》卷三[M].（清）嘉庆《宛委别藏》本.

[6]詹石窗.《道德经音诵》[M].成都：巴蜀书社，2021.

[7]（宋）吕惠卿.《道德真经传》卷三[M].《道藏》第12册.

[8][11][13][15][18]（唐）李隆基.《唐玄宗御制道德真经疏》卷七[M].《道藏》第11册.

[9][17]（宋）苏辙.《道德真经注》卷三[M].《道藏》第12册.

[21]（汉）司马迁.《史记》卷二十七[M].（清）乾隆武英殿刻本.

[22]（宋）陈经.《尚书详解》卷二十三[M].（清）武英殿《聚珍版丛书》本.

On the Life Philosophy of Laozi's Theory of "Mother of the World"
——Interpretation of Chapter 52 of the *Dao De Jing*

Abstract: In Laozi's ideological system, as a fundamental concept of the origin, "Dao" has many characteristics, and the most fundamental feature is maternity. Laozi referred to it as "the mother of the world". As an ancient philosophical concept, "Mother of the World" is not only a concentrated manifestation of the concept of using yin and softness, but also implies maternal love and power. It is not only a praise for the selfless maternal love spirit in nature, but also a fusion of human nature, ecology, and cosmology. After discussing the "mother of the world" and how to protect her, Laozi further elucidated the issue of how to maintain life. His words of 'blocking the flow, closing the door, and never being diligent' and 'opening the flow, aiding the situation, and never being rescued' can be seen as two-way suggestions for people on how to live a correct life. Laozi warns people not to overindulge themselves, nor to be too harsh and restrained, but to achieve a balance in appropriate circumstances, not only following the true needs of the heart, but also maintaining a positive, enthusiastic, and serious attitude towards life and work, in order to achieve a noble and healthy life. The Daoist philosophy of life, centered around Laozi, tells us that everyone has their own unique life force and energy field. In the journey of life, we should improve ourselves, explore our potential and advantages, and constantly pursue higher realms and deeper meanings.

Laozi is not only good at theoretical creation, but also pays attention to practicing. The ideas and concepts proposed by Laozi often contain the principles and directions of how to practice. It can be said that Laozi's philosophy of life is a philosophy of action. In modern society, people are often forced by material interests and competitive pressures to pursue utilitarianism and superficial success, while forgetting their essence and inner balance. We read Chapter 52 of Laozi's *"Dao De Jing"* and carefully ponder its essence, which helps us to insight into changes, grasp the inner spirit of our own lives, adapt to "constant" situations, achieve peace and harmony, and unify the Dao to elevate our spiritual realm.

Key Words: Mother of the world; Philosophy of life; Follow the rule

【作者简介】詹石窗，1954年生，男，厦门市人，哲学博士、教育学名誉博士，现为四川大学文科杰出教授（两院院士待遇），四川大学道教与宗教文化研究所教授委员会主席，博士生导师。

"抱朴子"之生命觉醒论

罗永梅 曾 勇

【内容摘要】"抱朴子"是我国两晋之际的知识分子葛洪的道号，也是其代表作的书名。自名"抱朴子"，葛洪既首肯了自己素朴少欲的个性，也明示了其逆修合真的志向，同时也蕴含着生命觉醒的三层价值转向——在价值主体上，从类生命价值到个我生命价值；在价值类型上，从外显之工具价值到内求之目的价值；在价值目标上，从流俗之有限到合道之永恒。易言之，在抱朴子价值视域中，道本素朴，人秉道而生，本亦如此，然而，嗜欲使人背离其性，失真忘返。抱朴子觉解此弊，疾呼世人，应返璞归真，生与道合，逆修证仙，超越死亡。

【关键词】"抱朴子"；觉醒；生命价值；三层转向

"抱朴子"为我国两晋之际的知识分子葛洪（公元283—363年）的道号，也是其代表作的书名①。于此称号，《抱朴子·外篇·自叙》明言："洪期于守常，不随世变，言则率实，杜绝嘲戏，不得其人，终日默然，故邦人咸称之为抱朴之士，是以洪著书因以自号焉。"[1](p.661)

有关"朴"，《老子》第二十八章有"朴散则为器"之论，王弼（公元227—249年）以"真"释"朴"，在《老子》那里，"'朴'是道的本性，即未经雕凿的天然状态，也即事物自身所固有的本质和规定性"[2](p.124)。在《抱朴子》那里，"抱朴"是人对道的持守不离的状态描述。在《老子》看来，人生理想的生命状态，是抱朴守真，与道不离。在葛洪看来，所谓"抱朴子"，其实更多的是对自身率真个性的确认与坚信，他坚信抱朴自守是合道体真的内在要求。易言之，

---

① 《抱朴子》分内、外篇，本文所引《抱朴子·内篇》以王明著《抱朴子内篇校释》（中华书局1985年版）本为准，《抱朴子·外篇》采用杨明照撰《抱朴子外篇校笺》（上、下册），中华书局版，其中，上册为1991年版，下册为1997年版。以下凡引用《抱朴子》只标篇名。

"抱朴子"称谓表征一种生命的觉醒，这种觉醒体现为生命价值的真切转换，而这种价值的切换带有时代的生命烙印。

> 穷士虽知此风俗不足引进，而名势并乏，何以整之？每以为慨。故常获憎于斯党，而见谓为野朴之人，不能随时之宜。余期于信己而已，亦安以我之不可，从人之可乎？（《外篇·疾谬》）[3](p.628)

> 履道素而无欲，时虽移而不变者，朴人也。（《外篇·行品》）[4](p.540)

"抱朴子"宁为"野朴之人"，也不随波逐流，在感慨世风日下之余，不惜"获憎于斯党"，而笃行守真履道。在众人汲汲于名利权势的价值潮流冲击下，"抱朴子"保持一种"不随时宜"之生命觉醒，这种生命觉醒从价值内涵上看，涵括三个转变，这种价值转变绝非空穴来风；相反，却是时代主题与个性特征的撞击下的一束火花。

一 价值主体：从类生命价值到个我生命价值

中华文化元典《周易》提出天地人"三才之道"，视人与天地一道共筑宇宙之基，宇宙以此生生不息。《道德经》第十六章曾言，"知常容，容乃公，公乃王，王乃大"；第二十五章又言，"故道大天大地大王亦大，域中有四大，而王居其一焉"。《道德经》以"王"指代人类生命，以"大"言说意义重大、价值崇高，并将人类与道、天、地相并列，足见人类在宇宙中的地位与价值。制度道教经典《老子想尔注》进一步明确提出"生，道之别体也"，"道意贱死贵仙"，并以"生"置换"王"，将上引《老子》章句兑为"知常容，容乃公，公乃生，生乃大"；"故道大天大地大生亦大，域中有四大，而生居其一焉"。意思是说，"生"与"道"是异名同指，"道"就意味着"生"，"生"是"道"的表现形式。在《想尔注》作者看来，人若能透彻理解"生"，便可领悟到"道"；若能切实体道、合道、得道，也就能超越死亡、获得永生。从这层意义上引申开来，可以说，超越死亡、获得永生的钥匙掌握在生命主体自己手里。

"抱朴子"哲学的最高范畴"道"，源自黄老生命道学，是经典道家之"道"的衍生，"其真实的内核就是'生命'，道即原初的生命，亦即永恒的生命，本然的生命，道的本体论就是生命的本体论"[5](p.83)。在"抱朴子"看来，世间万象皆为大道大化流行之显现，无不是"道生""德畜"的具化，他们是从不同侧面、不同程度对大道的反映。从生命关系而言，道为本，物（含人）为末；从体用关系而论，道为体，物（含人）为用。既然大道是宇宙的本体，具有永恒的价值，而每一生命与大道有如此内在关联，每一生命个体分有"道"内据"德"，其生命理应有其内在价值。

《道德经》以"王"指代人类生命，此"王"虽可指代生命个体，但毕竟并非普通民众，而是处于上位的社会治理者，即便代表某一类别，亦不外理身修道兼具者。《老子想尔注》从经文上直接衍"王"以"生"，直陈"生"乃"道之别体也"——道不可现，因生以显之——打通生命存在与本体大道之内在关联。这些都为"抱朴子"的价值哲学奠定了基础。

《抱朴子·内篇·黄白》篇引早期道教经典《龟甲文》，高呼"我命在我不在天，还丹成金亿万年。"[6](p.287)，凸显出个我的主体性价值以及金丹的关键性意义。在"抱朴子"的价值思想体系中，个我是可以自我创造的主体性存在，通过养生修炼这样一种实践活动，把作为价值之源的"道"变成了修行者实践活动的客体，同时，这一客体也是人的价值实践的指归，个我之修道证仙活动，既是以生合道、羽化成仙的生命升华过程，又是以道化人、将价值目标现实化的返本归根过程，这是一个活动两个不同的方向，道人通过修炼实践实现了主体客体化和客体主体化的双向运动。在此生命实践活动中，个我不再被动地接受生老病死这一单向度的自然规律，个我的生命历程却可以通过自我强力参与而制约，"出生入死"的单向行程可以通过主体的实践活动而逆转。正如《抱朴子·内篇·论仙》所言："寿命在我者也，而莫知其修短之能至焉。"[7](p.15)可见，个"我"主体之觉醒何其重要。

与《道德经》以"王"为价值主体有别，抱朴子拓展了价值主体的范围，认为人人皆可参道理身，修道功效的直观显现就是寿命的长短——为什么寿命在"我"呢？其《内篇·塞难》指出："天道无为，任物自然，无亲无疏，无彼无此也。""天地虽含囊万物，而万物非天地之所为也。"[8](p.137)这里有三层意思：其一，"天道自然无为"，它无意志、无目的，对待万物（含人）只是听任自然，不加干涉；其二，天地只是生命存在的空间维度，每一生命的存在状态并非天地使然；其三，天道与万物（含人），既没亲疏远近之别，也无厚此薄彼之殊，万物自足自在，一切都是自己使然，并非受天命支配。由此可见，葛洪是在对天命的否定中，确立"我命"中"个我"的主体地位，因为这里的"个我"是与"天地"同源同构的生命主体，是自主自力、活灵活现的生命存在。个我既然获得了主体性地位，那么这种主体性作用又是如何体现出来呢？葛洪认为，是通过"我"在现实世界中对"道"的领悟、在生命实践中对"生"的主导而体现的。抱朴子说：

> 夫陶冶造化，莫灵于人。故达其浅者，则能役用万物，得其深者，则能长生久视。(《内篇·对俗》)[9](p.46)
>
> 天寿之事，果不在天地，仙与不仙，决（在）非所值也。(《内篇·塞难》)[10](p.137)

意即，个人生命的存在、年寿的长短，取决于主体自我，而非他力天命。修炼主体在"道"面前，并非消极被动的接受者，而是主观能动的主导者。修道之士毕生坚持勤修苦练，其中"修"之所以能修，就是因为他们坚信人有主观能动性，可以运用自己的灵性去认识、把握生命律则，参与甚至主导人生历程，"夺天地造化之机"，最终"与道合真"而"长生久视"。

众所周知，早期天师道擅长符水治病、静室悔过，以祭祀鬼神、迎请仙真，为信众禳祸驱魔、益寿延年，在抱朴子那里，"长生之道，不在祭祀事鬼神也"。(《内篇·金丹》)[11](p.77) 在他看来，人生中的福分不是殷勤的恭敬祈请所能够请来的，生活中的灾难也不是虔诚的祭祀可以祛除的；相反，只要有坚定的修道决心和切实的合道行为，则福不请自来，祸不禳自去。个人的祸福吉凶、生老病死也可以由个我的行为决定，通过主体自己的正心颐神而控制。"人能淡漠恬愉，不染不移，养其心以无欲，颐其神以粉素，扫涤诱慕，收之以正，除难求之思，遣害真之累，薄喜怒之邪，灭爱恶之端，则不请福而福来，不禳祸而祸去矣。何者？命在其中，不系于外；道存乎此，无俟于彼也。"(《内篇·道意》)[12](p.170)

在魏晋乱世，不少人受殷、周以来天命思想影响颇深，认为冥冥之中有天神上帝主宰着自己的命运，世人能做的，只能顺从天命安排，成为天神上帝的奴隶，"人在神面前，价值和尊严降低到了零"[13](p.51)。与此相反，葛洪没有把人生的主导权交给一个超验的上界权威，而是把个我的主观行为看作人生的制约力量，发出了"我命在我不在天"的生命强音，高扬了生命的主体性价值，强调了个我在其生命历程中的主体性与能动性，指出了人生历程是可以自己把握的，个人就是自身生命的切实主宰者，确证了个体的主体地位。[14]

二 价值类型：从外显之工具价值到内求之目的价值

知识分子何以安身立命？诸子百家，众说纷纭。据《左传·襄公二十四年》载："（叔孙）豹闻之，大上立德，其次立功，其次立言，虽久不废，此之谓不朽。"传统儒者看重"立德""立功""立言"，青年时期的葛洪亦不例外，受儒影响。

惠帝太安二年（公元303年）爆发了张昌、石冰之乱，此时葛洪"年尚少壮，意思不专，俗情未尽"（《内篇·遐览》）[15](p.331)，虽拜师郑隐入道，却未随师进山，专心向道。葛洪言及"未尽之俗情"，李丰楙教授认为，"当指写诗作赋，撰述杂文，以成文士"。李教授所持论据来自《抱朴子·外篇·自叙》所言，"洪年十五六时，所作诗赋杂文，当时自谓可行于代"，其理由是，"当时士族社会对文士的品鉴，有其公认的标准：诸如诗赋、杂文的写作，名理、辩术的应用，均成为名士的标榜。寒素之士多自励苦学，突越身份的拘限，以跻身于贵族社会，这是两汉以下文士常见的求遇的作法"。而"葛洪幼贫，身份已经没落，自不免形成一些'俗情'，直到二十余岁时，立志创作子书，才领悟自以为可行于代的文学作业，只是'细碎小文，妨弃功日'（《外篇·自叙》）"。[16](p.30)

无论是"诗赋杂文"，抑或是恢宏"子书"，皆属著书立说之列，符合儒家传统的价值观，传统知识分子可"立言"而留名后世。抱朴子首肯文学立世的价值，并身体力行，不仅如此，他还投笔从戎，受吴兴太守顾秘之邀，"为将兵都尉"，"募合数百人，与诸军旅进"。（《外篇·自叙》）[17](p.684) 此举并非贸然行事，葛洪师从郑隐期间，"学会了射箭，又得了刀楯、单刀、双戟等武术秘诀，并从事兵法的研习"[18](p.79)。他有备而来，并在战剿石冰义军时，表现了自己的文韬武略，以战功被授予"伏波将军"殊荣。对此次军功，葛洪后来一直颇引以为豪，甚为得意。

光熙元年（公元306年），镇南将军刘弘任命嵇含为广州刺史，嵇含与葛洪为故交好友，他便推举葛洪为其参军。二人相约南下赴任，葛洪先抵羊城，嵇含未至而遇害。葛洪深受触动，无意领命就职，于是滞留南土，隐居罗浮山著书习道。在罗浮山期间，葛洪师从南海太守鲍靓。鲍靓（字，太玄），据传曾得高道阴长生和左慈所传仙术，能逆占未来。另据《晋书·葛洪传》载：

> （洪）后师事南海太守上党鲍玄。玄亦内学，逆占将来，见洪深重之，以女妻洪。

《后汉书·方术传序》李贤注称，"内学"是汉代以来流行的谶纬之学。鲍玄擅长此道，"逆占将来"，因缘际会，遂成佳话——就葛洪而言，鲍玄既是恩师，又是岳丈，其对葛洪的影响不容忽视。

在抱朴子看来，无论是以文学显身，还是以军功扬名，相对于修道证仙之而言，皆为凡事俗情。当然，对生命价值的确认与切换，在葛洪也是峰回路转、充满艰辛与曲折的。

《抱朴子·内篇·遐览》借人之口，发出感叹："鄙人面墙，拘系儒教，独知有五经三史百氏之言，及浮华之诗赋，无益之短文，尽思守此，既有年矣。既生值多难之运，乱靡有定，干戈戚扬，艺文不贵，徒消工夫，苦意极思，攻微索隐，竟不能禄在其中，免此垄亩；又有损于精思，无益于年命，二毛告暮，素志衰颓，正欲反迷，以寻生道……"[19](p.331)。

儒生皓首穷经却无益生存，其人生出路究竟何在？这既是对"二毛告暮，素志衰颓"生命状态的窘迫反思，更是对这一生活方式背后价值观念的究竟意义的拷问。生逢乱世，性命难保；诗词歌赋，一文不值；反倒耗人精神，无益年命——以劳神损命换取食禄，真的值得吗？况且于乱世求取，又求而不得，那么人生活路究竟何在？

在抱朴子看来，生命本与大道相连，以身家性命求取的功名利禄，看似展现了生命的光彩，那只是俗情凡事，即便有价值，也属于生命的外显价值，也只是工具性的，而非目的性的、终极性的，因为价值的终极基点是道，道是不生不灭的，是永恒的，具有绝对性，个我之生命存在本身蕴含内在目的，因为"生"是"道"的显现，可谓道的别称——《想尔注》称之"别体"。

抱朴子认为，生命的目的价值亦"不在于富贵也"（《内篇·论仙》）[20](p.17)。"夫求长生，修至道，诀在于志，不在于富贵也。"（《内篇·论仙》）[21](p.17) 富贵不可长久，修道合真，才可以让生命长久。诚如早期道教经籍《西升经·民之章》所言："人欲长久，断情去欲，心意以索，命为反归之，形神合同，故能长久。"何以至此？《西升经·我命章》说："我命在我，不属天地。我不视不听不知，神不出身，与道同久。吾与天地分一气而治，自守根本也。"北周道士韦处玄注解说："天地与我俱禀自然一气之所性，各是一物耳，焉能生我命乎？我但去心知，绝耳目，各守根本之一气，则与道同久矣。"[22](p.68)

在道门思想中，个我的生命与本原大道具有内在统一性，个我生命长久的秘诀就掌握在自己手里，个我生命"与天地分一气而治"，通过自我控制，就可以达到长生，所谓"长生可学得者也"（《内篇·黄白》）[23](p.284)。葛洪"我命在我""长生可得"的价值主张，表明了人类对自身生命长久的内在自觉和对生命永恒的高度自信。

在抱朴子那里，追求生命永恒长久，其实是向生命之内的学问，是生命内求的功夫，这种内求之学本质上是回溯生命本原的学问与功夫，其价值目标在于生道合一。这是一种价值目标内在于生命及其历程之中的学问与功夫，我们不妨也称之为"内学"。此"内学"不同于《后汉书·方术传序》李贤注称的方技型"内学"，而是一种价值主张，可谓价值性"内学"。这种价值性"内学"区别于以生命消耗换取功名利禄之类的凡俗之情在于，后者的行为目标在生命之外，或者说是生命之末，而非生命之内、生命之本。况且，以消耗生命精气神为代价，弄得自身之毛发花白——前文葛氏所谓"二毛告暮"——"竟不能禄在其中"——即便有幸功成名就，其价值也是相对的、属于工具性的，因为充其量此类成就可视为生命开出的花朵，花朵的开放却以耗费生命为前提，这种耗费而非维系生命的根柢的路径，带之而来的是个体生命走向终了。这是抱朴子不能接受的，也是他要反对的。基于此，抱朴子从《老子》"反者道之动"命题中，从《想尔注》"生乃道之别体"异名中，觉解并伸张维系生命的根柢而保持生命长久的价值主张与价值取向，那就是回溯生命的本原，求得生道合一。也只有生道合一，个我才证得生命的永恒。这一价值取向的获证就是在生命之内进行，是一种深根固柢的生命功夫，在葛洪价值哲学大厦，此抱朴守真的目的价值之所在，表现为一种不借外求的探索路径，呈现出即体即用的价值特色。

抱朴子与道合真的生命内在价值主张，并不抵牾其役物自力的价值作为。他说："夫陶冶造化，莫灵于人。故达其浅者，则能役用万物，得其深者，则能长生久视。知上药之延年，故服其药以求仙。知龟鹤之遐寿，故效其道引以增年。"葛洪认为，人的知性识得浅近之理即可役用万物，洞察更深奥的道理就能做到长生不死。他所谓"浅者"盖指物之理之类的自然法则，"深者"之"深"，当指觉解生命奥秘，掌握丹道法门，逆修成仙者。《抱朴子·内篇·金丹》断言："升仙之要，在神丹也。知之不易，为之实难也。子能作之，可长存也。"[24](p.77) 意即，得道升仙的秘要在于神丹，知道这一秘要已属不易，炼制出神丹更是难事。你若能炼出神丹，就可以与世长存。人们将这一人工合成、炼制神丹妙药的方法，称作"外丹术"。此术被视为身为万物之灵的人之灵性的重要体现，也是对役用万物之方法的创造性发挥；对此术的执着研发与不懈探求，充分诠释了生命主体主宰自我、超脱死亡的精神渴求与强力意志，也是葛洪这类道教知识分子的生命实践的重要内容，可谓抱朴之士对生命的内在觉解。

三 价值目标：从流俗之有限到合道之永恒

《史记·老子韩非列传》称："世之学老子者则黜儒学，儒学亦黜老子。道不同不相为谋，岂谓是焉?!"魏晋以降，儒道两家研习内容与立世方式发生流变，《抱朴子·内篇·明本》对此有所揭示，如说："儒者祭祀以祈福，而道者履正以禳邪。儒者所爱者势利也，道家所宝者无欲也。儒者汲汲于名利，而道家抱一以独善。儒者所讲者，相研之簿领也。道家所习者，遣情之教戒也。"[25](pp.187-188) 葛洪目光所及儒者，实乃儒之末流，与司马迁所言不可同日而语，他们不再"栖栖遑遑"力推仁爱仁政，而是汲汲于名利得失，取悦于权贵豪门；葛洪所言道者，亦非彼"世之学老子者",而是道教羽士之流。在这层意义上,葛洪持"儒道异说"观点——儒之末流,忙于凡俗事务;道之羽流,抱一独善、修道合真——儒道依然殊途,从生活方式到价值目标,二者迥然有别。从生命机理上看,抱朴子赓续道家之基本精神,这就是《内篇·明本》所概括的"夫道者,内以治身,外以为国"[26](p.185)——炼养身体与治理国家,遵循同样的原理,取向一致的目标——在价值目标上,前者旨在身体的长生久视,后者指向国家的长治久安;"治身"与"为国",内外虽形式有别,但贯穿其中的原理,却亦相通无碍,而且其价值目标,皆指向生命之长久。

葛洪所处的两晋社会,朝纲不振,权臣跋扈,内有"八王之乱",外有"五胡乱华",加之石冰等农民起义,可谓典型的乱世。动荡不安的时局,纷至沓来的战乱,给他带来的是"衣不辟寒,室不免漏,食不充虚"(《外篇·自叙》)[27](p.665)的艰辛生活,以及巨大的精神痛苦:"百忧攻其心曲,众难萃其门庭,居世如此,可无恋也。"(《内篇·论仙》)[28](p.18)东晋的偏安局面也未能给他多少安适与欢乐。从葛洪人生轨迹上看得出,其仕途并不得意,只是出任处于下僚辅佐之类的职务。"这种没落失意的个人遭遇,巧逢当时社会思潮崇尚玄学,达官贵人,行为放荡,不拘礼法,成为一时风尚"[29](p.264),而他却与当时豪门世族、与名士群体亦有所不同,他"处于当时主要士风之外,审视其时的社会风气",是"处于整个个性觉醒的思想潮流之外,审视自汉末发展起来的这个思潮"。[30](p.272)

围绕生命主题,《抱朴子·内篇·勤求》指陈世人所持的不同的价值观念:

> 凡人之所汲汲者,势利嗜欲也。苟我身之不全,虽高官重权,金玉成山,妍艳万计,非我有也。是以上士先营长生之事,长生定可以任意。[31](p.254)

> 古人有言曰,生之于我,利亦大焉。论其贵贱,虽爵为帝王,不足以此法比焉。论其轻重,虽富有天下,不足以此术易焉。故有死王乐为生鼠之喻也。[32](p.259)

儒家末流长于凡俗事务,以名利权势为重;道教修士以生命长存为念,致力于生与道合、不死成仙。这是两种不同的生存方式,对应殊异的价值观念。前者以世间富贵为圭臬,追求功名利禄;后者以生命大道为本位,以生道合一为标的。在抱朴子看来,"生之于我",本身就是利益,而且"利亦大焉"——活着本身就是利好,这种利好是高官厚禄置换不了,即便可以交换,他自己也不愿以之

103

交换。在他的价值体系里，没有了生命的大王，其价值还不如一只活蹦乱跳的老鼠。这一比喻，究竟喻示什么道理？这还得从其生命哲学要旨说起。

在抱朴子那里，世间财富爵位，皆在流动变易之中，难以稳定，更勿论恒久了；此类易变事物，若没有健全生命之支撑，即便高官重权、满堂金玉、万千粉黛，也非我所有。易言之，名利之类属于身外之物，身外之物需要身体载体来承载；一旦载体不在，则万物皆与我无关。从这层意义上说，生命为根本、为载体，厚生方能载物。世间凡夫俗子，纵有荣华富贵，因其人生及其享受也极其有限，徒留遗憾与无奈。道门修士有感于此，高呼"我命在我"，倡导逆向修为，笃信"还丹成金亿万年"。在他们看来，最好的修为是生与道合，当下当为就是炼养有限的生命，不断完善个我的生命，突破此生凡世有死的局限，使世间凡俗有限的生命走向无限，超越死亡，而超越死亡之路，在于生道合一。

《抱朴子》中对生命价值的追求始终与生命的修炼息息相关，葛洪肯定了人的肉体生命及其合理欲望，他从凡俗的日常生活出发，关怀修炼者在现世的生活状态，鼓励人们通过自己的努力改善生存状态，获得身体的健康、精神的愉悦、德性的完善，将人的终极关怀与现世关注有机结合起来。对于修炼者而言，在尊道、体道、奉道、修道的修炼过程中，孜孜以求的首要目标就是与存在意义紧密相连的"存在"本身，而不是绝对抽象的存在意义。《内篇·对俗》坦言："笃而论之，求长生者，正惜今日之所欲耳，本不汲汲于升虚，以飞腾为胜于地上也。若幸可止家而不死者，亦何必求于速登天乎？"[33](p.53) 意即，假如有幸可以停留家中，又何必追求快速登仙呢？追求长生不老的人，只是珍惜现实的欲望罢了，本来并不会急急忙忙地追求升天。从葛洪追求长生的最终价值目标来看，他并不是在人世间之外、之上，设立一个"天国""彼岸"，将仙界与凡界隔绝，相反，他强调以人的现实生命为基础，主张生与道合、得道证仙，而不是以此身毁灭之后灵魂得到救赎为目标，因此他在某种程度上肯定俗世生活的合理性。抱朴子说："仙人或升天，或住地，要于俱长生，去留各从其所好耳。"(《内篇·对俗》)[34](p.52) 在他那里，只有寓抽象意义于此身之中的存在才是生动的、有意义的存在，才是具有现实性的生命存在；现实性的生命存在，是抽象性价值存在的起点与基础。

我们知道，道教的神仙世界和基督教的天国、佛教的极乐世界很不相同，它不仅不否定现世利益，反而对现实世界人们的生活欲望予以最大程度的肯定，它一开始就反对禁欲主义，并以现实世界的幸福观念为基础，其终极价值理想即对现实世界的宗教性补偿和人们生活欲望的虚幻延伸与放大。

葛洪首先对人们的世俗欲望进行肯定，继而指出现实利益的有限性，接着把人的世俗欲望加以净化和升华，使之向超越有限直达无限的神仙世界飞跃，又在神仙生活里达到新的肯定。《内篇·对俗》申明："人道当食甘旨，服轻暖，通阴阳，处官秩，耳目聪明，骨节坚强，颜色悦怿，老而不衰，延年久视，出处任意，寒温风湿不能伤，鬼神众精不能犯，五兵百毒不能中，忧喜毁誉不为累，乃为贵耳。"[35](pp.52-53) 从修为的角度说，从人道进入仙道，意味着要进行身心的净化与飞跃，而这个身心净化和飞跃的过程，须要修道之士进行体道思玄守一的参悟与实证，只有体证了玄道的人才可能进入神仙世界。葛洪说："夫五声八音，清商流徵，损聪者也。鲜华艳采，或丽炳烂，伤明者也。宴安逸豫，清醴芳醴，乱性者也。冶容媚姿，铅华素质，伐命者也。其唯玄道，可与为永。"[36](p.1) 这就是说，现实世界的快乐是短暂的，而且容易乐极生悲，伐命乱性，因而是暂存、易逝的。只有修行得道，才能享受神仙世界的永恒快乐。这样，对追求神仙世界的人来说，就必须抛弃现实生活中转瞬即逝的荣华富贵，才能真正修道得仙。例如秦皇汉武虽身为帝王，享尽世俗世界的荣华富贵，却难以进入神仙世界之门，就是因为他们"高位厚货，乃所以为重累耳"（《内篇·论仙》）[37](p.17)。现世帝王的荣华富贵，反而成为他们修道登仙的赘累与障碍。

必须说明的是，道教的神仙世界虽然着重于对现实世界人们生活欲望的肯定，但是神仙世界毕竟是超现实的理想境地，它虽然挂搭着此在世界，但不会直接地简单承认人们世俗的全部欲望。为此，葛洪先为道教构建了一个超现实的价值世界，再设计一条从现实世界通往神仙世界的过渡津梁。

在葛洪看来，凡人会被个体自身的欲望满足所迷惑，沉迷于现实直接利益的追求，这种迷失戕害了个人禀道受气的自然状态，使生命不断沉沦，终究陷入欲望的沼泽泥潭而不得超拔。这便是对玄道的疏远和背离。在这种状态下，生命价值只能体现为具体的、直接层次上的利益获得。葛洪认为此等生命价值不可持续、不能永恒，不应成为人生的终极追求。在他看来，玄道是永恒无限的终极存在，而得玄道者（仙者）才能享有永恒幸福而自在极乐。

> 夫得仙者，或升太清，或翔紫霄，或造玄洲，或栖板桐，听钧天之乐，享九芝之馔，出携松羡于倒景之表，入宴常阳于瑶房之中。（《内篇·明本》）[38](p.189)

> 得仙道，长生久视，天地相毕，……果能登虚蹑景……饮则玉醴金浆，食则翠芝朱英，居则瑶堂瑰室，行则逍遥太清。……或可以翼亮五帝，或可以监御百灵，位可以不求而自致，膳可以咀茹华璃，势可以总摄罗酆，威可以叱咤梁成。（《内篇·对俗》）[39](p.52)

得道仙人，或飞升太清，或翱翔紫霄，或造访玄洲，或栖息板桐，欣赏钧天妙音，享受九芝美食，出行则携带赤松子、羡门子高等古仙飘逸于上天之巅，闲居则宴请平常生、陵阳子明等高道馔饮于瑶房之中。可见仙界是一个享乐无穷的世界。在那里，衣食住行都能得到高品质的无限满足，个人价值也得到最大限度的实现。对比凡仙两界，不难发现神仙的享乐不外人间的衣食住行、色声味触等内容，或根本就是人间肉体享乐的延续与强化。

马克斯·韦伯说：理念创造的世界观常常以扳道工的身份规定着轨道。世界观决定着人们想从哪里解脱出来，又到哪里去。[40](p.20) 韦伯此处所言世界观，实乃人生价值观。在葛洪的人生价值世界里，道是贯通现实与理想的枢纽，修道成仙的价值目标只是对生命的现实价值的肯定与延续；修炼过程实际上就是修炼主体逐步克服自身缺陷，不断完善生命状态、追求永恒生命价值的过程。易言之，修仙的过程是一个修炼主体——以各种手段克服肉体的短暂性和相对性，赋予肉体以永恒性和绝对性——的过程；这个过程要经历葛洪所说的"知道""修道""得道"几个阶段，而得道成仙的目的也就从单纯的长生变为以永恒的存在来承载永远的享乐。这样，道家追求精神自由的传统在神仙道教这里被悄悄置换成追求永恒的肉体享乐。这种世俗享乐思想弥补了人们现世生活的缺憾，将人生的世俗欲望全部给予满足，这使求仙的人在心理上产生一种和谐圆满的宗教效应，从而培养且强化他们的宗教感情，使之把神仙当作自己毕生追求的价值目标。葛洪强调在修道过程中，修为者须过清心寡欲的节制生活，但这种节制只是对修为过程中的严格要求，在修为结果上，他却肯定乃至放大人间的欲望，作为对证道登仙过程的回报与奖赏。这样，葛洪就从理论上给修行者以更多更大的信心与希望，让修为者觉得修为过程中对欲望的暂时的放弃与牺牲，相对于结果的加倍偿还与永恒享受而言，是非常值得的，因为那显然是一劳永逸的。

参考文献

[1][7][27] 杨明照.抱朴子外篇校笺（下册）[M].北京：中华书局，1997.

[3][4] 杨明照.抱朴子外篇校笺（上册）[M].北京：中华书局，1991.

[2] 胡孚琛、吕锡琛.道学通论——道家·道教·丹道（增订版）[M].北京：社会科学文献出版社，2004.

[5] 梁归智.论中华道教文化的"神仙情结"[J].道教文化研究（第一辑），1995.

[6] [7][8][9] [10][11][12][15][19][20][21][23][24][25][2][28][31][32][33]

[34][35][3][37][38][39] 王明. 抱朴子内篇校释（增订本）[M]. 北京：中华书局，1985.

【作者简介】罗永梅，女，江西师范大学政法学院教师；曾勇，男，哲学博士，江西师范大学马克思主义学院教授、博导。

《列子》的"梦"论与生命哲学

——兼论"蕉鹿梦"之寓言

陈 新

【内容摘要】《列子》中关于"梦"观点沿袭前人的经验观察,进而上升至生命哲学的思考。"梦"和"觉"本相对,尽管两者分属异域时空,却均能呈现人类共通的生命形态与体验。这就导致了对于梦觉的判断会出现混乱不清、难以断定的情况,《列子》中的"蕉鹿梦"寓言便是一个显著的例子。对于"梦"的分类、探讨并延伸出哲学思考,列子最终为了凸显人类认知不可避免的局限,通过其宇宙论观照世间,意欲表现一种戛戛独造的生命哲学取向,引出道家的"真人"理想境界。

【关键词】列子;梦;蕉鹿梦;宇宙论;生命哲学

"梦"无疑是一种奇妙、深邃的生命活动。人常在醒觉时回顾梦的内容,且又得以在品味梦境时裨增智慧。弗洛伊德曾说:"古人都以为梦有重大的意义和实际的价值,他们都从梦里寻求将来的预兆。"[1](p.59)东海西海,心有同然。中国古人对于"梦"也有着近乎庄严的态度,且试图探索"梦"在认识、指导人生实际上的功用。殷、周二朝,皆以占卜为制定国家大计的先导。殷商以占龟为主,而占梦为占龟的其中一项内容;周朝则以占龟、占易、占梦并行,《汉书艺文志·杂占》有载:"《易》曰:'占事知来。'众占非一,而梦为大,故周有其官。"[2](p.282)众人占卜,各行其说,所以以梦为最终标准,周朝为此还专设一官职。而占梦的目的,在于以此观国家社会之得失吉凶。按《左传》所述,史官的职责就有载录君主做梦的内容这一项[3](p.25),如《黄帝内经》《周礼》等古籍,则多论及"梦"与人的身心状态之间的联系。贾谊《新书》还曾记载古代匈奴"梦中许人，觉而不背其信"[4](p.124)的风俗习惯。种种古籍记载，皆能看出中国古人意识到并肯认做梦与清醒之间有呼应关系，并由此在古代政治学、医学、心理学等领域延伸出相关的讨论，演化出独到的生命哲学见解。

较早借"梦"的体验推升至生命哲学思考的，当属道家。《庄子》"晓梦迷蝶"的故事近乎人所共知，庄子凭借此梦境领会悟道之机。与《庄子》在义理上多有合辙之处的《列子》，在论梦方面也不遑多让。王国维便曾说："列子于'梦'之现象具有一种超卓之见解。"[5](p.165)《列子》述梦，大抵出现在《黄帝》《周穆王》二篇章，其中既有对先人论梦的剔抉与缵述，又能取精用宏，自出机杼，上升为哲学意义上的覃思。且是书与《庄子》相类，善用奇崛的寓言，引物连类，以默示闳意眇指。本文之旨，在探讨《列子》关于"梦"的理论，并在之后以奇矫变幻的"蕉鹿梦"作为着重探讨的寓言故事，以期在理事相合处，窥测《列子》如何借助"梦"来表达关于生命的哲理。

一 《列子》的"梦"理论

所谓"梦"者，往往与"觉"对举，两者分别依附于不同的境域，进而呈现出迥异的性质。在生理上，"梦"与"觉"分别是"寐"之时与"寤"之时的显著特征，如《说文》有言："寤，寐觉而有信曰寤。""觉，寤也。"[6](pp.150,176)人在昼日非睡眠时便为醒觉的状态，而与此相反，进入睡眠状态便容易做梦。《荀子·解蔽》言"卧则梦"[7](p.396)，就表达了这种人类生命活动的常态。观《列子》的论述，亦是以梦觉相对，举而论之：

> 觉有八征，梦有六候。奚谓八征？一曰故，二曰为，三曰得，四曰丧，五曰哀，六曰乐，七曰生，八曰死。此者八征，形所接也。奚谓六候？一曰正梦，二曰蘁梦，三曰思梦，四曰寤梦，五曰喜梦，六曰惧梦，此六者，神所交也。[8](p.122)

《列子》在此对醒时与梦时可能出现的生命迹象、情态进行了一定的分类。清醒时的"八征"，皆为"形所接"——人作为一种肉身存在，与外部环境的接触、交感后而产生的可能表现。庄子说"其觉也形开"[9](p.27)，亦为此意。清代陶鸿庆《读诸子札记》中的"列子"部分云："故谓舍其旧，为谓图其新，与下文得丧哀乐生死皆相对为义。"[10](p.43)"八征"列举的是在世间生活的人所可能遭受的际遇、情感等各类状态，而这些方面由于个人情况不同而有殊别相反之处。相比陶鸿庆以"旧、新"来解释"故、为",张湛的注解则有些出入,他说:"故,事。为,作。"[11](p.122) 以张注而论,"故"指代的是客观所存在的事物,是作为主体的个人需要去交往、接触的对象。而"为"则是作为人在与外部世界交互的过程中所实践的行动。因此,从"故"到"为",是人与客观世界相互关联的基本模式。对此,林希逸有更为详细的解释:"'故'者,事也,言人间百事也。'为'者,日间所作用也。'得'、'丧'、'哀'、'乐'、'生'、'死',有形者之所同。故曰'形所接'也。"[12](p.75) 世间之人,通过肉体感官系统与外部接触,寄心于物,有所作为,形成相应的感应或认知,故而或有得丧之际会,或有哀乐等情感,又或有肉体存亡之过程,等等。相较而言,张、林二人对于"故、为"的理解,大体上应该比陶鸿庆的解释更为贴切合理,两者的解释陈述了这样一种秩序:人在醒觉之时,通过肉身与外境事物的交织互感发生联系,进而滋生了人世间纷纭万千的情态与状况。

至于梦之"六候","候"为"占"之意。列子关于梦的分类,可看出前人占梦之论的孑遗,又基本蹈袭了《周礼》的言语。《周礼·占梦》有言:"以日月星辰占六梦之吉凶:一曰正梦,二曰噩梦,三曰思梦,四曰寤梦,五曰喜梦,六曰惧梦。"[13](p.357) 古时占梦官依据梦的性质,结合做梦之时日月星辰交会的情况,对现实的吉凶加以判别。而此中对梦类型的列举,与《列子》基本一致。人在梦中可以呈现安详、惊愕、思念、恐惧等状态,而这些都是"神所交"所表露的众多结果。做梦意味着"魂"有所行,是中国古人的一种惯常说法,如《楚辞·九章》有"昔余梦登天兮,魂中道而无杭"[14](p.75) 的记叙,《招魂》中也有以掌梦之官召回魂灵的内容。而《庄子·齐物论》中所谓"其寐也魂交"亦是如此,成玄英疏之曰"故其梦寐也,魂神妄缘而交接"[15](p.27)。无论是庄子的"魂交",还是列子的"神交",其意相同,都旨在说明梦作为与醒觉时相对举的特殊活动,肇端于精神接触客观对象后产生的不同结果。

刘文英有观点认为,《列子》"八征六候"的分类并不十分合理,似乎很难看出"八征"与"六候"之间如何紧密地对照起来。[16](p.171) 如上所述,《列子》对觉梦的分类有沿袭之处,其中列举了些许具体的人的情态,却也不意味着可以囊括世间所有的情况。如后来思想史上王符《潜夫论》有"十梦",陈士元《梦占逸旨》有"九梦"等,其分门别类相对更细密周到。人世的情态万千,虽不至于挂一而漏万,但仍旧很难说穷尽了各种可能。故此,"八征六候"既有列子蹈前人之迹而延续下来的故有说法,又有自己的观察与胪列,但其意并不是让人只停留在这些具体的情态上,而是要"明梦觉不异者"[17](p.123)(张湛),并认识到无论是梦是醒,彼此都有属于人类共通的遭际与情感。唐代卢重玄对此有解曰:

"然觉有八征,梦有六候者,生人之迹不过此矣。"[18](p.123) "八征六候"中所涉及的情态,大体上可以代表人类生命所共享的、较普遍的经验与感受。而《列子》所欲表达的是,这些人生的体验与经验,在"觉"与"梦"两个不同的时空境域中均能有所呈现。

列子对梦境内容的起因也有一些具体的记载:

> 故阴气壮,则梦涉大水而恐惧;阳气壮,则梦涉大火而燔焫;阴阳俱壮,则梦生杀。甚饱则梦与,甚饥则梦取。是以以浮虚为疾者,则梦扬;以沈实为疾者,则梦溺。藉带而寝则梦蛇,飞鸟衔发则梦飞。将阴梦火,将疾梦食。饮酒者忧,歌儛者哭。[19](p.124)

其中记载了阴阳之气、饱食饥饿等区别,皆能导致相应的梦象。而此论大体因循《黄帝内经·灵枢·淫邪发梦》的观点,且在字句上多有雷同。只不过《淫邪发梦》又列举了肝、肺、心、脾、肾的气对于梦象形成的影响,体现了中国古代医学对于生活经验和临床经验的观察与概括。《淫邪发梦》的"感气之梦"①,源于黄帝和岐伯的对话。黄帝对何为"淫邪"有疑问,岐伯便说:"正邪从外袭内,而未有定舍,反淫于脏,不得定处,与营卫俱行,而与魂魄飞扬,使人卧不安而喜梦;气淫于腑,则有余于外,不足于内;浮于脏,则有余于内,不足于外。"[20](p.257) 按照刘文英的考察,此种所谓"正邪",指代的是外界正常或者不正常的自然变化(风雨寒暑之类),这些外部的变化会影响和刺激人体内的营卫精气,致使魂魄飞扬而入梦。魂魄本身也属于精气,其于五脏内的消息盛衰会跟外界交感呼应,形成一定的梦境。[21](pp.187-190) 列子沿袭了此一传统看法,并对此有一种较为抽象的概括:

> 不识感变之所起者,事至则惑其所由然;识感变之所起者,事至则知其所由然。知其所由然,则无所怛。一体之盈虚消息,皆通于天地,应于物类。[22](p.123)

林希逸注曰:"物我之所感,自有变幻,故曰感变。"[23](p.76) 从现象上看,"感变"源自有意识的主体与外部事物的交织互感;而从本源上来说,"气"的流

---

① 钱钟书认为《列子》中"感气之梦"的内容多拾《内经》之牙慧。参见钱钟书《管锥编》,生活·读书·新知三联书店 2007 年版,第 753—754 页。

行变化、消息盈虚是承担这一感变活动的前提与基础。以杨儒宾的说法，便是人作为形气主体"连着气化的周遭世界"，并在气感宇宙中与天地万物同感共振[24](p.216)。故此，无论是在"觉"时或是"梦"里，主体都会跟外部环境互"感"而有变化，形成纷纭的人生百态。而"觉"与"梦"也并非绝缘不通的两个时空，"觉"的状态会对"梦"产生影响，而"梦"也会反馈相应的信息给"觉"时中人①。两者互有"感变"，穿插着一定的因果关系，尽管这种关系具有非人所能预见的随机性②。要之，"气"赋予了宇宙万有以形，而物我之间的相感造就了觉之中、梦之内以及觉梦之际错综复杂的纷扰现象。

二　梦觉与真伪之辩——兼论"蕉鹿梦"中的矛盾

若只关注梦境形成的机制跟规律，就梦论梦，或仅得列子之论的皮相。列子是想通过梦的视角，来最终昭显"古之真人，其觉自忘，其寝不梦"[25](p.125)的理想生命状态。《说文》解释道："梦，不明也。"[26](p.138)昼日清醒之人在反观梦境的时候，通常觉得梦隐晦昏暗、虚而不实，而其前提恰在于认定当下的情境明了清晰、真实不虚。这是一种经验常识，本无须多言。然而列子想在梦觉之际，对这种真伪判断的情况进行挑战。宋徽宗在《解序》里面说"真伪立而梦觉分"，而列子则欲"冥真伪而两忘"[27](p.9)，便点出了列子此番意图。

列子云：

> 神遇为梦，形接为事。故昼想夜梦，神形所遇。[28](p.125)

所谓"想"者，张湛认为是"觉时有情虑之事"[29](p.125)。钱锺书在解释此节时，曾援引《世说新语·文学》中卫玠问梦于乐令的对话，并以其中出现的"想""因"概念进行开解："盖心中之情欲、忆念，概得曰'想'，则体中之感觉受触，可名曰'因'。"[30](p.751)"因"可以说是感变之所起者，也就是个体与外部接触的各类事物；而"想"则是个体在接触外物之后所可能产生的情感、欲望等精神心理因素。张湛说"昼无情念，夜无梦寐"[31](p.125)，这无异于在说，"昼想"

---

① 范致虚说："觉有八征，随形所接，因其八征而验之，未尝不形于梦；梦有六候，虽神所交，因其六候而占之，未尝不始于觉。"列子撰，[晋]张湛注，[唐]卢重玄解，[宋]赵佶训，[宋]范致虚解，[金]高守元集：《冲虚死的真经四解》，第124页。

② 比如范致虚说说："梦之所见，或以阴阳为寇，或以物变为之惑，或觉梦相反，或与事相类，殆有所因而然也。"这就说明梦觉之间互有联系，但联系遵守的规律和逻辑并不一样。列子撰，[晋]张湛注，[唐]卢重玄解，[宋]赵佶训，[宋]范致虚解，[金]高守元集：《冲虚至德真经四解》，第125页。

之时如果出现的各类情感反应,也会以相应的方式在"夜梦"中呼应共鸣。而梦境作为一个有独立性的境域,又会出现自身的形体与事物,构建新的主客感变关系,形成属于梦境的事件,如上文所载"梦涉大火""梦生杀""梦饮酒"之类。《正字通》言"梦"是"寐中所见事、形也"[32](p.428),梦境与现实一般,也是事形俱全,并无二致。故而,不妨将"觉"与"梦"视为两个平等却不同的时空,那么"形"之于醒觉,则相当于"神"之于梦寐。从这个角度来说,"形""神"殊境而异名,异名而同实,皆指代在各自境域中与外部接构的主体。而对于真实或虚假的判断与认定,也要着落在主体与外界交互所产生的情感上。

> 范致虚解:"一旦开天,则人与接为构,则执物以为有,(中略)认我以为实。"[33](p.68)
>
> 卢重玄解:"夫六情俱用,人以为实。"[34](p.125)

人一旦存身于世,便会以自我的形体与外部的事物为实体,而"物我"之间稳定的联系,以及伴随而来的感觉、情感,确保了人不会怀疑周遭环境的"真实"。这在常识看来毫无疑问。而严灵峰在考察《列子》的梦觉观点时引用《墨经》说道:"'梦,卧以为然也。'是梦乃在卧寐之中所见以为实有也。"梦觉异境,皆因感受之不同[35](pp.131-132)。所谓清醒的人,在反观作为异域的梦境时,由于时空遽然切换、物我关系断绝、情感无所附丽,梦的内容与性质会显得迷蒙不明。但彼时处于梦中之人,又往往不会自认为身处梦中,也不会质疑周遭的真实性。因为梦境作为另一时空,也有稳定的物我交互联系,情感也有依附对象。宋人江遹有注云:"梦而有知,则哀乐欲恶不殊于觉,又安可以为妄哉?"[36](p.262)梦中经验到、体知到的情感与醒觉时如出一辙,并无不同,那么又怎么能断定梦境是虚妄无根的呢?有学者认为列子有意夸大梦境的真实性[37](p.23),而反思、质疑当下的觉醒,也可以说发轫于此种"夸大"。这并非简单地颠倒对于梦觉的常识性判断,而是意在说明对真妄的辨别以及之所以如此的前提都并不可靠。此时空所感之物、所受之情,本是肯定此间为真实存在的前提。但境域转换,彼时空的所感之物、所受之情,又会让感受的主体自执为真实,从而诋訾此时空为虚妄。真此则假彼,扬彼则抑此,两相对抗,真与假的边际就成了问题。列子便通过日常的梦觉经验,引带出这一俶诡的思维窘境。

《列子》中较能体现这种诡诞关系的寓言,"蕉鹿梦"允为其一。录之如下:

> 郑人有薪于野者,遇骇鹿,御而击之,毙之。恐人见之也,遽而藏诸

隍中，覆之以蕉，不胜其喜。俄而遗其所藏之处，遂以为梦焉，顺涂而咏其事。傍人有闻者，用其言而取之。既归，告其室人曰："向薪者梦得鹿而不知其处，吾今得之，彼直真梦矣。"室人曰："若将是梦见薪者之得鹿邪？讵有薪者邪？今真得鹿，是若之梦真邪？"夫曰："吾据得鹿，何用知彼梦我梦邪？"薪者之归，不厌失鹿。其夜真梦藏之之处，又梦得之之主。爽旦，案所梦而寻得之。遂讼而争之，归之士师。士师曰："若初真得鹿，妄谓之梦；真梦得鹿，妄谓之实。彼真取若鹿，而若与争鹿。室人又谓梦仞人鹿，无人得鹿。今据有此鹿，请二分之。"以闻郑君。郑君曰："嘻！士师将复梦分人鹿乎？"访之国相。国相曰："梦与不梦，臣所不能辨也。欲辨觉梦，唯黄帝、孔丘。今亡黄帝、孔丘，孰辨之哉？且恂士师之言可也。"[38](p.129)

此节可视为一种模拟情境，不必实有其事。观"庄周梦蝶"的哲学寓言，从一开始就便给我们交代了两个不同的境域——"觉"跟"梦"，并在这个前提下进行怀疑与讨论。而"蕉鹿梦"在郑君最终提出反问之前，作为读者，会认为薪者与得鹿者的纠纷是在同一个现实的、非梦寐的境域中进行。之间穿插的"梦觉"论述，无非是戏谑乃至有些癫狂之语。直至郑君最后的反诘，才真正诱发对于梦觉问题的重视，并引出如下问题：在现实的场域中，是否也存在梦觉的时空交相迭代、层层镶嵌的可能？如果存在的话，那么梦觉似乎混杂共在、难舍难分，二者之间的界限将变得浑沦未清。

此寓言故事大致可分成以下部分：

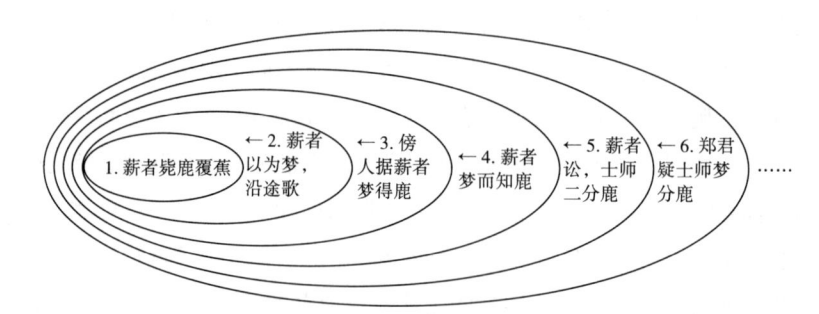

此间的薪者、傍人，他们是推动故事情节的主体，"鹿"是二者共同接触到的外物，以此形成了相对独立却又彼此相续的事件。士师（法官）的职责便在于判定是非，在这个具体案件中，讼辩的关键在于剖判哪次事件是"梦"、何者为"觉"，并以之厘定真实与虚妄，决定鹿之合理归属。而其中的难题，在于随着事件发展，薪者、傍人因为视角的扭转以及目的的变更，导致对每次事件的定性前后不一。有学者认为对于陷入利益纠纷的薪者、傍人而言，鹿的"得失"才是核心问题，而"梦觉都是无关痛痒的附带问题"[39](p.120)。其实也不尽然如此，在以上二人发生纠葛之前，薪者便以"覆鹿"为梦。二人争讼于士师处，确实以"得鹿"的现实利益为最终导向，而作为争讼参考标准的"梦觉"，可以单独作为一种认知来考虑。那么，"梦"与"觉"彼此对立的产生缘由又是什么？

法国哲学家笛卡尔就曾经困惑于做梦与清醒之间的区分，认为当能确保知觉到的对象与产生的感受能与生活其他部分联系起来，便可以知道自己身处醒觉的状态。[40](p.12)简单地说，在"我"与"物"之间的接触交感具有连续性的情况下，理智便可断定现下为"觉"。按照这种观点，可以理解薪者在第一次失鹿之后为何视"覆鹿"之事为梦，因为作为外部对象的"鹿"，其所藏之处遭到遗忘，导致事件的连续性被拦腰截断，物我关系也被消解。故而薪者在释然中视之为梦。江遹对此注曰："今焉，觉之所为而忘之，不几于梦乎？"[41](p.296)但薪者的这种判定并不能前后一贯。当他梦见鹿的下落并诉诸讼辩的时候，为了争取鹿的拥有权，逻辑前提便在于对"覆鹿"的事件做出"觉"的肯定。不仅如此，对于"歌咏其梦""傍人据梦言得鹿"的事件，薪者都必须肯定它们是在"觉"时发生的，以此确保整个过程的真实性，而这个过程的起点便发端于他真实"得鹿"并且随后"覆鹿"。但这种认定却衍生出矛盾，因为无论是薪者咏梦，还是傍人依据咏梦而得鹿，都是建立在"覆鹿"之事是"梦"的基础上的。故此，薪者的讼辩势必会导致"在肯定自己的同时否定自己"的困境。显然开始的"覆鹿"无论是梦还是觉，都不能为薪者提供有效的辩护。

反观傍人，起初并不以是觉是梦为意，但当其与薪者争讼，彼我相攻，则梦觉必辩。寓言中并未言及傍人的辩护，却可以循理而推测。傍人若要争鹿，站在他的立场，则必然以"据薪者梦而得鹿"为觉中之事，而其前提在于肯定薪者得鹿是在做梦，且后来薪者梦到鹿的下落也不能作为论辩的有力佐证。而这恰好也陷入与薪者同样的矛盾之中：既然薪者梦到鹿的下落并未能当真，那么何以傍人据梦而得鹿可以视为对鹿的合法拥有呢？两者皆沉入"既肯定又同时否定"的思维泥潭之中。

士师的解决办法是二分其鹿，这并不意味着由梦觉引发的真伪问题得到妥善的分辨，而只是在"梦觉杂糅，真伪交驰，是非相商"[42](p.296)的情况下采取一种折中调和的方式。造成这种局面，张湛认为其缘由在于"因喜怒而迷惑，犹不复辩梦觉之虚实"[43](p.130)。由于彼我的利益冲突，薪者和傍人在得失之际有了情感上的前后变化，遂生出分别。两者相攻讦的同时，主观上的认知与判断又不能始终步调一致。及卢重玄有解说："是非皆不相了，因人以惑其情焉。"[44](p.136)

贡华南说："人之情来源于'感'，即与万物的交感、交互作用。简言之，感而生情。"[45](p.87)。"梦"与"觉"本质上可象征不同的时空，而在时空中又有物我交互而产生的相应的事件（列子说"形接""神交"）。而物我交感而衍生出情感，并随着境域的转变而迁化。故事的节节呈现，便是基于时空的切换，事件的交替，情感的更迭。而对于梦觉及其延伸出来的性质判断，也是建立在这样的背景之上。而得失产生的前后情感变化，致使薪者和傍人对整体事件进行片段的切割、组合，并重新判别梦觉，反而使梦觉之辩左右矛盾，难以解决。庄子曾说"梦之中又占其梦焉"[46](p.53)，便指出了梦境中又可另有梦境，时空的境域可以层层叠叠地剖分与叠加。成疏云："夫梦者乃复梦中占其梦，则无以异于寤者也。"[47](p.53)反过来理解，醒觉时的境域又能因主观情感的流变分割出无穷尽的时空片段，觉中复有觉，又何殊于"梦中占梦"？只要人的生命中依旧具备"弗学而能"的情感能力，则必然有彼是分别之心，因物我交互而产生的各类事件、情境与时空异域，便如同"套娃"一般重重相扣、延绵未尽。就此可以理解郑君对"士师分鹿"是否也是做梦抱有戏谑却又怀疑的态度，但这种疑问并非指出"士师分鹿"定然是"梦"，而只是表明其断案过程未必便是"觉"。循此理路，国师答郑君以及随后可能延展出来的未知情境与事件，究竟是梦是觉、是真是伪，也可以打上问号。

三 "梦觉"与"幻化"

钱锺书认为《庄子》中"梦为鸟而戾乎天，梦为鱼而潜于渊"一节可以视为《列子》"蕉鹿梦"寓言的"胎息"所在[48](p.761)。而对于"梦鸟鱼"一句，张湛也引之解释列子之梦论，且进一步说"此情化往复也"[49](p.125)。庄、列围绕"梦"而进行的哲思正可以相参互训。"梦鸟鱼"一句出自《庄子·大宗师》中"颜回问仲尼"的对话，按照杨立华的观点，此节主旨可视为"庄周梦蝶"的重复，且其中出现的关键词"待"字，有助于理解何以庄子对"知"的不确定性有深刻认知。[50](pp.123-125)梦觉之难辩、真伪之难断，其本质上也是一种认识论的问题。《大宗师》说："夫知有所待而后当，其所待者特未定也。"[51](p.135)认识必须依待某种确定的前提，但这种前提本身也需要前提，这样循环不已，层层上推，诚如郭象所言"寻责无极"[52](p.57)，没有止境，认识的确定性就很值得怀疑。成玄英对此疏曰："境既生灭不定，知亦待夺无常。"[53](p.135)客观的境域无往不处于流动之中，而认识是受动的，故而也变化无端。但人往往受制于情感，产生了认识上的阻滞，引发了彼此对立、抵牾的判别。成玄英说流俗之人"欣生恶死，哀乐存怀，斯乃凡物之滞情"[54](p.142)，便道出了这种人之常态。《齐物论》中的丽姬在嫁给王之前伤心不已，嫁了之后生活欢愉，则后悔当初的哭泣。"嫁人"原本是一个相续的事件，但由于丽姬前后"情好既移"，主观悲喜之情转化，对事件的前后认识就有了反转，今昔断然分为两橛。如此，丽姬主观上的认识能否把捉"嫁人"一事的性质，就难以定论。这样情境切换、情感更迭，跟"蕉鹿梦"的呈现相类似，只较为精简。这种因"情化往复"，在主观上对时空进行割裂与执取，又何异于梦觉的交替轮回？

此种"情—境"模式的铺展，在于物我主客关系的相"待"，而"待"的逻辑前提则在于有所"分"。而对于"分"，庄子有一种辩证的说法："其分也，成也；其成也，毁也。凡物无成与毁，道通为一。"[55](p.37)宇宙生息分化形成各类具体的事物，就其本身而言是"成"，如若视角切换，也可以是一种"毁"。如果以"道"观之，则本就无所谓成毁。之所以有彼此对立的定义，便在于认识上的"偏滞"。所谓"是非之彰也，道之所以亏也。道之所以亏，爱之所以成"[56](p.39)，人有情感的存在，则必然有认识上的偏执局限，故而产生是非等对待之心。常人感于外境而生情感的波荡，进而催生彼是相攻相抗的行为，而在"道"的角度，这些认识都未臻通达，故而庄子以常人"其形化，其心与之然"[57](p.31)为莫大的悲哀。

援引《庄子》的思考对理解《列子》梦的哲思的探讨颇有裨益。人与有染于外境感而生情，以主观私我的视角形成有限的成心成见，故而彼此对立，是非纷纭，梦觉难辩。《黄帝》篇中说："至道不可以情求。"[58](p.60)谢政修解释说："若以情求刻意地追索、探求，种种判断与感受便会让心生迷，此是疑惑产生的根源。"[59](p.57)"蕉鹿梦"中的主角们便是由于情感的变化而导致意图和目的的改变，进而衍生出对于梦觉、真伪的究诘，而结果却是迷乱不清，矛盾重重。《周穆王》中的其他寓言，诸如"古莽之国"一节以及"秦人逢氏之子"一节，所喻大体相近。前者以时间长短辩真妄，后者以人数众寡断是非。生命的感受与情感是认识缺乏确定性的滞碍，而归根究底，这是主与客、彼与我、形体与外界的互动交感之后产生的。只有敉平这种对立关系，诸如梦觉难辩等难题才能最终得到消解，而"想梦自消""真人无梦"的理想状态才能真正完成。这就需要代入《列子》的宇宙观点进行审视。

徐复观说："道家的宇宙论，可以说是他的人生哲学的副产物。"[60](p.287)道家惯于用宇宙的视角俯瞰人生实际，对人事的缺憾与有限进行观察、评价、批判或指引，实现宇宙论和人生论的汇通融合，呈现其特有的生命哲学。《列子》的篇章安排始于《天瑞》，终于《说符》，便依循此理路。而"道"可以视为以一种超绝的视角看待生命的智慧方式。有研究表明，作为道家的列子实际上很少直接使用"道"的字眼，而主要以"生化"来彰显"道"的作用如何呈现于宇宙整体的存在活动之中[61](p.108)。王国维认为《列子》的宇宙实体全都是属于物质的[62](p.151)，这种所谓"物质"指代的便是"气"，也是宇宙生化过程最基原的承担者。张湛也说《列子》一书的大旨是"自以为存亡往复，形气转换，生死变化，未使灭绝也"[63](p.255)。但凡世间万事万物，皆有声色相貌的具体特征，也有存亡成毁的过程，但这些只是"气"在消息盈虚的整体动态过程中暂时性的表象，"气"的本身则是不朽的。周大兴认为《列子》的宇宙论仍旧延续着传统道家天地一气、死生为一的物化自然观[64](p.79)，无论万物如何有形体上的转化流变，"气"贯穿始终并显示出存有的连续性。《周穆王》一篇多论及梦，而在第二节"老成子学幻于尹文"中则穿插了对于"气"化宇宙性质的论述：

> 有生之气，有形之状，尽幻也。造化之所始，阴阳之所变者，谓之生，谓之死。穷数达变，因形移易者，谓之化，谓之幻。造物者其巧妙，其功深，固难穷难终。因形者其巧显，其功浅，故随起随灭。知幻化之不异生死也，始可与学幻矣。吾与汝亦幻也，奚须学哉？[65](p.119)

《天瑞》篇中对宇宙的描述划分了两种存在方式："不生不化者"和"有生有化者"。"不生不化者"指代的是"道"作为一种"让天地万物生生化化而本身则无所谓生化（无生无灭，无聚无散）的整体存在活动"[66](p.39)，而"有生有化者"则指涉有生有灭、随时迁流变化的具体事物。但这并不意味着"道"与"物"呈现的是两个不同的世界，按周大兴的观点，《列子》的宇宙论展现的是先秦道家"物物者非物"的思想取向，"道"超越一般的存在"物"却又不离"物"[67](p.40)。而"道"作为一个整体的、动态的宇宙过程，其历程之内容便体现在一气之化的自然观上。而凡世间之物均能有与他者区分开来的形态特征，如《黄帝》篇所言，在于有"貌像声色"上的不同。[68](p.66)但作为"因形者"的万物，由天地阴阳之气所变化组合而成，其具体的形态并不拥有永恒的稳定性，而是无往不处于"化"的进程中。以万物的视角观之，自有成毁、起灭等状态的变迁，但其底色只是"气"不竭的流行发用而已。感官所能捕捉到的事物性质，也只是气化流行过程中的瞬时停留，旋踵之间便又有所迁化。《荀子·正名》中说"状变而实无别而异者，谓之化"[69](p.420)，便可视为一注脚：事物外表形状更变，而其本质却不变。在这种变与不变之间，显现的是气化过程与万物流变的辩证关系。

而这种"化"的过程，《列子》将其性质定义为"幻"。卢重玄有解说："夫形气之所变化，新新不住，何殊于幻哉？"[70](p.120) 这种"幻"的定性显然是站在气化流行生生不已的角度来说的。以此视之，则万物的生死及其他各类型的转变，都是阴阳之气幻化而成。老成子欲学"幻"，而尹文则认为他们本身都是"幻"，无所谓学与不学。张湛说"身则是幻，而复欲学幻，则是幻幻相学也"[71](p.120)，就展现了"学幻"本身存在的矛盾，也说明了"学幻"这种行为本身并不能真正实现"学幻"的意图。而老成子之所以要"学"，本质上是以我之实境，而去另求一幻境。这便打破了气幻化万物的连续性和一致性，生出了彼我、自他的分别心，可谓南辕北辙。《天瑞》中舜问烝道是否可以获得，烝回答道："汝身非汝有也，汝何得有夫道？"[72](pp.48-49) 其逻辑理路也和"老成子问尹文"的故事相似。万物虽千姿百态，归根结底是气的化生。气之一体与延绵是宇宙的实相，而其幻化的本质并不存在另一性质与之相对，而是一气以通贯之。而人认识的局限起源于执物形以为实体，故而有物我之分、此境与他境之别，在互动交感中产生"情感"，以致未能有通达晓畅的真知。林希逸说："囿于有形，则不足以知造化之始也。"[73](p.40) 而列子对于气幻化宇宙的论述，则正好消弭了人对于具体事物形态的执持。我之肉身、物之形体，皆虚幻不实。那么物我的交感以及延伸出来的情感与片面认识，便在这种宇宙论的观照下得以消融，并在意识到局限性的情况下完成认知的跨越。

列子由于"梦"而引发的哲学思考，也刚好可以参照其宇宙论而论之。对梦觉时空异境的判别，起源于物我接触互动后产生的各种事件，而其中夹杂的情感交替转变则是产生认识迷惑的根源。"知"之所以成立，在于其前提的确切性。而作为前提的物我相感恰恰是不稳定的。以宇宙幻化的视角来看，万物的流变不稳应当是常态。而人却因为执物我以为实，感而生情，以主观的意愿切取事件、分判真伪，遂致梦觉扞格不通。列、庄都以"真人无梦"作为一种理想的生命状态，成玄英有疏云："梦者，情意妄想也。而真人无情虑，绝思想。"[74](p.136) 想要杜绝梦觉之分给生命带来的种种迷乱和抵牾，当芟除由主观情感引发的虚妄、有限的认识。于《列子》而言，了悟宇宙之"幻化"既是深刻理解人之有限的一种方式，也应当是生命的郅境。

小　结

"梦"本是人类一种正常的生命现象，经验世界中的人通常并不会怀疑其与觉醒时的区分。但人在某些特殊的情境或遭受深刻的感触之时，每每会有诸如"梦里不知身是客"一类的感想，这时对于梦觉之间关系的思索便有了契机。《列子》中不仅对梦觉有着丰富的经验观察，也从中提炼出哲学的思考，并通过一些意味深长的寓言故事给予人启发。其中扑朔迷离的"蕉鹿梦"寓言颇具代表性,展现了人如何因为情境的变化、视角的切换、情感的摇荡而导致对梦觉矛盾、荒诞的判断。而"梦"与"觉"对举,其本质上属于人的认识中彼我对立思维的一种具体呈现。而之所以会有"梦与不梦"难以辨别的情况,便在于人类思维在认识、断定事物性质上固有的局限。这种局限通过联系《列子》的宇宙论述加以参照便一览无遗。不仅梦觉,是非、真伪等一切由彼是对立之心延伸出来的定义,只有在觉解到宇宙幻化的实相时,人才可避免"有蓬之心"对于生命的撄扰与戕损,臻于道家推崇的真人境界。

参考文献

[1][奥]弗洛伊德.精神分析引论[M].北京:商务印书馆,2010.

[2]张舜徽.汉书艺文志通释[M].武汉:湖北教育出版社,1990.

[3][16][21]刘文英.梦的迷信与梦的探索[M].北京:中国社会科学出版社,1989.

[4]吴云,李春台校注.贾谊集校注[M].天津:天津古籍出版社,2010.

[5][62]王国维.王国维哲学论著集[M].武汉:崇文书局,2020年.

[6][26][汉]许慎撰,(宋)徐铉校定.说文解字[M].北京:中华书局,2013.

[7][69][清]王先谦撰,沈啸寰、王星贤整理.荀子集解[M].北京:中华书局,1988.

[8][11][17][18][19][22][25][27][28][29][31][33][34][38][43][44][49][58][63][65][68][70][71][72]列子撰,(晋)张湛注,(唐)卢重玄解,(宋)赵佶训,(宋)范致虚解,(金)高守元集.冲虚至德真经四解[M].南京:凤凰出版社,2016.

[9][15][46][47][51][52][53][54][55][56][57][74](晋)郭象注,(唐)成玄英疏[M].南华真经注疏.北京:中华书局,1998.

[10](清)陶鸿庆.读诸子札记[M].北京:中华书局,1959.

[12][23][73](宋)林希逸.列子虞斋口义[M].上海:华东师范大学出版社,2016.

[13]杨天宇撰.周礼译注[M].上海:上海古籍出版社,2004.

[14](宋)朱熹撰,蒋立甫校点.楚辞集注[M].上海:上海古籍出版社,2001.

[20]（唐）王冰注编.黄帝内经[M].北京：中医古籍出版社，2003.

[24]杨儒宾.儒门内的庄子[M].上海：上海古籍出版社，2020.

[30][48]钱锺书.管锥编[M].北京：生活·读书·新知三联书店，2007.

[32]（明）张自烈.正字通[M].清康熙二十四年清畏堂刻本.

[35]严灵峰.列子辩诬及其中心思想[M].台北：时报文化出版事业有限公司，1983.

[36][41][42]萧登福.列子古注今译[M].台北：文津出版社，1991.

[37]魏义霞.《列子》梦幻哲学释义[M].延边大学学报（社会科学版），2012年第6期.

[39]苏晓冰.是非之争与梦觉之辨——《列子·周穆王》篇"郑人有薪于野者"析义[J].现代哲学，2014(4).

[40]宋德刚.庄子、笛卡尔、维特根斯坦对"梦"的思考与言说[J].商丘师范学院学报，2018(10).

[45]贡华南.论中西"移情说"之形上基础——以"感—情"与"移—情"为中心的考察[J].文史哲，2008(6).

[50]杨立华.庄子哲学研究[J].北京：北京大学出版社，2020年.

[59]谢政修.至道不可以情求——论《列子·力命》力与命的冲突与超[J].师大学报，2021(1).

[60]徐复观.中国人性论史·先秦篇[J].上海：上海三联书店，2001.

[61]Riding the Wind with Liezi. *New Perspectives on the Daoist Classic*, Ed., Ronnie Littlejohn, Jeffrey Dippmann, New York: State University of New York Press, 2011.

[64][66][67]周大兴.列子哲学研究[J].台北："中研院"中国文哲研究所，2017.

On Liezi's Theory of "Dreaming" and its Life Philosophy
—Also on The Allegory "The Dream of Qiaolu"

Abstract: Liezi follows the predecessors' empirical observations on "dreaming", and resorts to the contemplation of the philosophy of life. "Dreaming" and "awakening", which are of different time and space, are quite the opposite, and embody the mutual life states and experiences shared by human beings. It in the meantime leads to the misjudgments and confusion of "dreaming" and "awakening". The allegory "the Dream of Qiaolu" is a prominent example. Through the classification, discussion and the extending philosophic thinking of "dreaming", Liezi eventually reveals the inevitable limitation of human cognitive capacity. With the viewing angle of cosmology, Liezi tries expressing a unique system of life philosophy, which results in the ideals of the Taoist "Zhenren".

Key Words: Liezi; Dreaming; the Dream of Qiaolu; Cosmology; Life philosophy

【作者简介】陈新，中山大学博士研究生，研究方向为先秦儒家、道家。

传统与当代

道家道教文化对工匠精神培养的启示

——以制造业为例*

廖 宇

【内容摘要】 古代社会涌现出大量道家道教的能工巧匠。作为本土文化最重要的代表之一的道家道教文化如何为新时期工匠精神培养服务的研究不多。道家道教文化对我国工匠精神的培养启示是两个层面的。一是从国家战略意义上而言，要注重提高产业工人收入，提升职业发展空间和提升职业声望。二是从人才培养的意义上而言，技术工人要"好道"，树立崇高的职业理想，坚信自己职业的神圣性，热爱自己的职业；要有持之以恒的职业品质，精益求精；要有自由的职业人格，少私寡欲，清静无为，获得对道的体悟。

【关键词】 道家道教；工匠精神；国家战略；人才培养；启示

我国目前正值现代产业体系快速发展时期，中国正在从"制造大国"向"制造强国"、从"中国制造"向"中国创造"转变。在这个转变过程中，人才是非常关键的因素。正如习近平总书记所言："技术工人队伍是支撑中国制造、中国创造的重要力量。"[1]工匠精神在技术工人的培养至关重要，它鼓舞技术工人精益求精、追求卓越、专心致志、爱岗敬业，它为技术工人成为大国工匠提供精神力量。工匠精神在当代中国工业技术人才培养意义重大。

工匠精神目前是学界研究的热点问题。自2016年李克强在政府工作报告中提出"工匠精神"后，学者分别从不同角度对"工匠精神"进行了研究。研究

---

* 本文是成都市哲学社会科学重点研究基地——成都市工匠文化研究中心项目"道家道教文化对工匠精神培养的启示"（项目号：2021YB14）的研究成果。

成果包括工匠精神的内涵、培育途径、价值等方面,特别集中在职业教育领域。关于传统文化与工匠精神的研究,主要是从以下几个方面进行:一是从应用的角度,比较宏观地从传统文化对各个群体工匠精神培养的途径研究。二是从经典文献方面来研究中国传统工匠精神,如解读《考工记》《髹饰录》等文献。三是从传统文化的各个派别对工匠精神进行分析,其中最多的是墨家与工匠精神之间的关系研究,因为墨者大部分为手工艺者;也有从儒家与工匠精神的关系进行研究的。以上成果为工匠精神的继续研究提供了基础。然而关于道家道教与工匠精神的关系,特别是道教与工匠精神的研究极为少见,大都从《庄子》等道家思想出发。事实上,道家道教与古代的技艺联系十分紧密。最为著名的四大发明之一——火药,是道士在炼丹过程中偶然发现的。熟悉中国文化的科技史专家李约瑟认为"道家思想乃是中国科学和技术的根本"[2](pp.145)。李约瑟所言的"道家"其实既包含作为哲学的道家,又包括作为宗教的道教①[3](pp.35-36)。他还提到"古代中国道教与专门技术的密切关系",他举道士谭峭的透视实验、李兰做出了停表刻漏和秤漏等为例。爱英玉东指出,透光镜在"我国古代,最先研究和掌握而且始终秘而不传的这种铸造工艺则是当时的道教术士"[4]。古代医学家中,葛洪、陶弘景、孙思邈等道医均是医学巨匠。可见,道家道教中涌现了大批的能工巧匠。为何道士们能够在实践中技艺精湛,甚至在某些方面达到技术炉火纯青?研究道家道教的工匠思想,能够帮助我们解答道家道教何以在古代科学技术中起到根本性作用。同时通过厘清道家道教文化在古代科学技术中发挥作用的因素,进一步思考道家道教文化如何创新性发展和创造性转换,为今天工匠精神的培养、铸就"大国重器"、建设质量强国贡献力量。

工匠精神的培育应结合今天的社会现实。《中国制造2025》指出:"制造业是国民经济的主体,是立国之本、兴国之器、强国之基。"中国制造业已连续十二年位居世界第一。根据2020年数据,全国327家制造企业吸纳了1.05亿人就业,占总就业的27.3%,也是各行业之首。工业文化研究专家严鹏指出:"从国家政策的角度说,工匠精神与工业文化有密切关系,弘扬工匠精神被相关部门视为培育工业文化进而发展工业的重要内容。就此而言,工匠精神应被理解为一种存在于制造业中的价值观,尽管在实际生活中,它已经被泛化为一种普遍性的工

---

① 李约瑟原文:道家思想有两个来源。首先是战国时期的哲学家,他们探索的是大自然之道,而非人类社会之道……道家思想的另一根源是一批古代萨满和术士们。他们很早就从北方和南方部族进入中国文化,其后集中于东北沿海地区,特别是齐国和燕国。在"巫"和"方士"的名称下,他们作为一种原始宗教和方术(主要是萨满教)的代表,在中国古代生活中起过重要作用。他们与人民群众有密切联系,而反对儒家提倡的那种尊天的国教。

作伦理。"[5](p.39)古代工匠所从事的手工业劳动,在当今社会几乎都实现了机器生产。昔日之手工业者大多成为今天制造业的产业工人。

道家道教思想至少在两个层面对于今天的工匠精神培养有积极的作用。一是从宏观而言,关于国家战略层面的思考;二是从微观的角度,关于人才培养的层面的对策。

一 国家战略制定:"圣非一事""圣人受命"

道教认为,任何行业的从业人员只要做到"众所不及"就能称为圣。《抱朴子内篇》:"世人以人所尤长,众所不及者,便谓之圣。故善围棋之无比者,则谓之棋圣,故严子卿、马绥明于今有棋圣之名焉。善史书之绝时者,则谓之书圣,故皇象、胡昭于今有书圣之名焉。善图画之过人者,则谓之画圣,故卫协、张墨于今有画圣之名焉。善刻削之尤巧者,则谓之木圣,故张衡、马钧于今有木圣之名焉。故孟子谓伯夷,清之圣者也;柳下惠,和之圣者也;伊尹,任之圣者也。吾试演而论之,则圣非一事。夫班输、倕狄,机械之圣也;附、扁、和、缓,治疾之圣也;子韦、甘均,占候之圣也;史苏、辛廖,卜筮之圣也;夏育、杜回,筋力之圣也;荆轲、聂政,勇敢之圣也;飞廉、夸父,轻速之圣也;子野、延州,知音之圣也;孙、吴、韩、白,用兵之圣也。圣者,人事之极号也,不独于文学而已矣。"[6](p.225)无论是在围棋、图画、木工、机械、治疾、占候、卜筮等行业出类拔萃,还是在某方面有特长,如勇敢、力量、轻速、识人、用兵等做到极致,道教就认可其为圣。

《抱朴子》的作者葛洪生活在东晋时期,他对"圣"的观念赋予了新的意义。先秦道家经典均有大量"圣人"的描写。《道德经》描述圣人主要从个人修养方面展开,比如"少私寡欲":"是以圣人之治,虚其心,实其腹,弱其志,强其骨,常使民无知无欲,使夫智者不敢为也。"[7](p.11)"是以圣人为腹,不为目。"[8](pp.45-46)"圣人去甚,去奢,去泰。"[9](p.119)比如谦逊:"是以圣人抱一为天下式,不自见,故明;不自是,故彰;不自伐,故有功;不自矜,故长。"[10](p.91)《庄子》认同的"圣人"是"任自然"之人:"是以圣人和之以是非而休乎天钧,是之谓两行。"[11](p.70)"圣人无名"[12](p.17)"圣人处物不伤物"[13](p.765)。《抱朴子》将"圣"定义为"世人以人所尤长,众所不及者",充分肯定了工匠的地位。这在古代社会非常难得。先秦时期的主流观点认为农业为本、手工业为末,应当"农本工末",手工业者在"士农工商"中属"工",是较低层。按照儒家的看法,只有士这一阶层才有成圣的可能性。道家齐同万物,以道观之,万物平等,没有大小强弱之分。因此,可以推论出各种职业平等,不分高低贵贱。虽然持"齐同万物"的平等观,但先秦道家也未将"圣"与手工业者联系起来。然而,《抱朴子》明确指出圣人并非限于文学领域,"圣者,人事之极号也,不独于文学而已矣"。手工业者只要精益求精就能成"圣"。因此在道教看来,手工业并非常人所认为的社会底层,而是可以通过精进技术成圣的充满希望的职业。

这种尊重技艺、赋予工匠较高地位的思想在当今社会有重要意义。今天的现实问题是,很多人对于产业工人的认同度不高,不愿意从事制造业。据调查研究,在家长最不希望孩子从事的职业当中产业工人排名第二,仅次于农民。[14]而造成这一现象的重要原因在于产业工人社会地位不高,收入待遇低、工作环境差;工作可替代性高、缺乏职业发展。古代道教充分尊重技艺,尊重工匠的精神应该发扬光大,提高产业工人的地位。社会学界有两种影响较大的分层理论,即马克思主义的阶级理论和马克斯·韦伯的社会阶层理论。有学者指出这两种理论"都认为社会分层是多元的"[15](p.19),有学者借鉴马克斯·韦伯的社会分层财富、权利和声望为标准的"三位一体"社会分层模式,提出"职业的内涵不仅仅是职业的社会声望评价,而且是一种社会地位的评价指标,它包含权利、财富、声望。""职业地位是社会分层的主要标准"[16](p.19)。因此,我国产业工人地位的提高,也应该从多方面入手。

(一)提高职业收入:有益众者,供给饮食

道教指出,百工最基本的需求是解决温饱问题。道经言:"六艺箕裘,百工陶冶,心惟期于温饱,志岂羡于轻肥。"[17](p.308)"正似农人竭力耕稼,及百工日用其技,其心主于谋食。"[18](p.169)古代社会的物质财富非常有限,古代匠人的期望也不敢太高,只求温饱。虽工匠要求不高,道教却主张厚待工匠,供给工匠饮食,因为工匠有益于众人。道教科文《洞玄灵宝千真科》:"科曰:若国王、大臣、施主、工匠,能有益众者,可供给饮食,薪火有求索,白众给之。"[19](p.372)以此观之,在社会财富大为提高的今天,尤应增加能有益于众的工匠的职业收入。

职业收入是一个直观可量化的指标。欧美社会学家通过用收入和教育作为衡量社会经济地位的指数。职业收入与职业声望也密切相关,李春玲指出"人们对各种职业的声望评价的基本依据是这些职业的收入和教育水平,换句话说,收入和教育水平决定了职业声望的高低"[20](p.79)。在心理学等领域受到普遍欢迎的《职业期望量表》将职业期望分成三个主成分因素,分别是F1(声望地位、稳定性因素)、F2(内在价值因素)和F3(外在价值因素)。研究者指出"当代大学生职业期待中最突出的六项维度的排列次序是:能发挥自己的才能(V7)、收入高(V1)、能提供进一步受教育的机会(V4)、机会均等和公平竞争（V11）、福利好（V2）符合兴趣爱好（V10）"[21](p.22)。其中收入在大学生职业期待中排第二位。根据江苏省总工会第八次职工队伍状况调查数据，影响职工获得感和幸福感的首要因素是：工人收入水平偏低（22%）[22]。可见，收入水平是就业者职业期待的重要因素。因此，提高收入待遇是解决产业工人短缺的重要方法之一。

我国近年来陆续出台了一系列政策来提高工人收入。2018年中共中央办公厅与国务院办公厅印发《关于提高技术工人待遇的意见》，同年人社部印发《技术人才队伍建设实施方案（2018—2020）》，提出"提高技术工人待遇，完善加强技能人才队伍建设"的政策措施。值得注意的是，这些文件特别针对技术工人。技术工人是产业工人当中掌握了一定的技术能力，熟悉相关技术工作的佼佼者。提高技术工人的待遇，可以在一定程度上激励所有产业工人努力精进技术、提高产业工人的职业吸引力、维护产业工人数量稳定，保障产业工人敢于全心全意付出。这与2017年出台的《新时期产业工人队伍建设改革方案》强调的"造就一支有理想守信念、懂技术会创新、敢担当讲奉献的宏大的产业工人队伍"目标一致。

（二）提升职业发展前景：人作一事而遗后世

职业发展有多种形式，包括晋升职位、加薪、个人技能提升等。如果某种职业刚入职的收入不高，但是可以通过努力提高自身的技能，未来的发展前途光明，那么也会受到眼光长远的择业者的欢迎。所以提升职业的发展前景可提升行业吸引力。

道家认为，无论在哪个方面，只要掌握变化莫测的道理，具有超人的智慧，有益于后世，献出自己的力量，就值得称赞。《淮南鸿烈解》："昔者仓颉作书，容成造历，胡曹为衣，后稷耕稼，仪狄作酒，奚仲为车，此六人者皆有神明之道、圣智之迹，故人作一事而遗后世，非能一人而独兼有之，各奚其知，贵其所欲达，遂为天下备。"[23](p.154)其中，为衣、作酒、为车均属匠人之事，胡曹、仪狄和奚仲在历史中留名是因为匠人之事。可证，在道家观念里，匠人之事、农人之事，文人之事均具有重要性，匠人、农人、文人努力发挥才智，都可造福后世，因此暗含工匠和其他职业一样具有发展前景。《淮南子》"人作一事而遗后世"是《抱朴子》"众所不及者，便谓之圣"的理论基础。

那么如何做到技术上"众所不及"并得到社会认可成为"圣"呢？从个人的角度而言应该发扬工匠精神，专心致志、精益求精。从国家的角度而言，应当提供相应的制度保障产业工人学习，并通过学习能够成圣。目前我国产业工人所面临的突出困难是，职业发展通道狭窄、制度空间上有局限。为了解决这一难题，我国相继出台了一系列政策。2017年《新时期产业工人队伍建设改革方案》的五大举措之一"创新产业工人发展制度"包括："拓宽产业工人发展空间""畅通产业工人流动渠道""创新技能导向的激励机制""改进产业工人技能评价方式""改进劳动和技能竞赛体系""加大对产业工人创新创效扶持力度""组织产业工人积极参与实施走出去战略和'一带一路'建设"等措施。这些政策试图通过制度保障产业工人知识和技能提高、晋升途径的畅通。2020年人力资源和社会保障部印发了《关于进一步加强高技能人才与专业技术人才职业发展贯通的实施意见》的主要举措有"支持高技能人才取得经济、会计、统计、审计、翻译、出版、通信、计算机技术与软件等专业技术人员职业资格",并在"完善高技能人才职称评价标准"中明确淡化学历要求、强化技能贡献和建立绿色通道。各地纷纷试点技术工人职称改革,2020年首批试点安排了13个地方和企业,2021年采用项目试点方式进行,共11个试点项目。甘肃、浙江、吉林等多地技术工人评上了正高级职称,另外一些"双师型"人才被聘为工程师和助理工程师,建立了人才梯队,正在改变产业工人过去职业前景不明朗的局面,为产业工人的个人技能发展、职位晋升的方面提供了条件。

（三）提高职业声望：众所不及者谓之圣

道教的"众所不及者,便谓之圣"的观念对于提高制造业产业工人的职业声望而言尤其具有借鉴意义。职业声望是指社会大众对某一职业的意义、价值、声誉等社会地位的主观评价。根据劳动和社会保障部《职业》杂志和中青在线的"2005中国技能人才职业声誉调查",技能人才明星许振超、艾爱国的社会名气非常低,而且"52.7%的人认为技能人才的社会地位不高,不受尊重；22.7%的人采取漠视态度,不关心技能人才的地位问题"[24](pp.15-16),调查中"46.3%的人为自己不是蓝领而庆幸"[25](p.16)。2005年,上海的调查显示只有1.1%家长希望孩子成为工人[26](pp.15-16)。技能人才的职业声誉尚且如此,更不用提还没成为人才的普通产业工人。多种调查研究表明,产业工人的职业声望排序处于社会众多职业中最靠后。① 学者将职业声誉归为"非货币回报",并指出"新生代工人所追求的职业声誉可能并非企业能够通过自身管理予以回应和解决的,不少年轻工人宁可放弃一定程度的稳定收入,也更希望从事社会认可度更高的职业"[27](p.102)。

产业工人职业声望的提高亟待国家政策的引导。我国近年来开展了各种劳动

---

① 参见李春玲《当代中国社会的声望分层——声望与社会经济地位指数测量》、许欣欣《从职业评价与择业取向看中国社会结构变迁》等研究。

教育活动。2020 年教育部印发了《大中小学劳动教育指导纲要（试行）》，指出："生产劳动教育要让学生在工农业生产过程中直接经历物质财富的创造过程，体验从简单劳动、原始劳动向复杂劳动、创造性劳动的发展过程，学会使用工具，掌握相关技术，感受劳动创造价值，树立产品质量意识，体会平凡劳动中的伟大。"[28] 在校学生通过经历财富创造的过程来体会劳动的价值，树立尊重劳动的观念。在劳动教育中，设计制造业相关的体验活动能够让学生近距离感受到制造业对国家的根本意义，切身体会到产业工人的辛苦付出，更能提高学生对于产业工人的尊敬。除此之外，我国大力弘扬工匠精神，党的十九大便提出"建设知识型、技能型、创新型劳动者大军，弘扬劳模精神和工匠精神，营造劳动光荣的社会风尚和精益求精的敬业风气"。

另外，制造业企业的转型升级在一定程度上也能对于产业工人的职业声望的提高有所帮助。产业工人职业声望不高的原因，部分在于工作环境不佳。制造业工人的工作强度较大：工作时间长、身心压力较大；工作社会关系尚需改善：集体归属感较弱、付出和收入的待遇公平感不高等。产业转型升级是我国制造业发展过程中的必经之路。制造业企业在为消费者提供更优质、更舒心和更智能化的服务的同时，也改善了产业工人的生产环境；产品高端和高附加值的同时，工人的收入也得到相应的提高。当然企业的转型升级也离不开产业工人自身素质的提升。

二 职业人才培养

（一）职业理想培养：好道进技，道技合一

道家道教认为，工匠的技艺与道有关。《庄子》寓言中的庖丁解牛技术出神入化，庖丁自言："臣之所好者，道也，进乎技矣。"具体而言，庖丁称解牛是"依乎天理"。庖丁技术娴熟的前提是他对道的热爱和追求：

> 庖丁为文惠君解牛，手之所触，肩之所倚，足之所履，膝之所踦，砉然响然，奏刀騞然，莫不中音。合于桑林之舞，乃中经首之会。
>
> 文惠君曰："嘻，善哉！技盖至此乎？"庖丁释刀对曰："臣之所好者道也，进乎技矣。始臣之解牛之时，所见无非[全]牛者。三年之后，未尝见全牛也。方今之时，臣以神遇而不以目视，官知止而神欲行。依乎天理，批大郤，导大窾，因其固然。技经肯綮之未尝，而况大軱乎！良庖岁更刀，割也；族庖月更刀，折也。今臣之刀十九年矣，所解数千牛矣，而刀刃若新发于硎。彼节者有间，而刀刃者无厚；以无厚入有间，恢恢乎其

于游刃必有余地矣，是以十九年而刀刃若新发于硎。虽然，每至于族，吾见其难为，怵然为戒，视为止，行为迟。动刀甚微，謋然已解，如土委地。提刀而立，为之四顾，为之踌躇满志，善刀而藏之。"文惠君曰："善哉！吾闻庖丁之言，得养生焉。"[29](pp.117-124)

庖丁解牛给我们呈现了一个技艺高超的庖人解牛的场景。这一场景在庄子的笔下如此美妙，让读者产生如同在场的愉悦感。

庖丁何以有如此高超的技术呢？学者指出，高超技术并非来自刀的特殊材质："问题的重点不是神器，而是神技……其实，庄子不仅不重器，甚至有轻器的倾向……庄子一派的轻器，不是对器的重要性的疏忽，而是有意限制器对生活的意义。"[30](pp.54-61) 庖丁的高超技艺"不仅是能力的神器展示，也是道的一次次运行的见证"[31](pp.54-61)。庖丁的技艺，是道的展示，但并不是所有的技都能展示道，只有神技才能展示道。庖丁的神技来自两个方面，一方面是对于道的热爱，"臣之所好者，道也"；另一方面是对于技术的不断精进，即"进乎技也"，正如有学者所言："庄子笔下这些身怀绝技的人，并非职业表演者，而是为自己的生计而忙碌着的人。同时，他们也不同于那些混日子无所用心的闲人，而是专注于自己的劳作的人。他们在日积月累中不断提升自己的手艺，精益求精。既可自乐，也能娱人，其操作过程便成美的展示过程。"[32](p.61) "好道""进技"这两个方面不是独立的，而是相互关联的。"好道"是"进技"的前提，"进技"是"好道"的一种途径。

正因为对道和技紧密关系的仔细察觉，道教对于工匠的专业技能期望很高。从逻辑上讲，一个好道求道，"以神遇而不以目视，官知止而神欲行"。"依乎天理"的工匠能在技艺中展示道，故《抱朴子》有言："犹工匠之为车焉，辕辋轴辖，莫或应亏也。"[33](p.124) 好道求道的工匠能从整体把握事物，自然了解工艺的各个部分。道教神话故事说有时候工匠的取材会得到神灵的帮助。如《云笈七签》有"果州开元观工匠同梦得材木验"，称修造开元观时缺乏木材，众道流工匠同时梦到朱凤潭中有木料足够使用。众人先以为是有商人沿江运木头，等待了几日未果。又到山下去找，果然看见潭底有木，让水性好的人下去打捞得到上千段梓木。[34](p.2585) 这个故事意在说明道教的灵验，也从侧面展示了当工匠遇到困难时，道或得道者会给予帮助。故事说众道流工匠做同一个梦，虽未说明造梦者或托梦者为谁，但显然与道或者得道者（神仙）相关。同时，也体现了道教对于良匠取材专业性的期待。

这一点对我们今天工匠精神的培养有如下意义：技术并非所谓的"小技"，

而是与道紧密相连，可以通过"进技"而学道。研究技术时，不能够局限于某项技术的本身，而一定要"依乎天理"。若仅仅滞留在割牛或折牛的阶段，尚未达道。庖丁技术高超的前提在于他"好道"。从事技艺的工匠不能够自我设限，认为自己就是宰牛的，从而放弃对道的追求。一名好道的工匠会仔细观察自然，领悟自然之道，所以能够在技艺中呈现道、体现美。产业工人职业理想的树立，除了熟练的实际操作能力外，还需要较高的文化素养和科技知识来支撑。

（二）职业品质培养：意志坚明，持之以恒

道家道教对于求道的决心十分坚定，并且持之以恒地努力。道家代表人物老子庄子，远离政治，自觉求道。道教以"长生久视"为目标，求道的过程异常艰苦，必须具有持之以恒的决心和毅力。如果决心不够坚定，很快就会放弃修道，所以道教早把"意志坚定"作为戒律。晋宋之际的道经《太上洞玄灵宝智慧罪根上品大戒经》有"十二可从戒"，其中第三即为"好乐经教，深远览述，意志坚明，开化愚暗"[35](p.888)。

道教的修炼方式都非常艰苦，尤需坚定的决心和坚韧的毅力。以炼丹为例，古代炼丹要在深山之中，而山中虎狼毒虫众多，悬崖峭壁，道路险阻。采药需要长途跋涉，四处寻觅。合药可能会导致明火和爆炸现象，中国古代四大发明之一的黑火药就是道士的意外收获。炼丹完成以后，服食后又很可能会中毒。炼丹的每一个步骤都充满了危险性，求道者必须具有坚强的意志和坚定的决心。道教有很多考验求道者决心的故事，较为著名的是《神仙传》中魏伯阳考验弟子的故事：魏伯阳带三位弟子入山炼丹，丹成以后为了试验弟子决心，魏伯阳提出先让白犬来试丹。他拿出未炼好的丹药给狗吃，狗好像被毒死，实际进入假死状态。魏伯阳假装丹未成，但是自己"不得仙道，亦不复归，死之与生，吾当服之"[36](p.2365)。魏伯阳服丹后亦进入假死状态。这时候有的弟子犹豫了，不愿意再服丹。只有一个虞姓弟子跟随魏伯阳服丹，也倒地不起。另外两名弟子出山去给师父和同门买棺木，他们刚一离开，魏伯阳就复活了，接着虞姓弟子和白犬也都复活了。后来，魏伯阳和虞姓弟子都成了仙。所以炼丹时坚定的决心尤为重要。道教的师徒传授也可以证明这一点。道教的传授是秘传，并且传授对象必须是合适的人。若所传非人，将"一身受风刀之诛，九祖同鄷山之罚"[37](p.634)。道教有"张陵七试弟子""汉钟离十试吕洞宾"的传说，说明道教对于决心和毅力的重视。李约瑟也注意到道家工匠的坚定意志，他认为："由于缺乏对生产过程进行科学分析的结果，道家工匠就不得不固守那些经验秘诀和'手艺'（tours-de-main），而这常常是很难用逻辑语言讲解给他们的学徒的；他们在传说和神话背景的帮助之下，必须靠着默思和想象的技巧，培养起一种紧张的情绪状态和一定要

131

胜利完成的钢铁意志。"[38](p.137)

道家道教持之以恒的精神对工匠精神的塑造有积极的意义。齐白石虽不信道教，但也欣赏炼丹所表现出来的精神。齐白石曾画有《一粒丹砂图》，他的孙女齐慧娟认为齐白石以炼丹般坚强意志在书写人生："我爷爷曾经画了一幅铁拐李，当时题了一首诗'尽了力子烧炼，方得一粒丹砂'。实际上这也是我爷爷齐白石一生的写照。我特别佩服习主席提倡'工匠精神'，实际上我爷爷体现的就是一种工匠精神，他凭着一个农民的朴实品质，一生都在这张纸上不停耕耘。他没有现在年轻人这种一上来就雄心大志的样子，一上来就说我要成名家，我要在这个领域上成腕儿，我要形成自我风格，他没有，他几十年如一日，耕耘在他的这方砚田之上，他曾经说他画雏鸡二十年，十年得其形似，十年得其神似。"[39](p.116)齐白石正是以坚持不懈的观察和反复的练习才达到徐悲鸿所称赞的"致广大，尽精微"的境界。

意志坚定、持之以恒也是今天工匠精神的重要内容。任何一门技艺，要做至极致，都需要付出常人难以想象的努力。在精进技艺的过程中，会有无数困难挫折，可能会有无数次想要放弃。但是想想那些道家道教的求道者所面临的困难——从来未在生活中见过有人成仙，却终其一生孜孜以求，这是何等坚定的信仰力量！工匠精神是一种坚守，遇到困难不放弃，追求卓越不停歇。现代工匠们要坚信自己的价值，热爱自己的职业，不能妄自菲薄。制造业是一个国家的立国之本。"无农不稳，无工不强。"国家十分重视制造业，《新时期产业工人队伍建设改革方案》强调：产业工人是工人阶级中发挥支撑作用的主体力量，是创造社会财富的中坚力量，是创新驱动发展的骨干力量，是实施制造强国战略的有生力量。相信随着我国制造业的转型升级，制造业的发展前途会更加光明，产业工人将"守得云开见月明"。

（三）职业人格培养：少私寡欲，清净无为

道家道教重视向内追求，主张抛弃外物之累。《道德经》："名与身孰亲？身与货孰多？得与亡孰病？甚爱必大费，多藏必厚亡。"[40](p.175)道家认为"身重于物"，世人渴求的重利尊位，求道者却毫不在意。《史记·老庄申韩列传》中楚威王重金聘请庄子为相，庄子毫不犹疑地拒绝了，并笑着说："千金，重利；卿相，尊位也。子独不见郊祭之牺牛乎？养食之数岁，衣以文绣，以入大庙。当是之时，虽欲为孤豚，岂可得乎？子亟去，无污我。我宁游戏污渎之中自快，无为有国者所羁，终生不仕，以快吾志焉。"[41](p.2610)道教认为，欲望是养生的阻碍："且夫善摄生者，要当先除六害，然后可以保性命，延驻百年。何者是也？一者薄名利，二者禁声色，三者廉货财，四者损滋味，五者除佞妄，六者去妒忌。去此六者，则修生之道无不成耳。"[42](p.412) 名利、声色、货财、滋味、佞妄和妒忌，无不生于人的欲望。如果不能节制欲望，最后将被欲望所支配，难以达到养生的目标。当人的欲望减少了，自然能够获得本真的快乐。

道家道教主张清净无为。《道德经》："是以圣人处无为之事，行不言之教。"[43](p.7) "为无为，则无不治。"[44](pp.11-12) 无为，并不是消极怠工，而是不妄为。《云笈七签》："欲求无为，先当避害……常思过失，改而从善。又能通天文，通地理，通人事，通鬼神，通时机，通术数。是则与圣齐功，与天同德矣！"[45](p.1230) 可见，道教主张积极进取，顺道而行，远离妄自作为。

对于当代的工匠精神培养而言，道家道教的少私寡欲、清静无为仍有重要作用。这并不是站在道德的制高点来提倡工匠节衣缩食；事实上，节制欲望对于每一个人都有益。人对外物的欲望越多，越不能够满足。人很容易迷失在对欲望的追逐中，并且陷入无法满足欲望的痛苦之中。培养工匠的少私寡欲、淡泊名利的精神，能提升工匠的境界。当工匠不再纠缠于世俗欲望时，才有可能从世俗中超脱出来，追求心灵的自由，追寻与道合一，达到巧夺天工的高度。任何技术在追求卓越的时候，必然会追求它的审美性，这也必然是艺术的呈现。正如李天道教授所言："文艺审美创作必须要创作者'清静无为''自然自得'，必须自由、自在、自然，不要刻意为之，必须是从实际生活中亲身得来的感觉和经验。"[46](p.252) 不仅文艺审美创作如此，其实《庄子》笔下的庖丁、轮扁的出神入化的技艺莫不是来源于实际生活的亲身感受和经验，而这种感受和经验是不可以通过语言和文字来传授的。故轮扁言："臣不能以喻臣之子，臣之子亦不能受之于臣。"[47](p.491) 在今天，淡泊名利不但是劳模精神的内涵，也是技术工人成长为工匠的内在前提。

结　论

道家道教是中华传统文化的重要组成部分，对工匠精神的培养有启示性意义。

从国家战略层面而言，要制定有利于技术工人职业发展的相关政策。具体而言，承认技术工人为人民所作的贡献，古代道教尚能"有益众者，供给饮食"，在物质财富大大提高的今天应该提高技术工人的职业收入。道家主张"人作一事而遗后世"，认为工匠可通过技艺留名青史，工匠职业具有前景；今天亦应通过提供相应的制度保障产业工人学习和扩展职业发展通道，以此提升产业工人的职业发展前景。道教主张"众所不及者，便谓之圣"，今天可通过尊重工匠，提高工匠社会地位等方式来提高产业工人职业声望。

从人才培养的方面而言，首先要培养技术工人的职业理想，坚信自己的职业是神圣的事业，热爱自己的职业，学习不限于专业知识，而是观察自然，领悟自然之道。其次，要培养技术工人意志坚明、持之以恒的职业品质。只有坚定意志、持之以恒地不断付出，才可能成就精益求精的技艺。最后，要培养技术工人自由的人格——不被外物所累，淡泊名利，少私寡欲，清净无为。通过去除外在欲望的诱惑，获得内心的平静，通过对实际生活的亲身感受和经历，获得对道的体悟，最终实现与道合一的"游刃有余"之技。

参考文献：

[1][2] 技术工人队伍是支撑中国制造、中国创造的重要力量 [N]. 中国青年报，2020-12-11. http:// zqb.cyol.com/html/ 2020-12/11/nw.D110000zgqnb_ 20201211_2-01.html.

[3][38] [英] 李约瑟. 中国科学技术史第二卷科学思想史 [M]. 王铃协助，北京、上海：科学出版社、上海古籍出版社，1990.

[4] 爱英玉东. 唐代道教术士最先掌握透光镜的铸造技术 [J]. 中国道教，1995(2).

[5] 严鹏. 工匠精神：概念、演化与本质 [J]. 东方学刊，2020(2).

[6][33] 王明. 抱朴子内篇校释 [M]. 北京：中华书局，1985.

[7][8][9][]10][40][43][44] 王卡. 老子道德经河上公章句 [M]. 北京：中华书局，1993.

[11][12][]13][29][47]（清）郭庆藩撰，王孝鱼点校. 庄子集释 [M]. 北京：中华书局，1961.

[14] 陈富，杨晓丽，宁志恒，董新良. 中小学教师职业声望纵向研究——基于2010年与2019年调查的实证分析 [J]. 上海教育科研，2020(10).

[15][16] 仇立平. 职业地位：社会分层的指示器——上海社会结构与社会分层研究 [J]，社会学研究，2001(3).

[17]（宋）宁全真. 灵宝领教济度金书 [A]，道藏 [C] 第7册. 北京、上海、天津：文物出版社、上海书店、天津古籍出版社，1988.

[18]（金）尹志平. 清和真人北游语录 [A]，道藏 [C] 第33册. 北京、上海、天津：文物出版社、上海书店、天津古籍出版社，1988.

[19] 洞玄灵宝千真科 [A]，道藏 [C] 第34册. 北京、上海、天津：文物出版社、上海书店、天津古籍出版社，1988.

[20] 李春玲.当代中国社会的声望分层——声望与社会经济地位指数测量[J].社会学研究,2005(2).

[21] 吴谅谅,李宝仙.大学毕业生的职业期待及其影响因素研究[J].应用心理学,2001(3).

[22] 刘君.制造业一线职工队伍状况的调查与思考[J].工会信息,2019(11).

[23] 淮南鸿烈解[A],道藏[C]第28册.北京、上海、天津:文物出版社、上海书店、天津古籍出版社,1988年.

[24][25][26] 莫海燕,谢娜.不做蓝领的理由——2005中国技能人才职业声誉调查[J].职业,2005(7).

[27] 詹婧,李玉茹,孟续铎.新生代制造业工人总报酬要素研究——基于扎根理论和劳资双视角[J].山东工商学院学报,2021(3).

[28] 中华人民共和国教育部.教育部关于印发《大中小学劳动教育指导纲要(试行)》的通知[N].http://www.gov.cn/zhengce/zhengceku/2020-07/15/content_5526949.html.

[30][31][32] 陈少明."庖丁解牛"申论[J].哲学研究,2016(11).

[34][36][45] (宋)张君房编,李永晟点校.云笈七签[M].北京:中华书局,2003.

[35] 太上洞玄灵宝智慧罪根上品大戒经[A].道藏[C]第6册,北京、上海、天津:文物出版社、上海书店、天津古籍出版社,1988.

[37] (宋)金允中:《上清灵宝大法》[A].《道藏》[C]第31册,北京、上海、天津:文物出版社、上海书店、天津古籍出版社,1988.

[39] 齐慧娟.尽了力子烧炼,方得一粒丹砂[A].胡正跃主编.功名与功夫:对话13位当代文化艺术大家[C].杭州:浙江人民出版社,2018.

[41] (汉)司马迁撰,(六朝宋)裴骃集解,(唐)司马贞索隐,(唐)张守节正义.史记(点校本二十四史修订本)[M].北京:中华书局,2014.

[42] 太上老君养生诀[A].道藏[C]第18册.北京、上海、天津:文物出版社、上海书店、天津古籍出版社,1988.

[46] 李天道.老子美学思想的当代意义[M].北京:中国书籍出版社,2019.

The Implications of Taoist Culture on The Cultivation of Craftsman Spirit
—Taking the Manufacturing as an Example

Abstract: A large number of skilled craftsmen of Taoism emerged in ancient society. There is little research on how the Taoist culture, as one of the most important representatives of local culture, can serve the cultivation of craftsman spirit in the new era.The Implications of Taoist culture to the cultivation of craftsman spirit in China include two levels.First, in terms of national strategy, we should pay attention to improving the income of industrial workers, improving career development space and professional reputation.Second, in the sense of professional talent training, skilled workers should "love Tao", establish lofty career ideals, firmly believe in the sanctity of their career and love their career; Skilled workers should have persistent professional quality and keep improving; Skilled workers should have a free professional personality, have few selfish desires, non-interference and non-action, and gain an understanding of the Tao.

Key Words: Taoism; Craftsman spirit; National strategy; Personnel training; Implications

【作者简介】廖宇，女，1984年生，四川蓬溪人，哲学博士，四川师范大学四川文化教育高等研究院、巴蜀文化研究中心副教授。研究方向：中国传统文化。

字源·隐喻·类比：
老子"无为"概念诠解*

秦 晓

【内容摘要】"无为"是老子哲学思想的重要概念。从字源学来说，由"无"和"为"组成的"无为"包含这两个字的原初含义和引申含义，由于道论和"无"的形而上性突出老子"无为"内涵的深刻性。从概念隐喻来说，老子"无为"具有隐喻性的特征，能够与"不为""无欲""不争"等组成"概念群"，需要结合相关类似概念进行综合性的理解。从语言类比来说，"无为"展现古代汉语"取类比象"的特点，"为"与"无为"的类比凸显中国古代"类"思维与西方哲学的不同之处。老子通过"道—圣人"的类比将"无为"作为天人关系的纽带，"无为"体现道"无形之为"的自然态势和圣人"不妄为"的治理理念及方式。

【关键词】老子；无为；字源学；隐喻性概念；语言类比

"无为"作为老子哲学的重要概念，是理解老子思想的"关键词"之一。本文通过字源学、概念隐喻和语言类比三个方面对"无为"进行分析。首先，需要对"无为"概念进行汉语语言学的考察，通过字源学的方法梳理"无为"这一概念的原初含义和引申含义，达到"考镜源流"的目的。其次，借助概念隐喻的方法对古代汉语的关联性特征进行分析，通过认知语言学"隐喻性概念"（metaphorical concept）探究老子"无为"与相应"概念群"的关系。最后，运用古代汉语"取类比象"的语言特点，通过类比的方式探析老子"无为"概念的

---

* 本文是西北大学 2023 年优秀博士学位论文培育项目（项目号：YB2023010）的阶段性成果。

意涵。借助汉语字源学、认知语言学的"隐喻性概念"和语言类比的动态关联三方面，对老子"无为"这一概念进行诠解，具有研究视角和方法上的启示作用。

一 "无为"的字源学考察

"无为"作为一个词语在中国文献史上有着悠久的历史，据学者考察"无为"目前最早出现在《诗经》一书中[1](p.156)。《诗经·王风·兔爰》："我生之初，尚无为。我生之后，逢此百罹。"[2](p.263) 这里的"无为"，《毛诗正义》解释"无所为"，特指无军役之事，生活相对安定，与该诗中的"无造""无庸"意思相近。此外，《诗经·陈风·泽陂》有"寤寐无为，涕泗滂沱""寤寐无为，中心悁悁""寤寐无为，辗转伏枕"[3](pp.455-456)，这里的"无为"，高亨解释为"无所作为，没有心干事"[4](p.187)。《诗经》中"无为"的用法虽有细微差异，但基本表示不干事、无事的意思，指的是一种无所事事的状态，这体现出"无为"的原初含义，基本上表达的就是字面上的意思。"无为"是由汉字"无"和"为"组成，为了更全面地理解"无为"的原初含义及引申义，结合汉字发展演变的特点，对于"无"和"为"含义的分别考察也是有必要的。通过汉语语言学的考察和梳理，能够更加明确地理解"无为"的丰富意涵和语义演变，对汉语字词之间的关联互动性有一定程度的理解，有助于洞察老子对于"无为"的哲思阐发，以及对该概念意涵的引申、拓展和深化。

首先，来看"无"这个字。"无"的本字为"橆"[5]，在古汉语中"无"是"橆"的异体字，也称为"奇字"。同样，"橆"在古代因为隶变的原因写作了"無"，"橆"是"無"的正体。在现今简体字中"橆""無""无"写成一个字，都写作"无"，于是就没有字形和字体上细致的区别了。《说文解字》中解释"無"曰："橆，亡也。从亡，無声。武扶切。无，奇字无，通于元者。王育说，天屈西北为无。"[6](p.1048) 对于"橆"，段玉裁注曰："此有無字之正体，而俗作無。無乃橆之隶变。"[7](p.640) 在后来的使用过程中，"橆"又与"橆"字混用，《康熙字典》解释"橆"："《唐韵》：'隶省作无，今借为有无字。'《字汇》：'无，古文蕃橆字，有无之无，则用无字，秦以橆作无；李斯又改作無（无），后因之。'"[8](p.958) 从古代字书对"橆"的解释来看，从"橆"到"無"和"无"，经历了汉字应用的演变，关键之处在于隶变对本字造成的改写，遂用"無"和"无"取代了"橆"，成为大众流行的文字，而后经过现代汉语简化，"无"成为标准字体。张岱年说："有无之無，亦写作无。《周易》经传中此字皆作无……《老子》帛书本，此字作无，通行的王弼注本则作無。无、無两种写法的演变关系如何，尚难详考。今简体字一律作无。"[9](p.85) 结合《康熙字典》中的讲法，则知在春秋战国时期,"无"这个字的用法可能还不稳定,文字学家推测说秦之前皆用亡、无,到了秦时用蕃橆之橆作为有无之無,李斯将"橆"改写为"無"。为了探明"无""無"的来源,要再往前追溯,了解甲骨文和金文对"无"的书写。

据学者考证,在甲骨文、金文中,并没有"无"字,而是用"亡"来表达它的意思,"無"字也没有单独的字对应,而是与"舞""巫"通用[10](p.54)。"亡"在甲骨文中表示没有的意思,与"有"相对,例如在卜辞中就出现了贞有虎和贞亡其虎(《甲骨文合集》671)、贞亡祸和贞有祸(《甲骨文合集》698正)等对举的表达。在甲骨文、金文中,無、巫、舞共用一个字形,陈梦家在《殷墟卜辞综述》中说"舞":"象人两袖舞形,即'無'字。巫祝之巫乃'無'字所演变。《说文》'巫,巫祝也,女能事无形以舞降神者也,象人两袖舞形。'……巫之所事乃舞号以降神求雨,名其舞者曰巫,名其动作曰舞,名其求雨之祭祀行为曰雩。"[11](pp.600-601)这说明在卜辞中,無、巫、舞三个字共用一个字形,在不同的语境和行为中表达不同的意思,但大都与巫事有关,是古代祭祀的重要形式。舞蹈是祈求和沟通神灵的重要方式,在这一过程中,巫者能够"事无形以降神",所以在《说文》中特意点出"巫"在沟通神人方面的枢纽作用。这里的"无形"充满神秘的色彩,并非简单表达空无一物的意思,而是通过舞蹈等形式对人们想象中的神灵即"看不见的"[12](pp.221-222)神灵的一种祈愿。庞朴就此指出:"巫"以"舞"事"無",巫是主体,無是对象,舞是连接主体与对象的手段,巫、無、舞,是一件事情的三个方面。[13](pp.66-67)虽然不能完全将"無"称为事奉的对象,而应该作为"无形"来理解,但庞朴的研究十分重要的一点在于揭示出"無"与"巫""舞"的天然神秘联系,由此可知,"無"在早期用法中,确切地说是在前哲学时代带有浓厚的宗教色彩。这里的"無"也不是表示空无、纯无的意思,而是侧重于表达神灵在实存上的无形可感,体现原始宗教中对神人关系的一种前哲学式的理解。

那么,"无"与"無"又有什么样的关系呢?根据前文所论,"无"与"無"都可以表示没有的意思,作为"奇字"的"无"颇含有形而上的哲学意味。《说文解字》曰:"奇字无,通于元者。"奇字"无"作兂,表明"无"由"元"的一撇上通造成,"元"意味着开始,再往前就是"无"。又曰:"天屈西北为无",意思是"天"的西北角弯曲即"无",这又将"无"与"天"的含义连接起来。众所周知,中国古代"天"的含义中较多地保留了形而上的色彩,这也就更加凸显"无"的形而上特征。总之,"无"与"無"的含义相当,在早期存在混用的现象,"经过今古文的争论,大概到《熹平石经》正式规范经文,奇字'无'仅保留在《周易》经传中，而其它的'亡''無'、'无'等都一律由'無'作为通行文字来表达。[14](p.56)《老子》帛书本和王弼本中"无"的写法差异也可作为证明。随着时间的推移，而后到现代汉语经过规范简化，就统一用"无"这个字形来表达。

通过对"无"的字源学考察，可以归纳出：第一，"无"和"無"的本字为"𣞤"，经过隶变成为"無"，"无"是"𣞤"的异体字。第二，"无"的基本含义是没有，但是由于早期与巫相关，所以"无"也有神秘色彩，表示神灵的无形。第三，奇字"无"具有形而上的哲学意味，与古代思想中的"元"和"天"均有密切关系，可以结合《老子》中的"无"来分析。第四，古代"无"与"無"存在混用的现象，到东汉中后期通行用"無"表达，至现代汉语规范后统一用"无"表达。"无"的深刻意涵可以与《老子》中的"无"进行对比和沟通，在思想史上存在着极大的"延续性"。"无"这个字在中国古代思想家特别是老子的论述中含义深远，绝非简单表示"没有"的意思。

其次，来看"为"这个字。"为"是汉语使用中较为常见的一个字，对于"为"的通常理解是作为，表示一种行动，词性和词义较为宽泛。在《现代汉语词典》中对于"为"的解释分为两大类：一是读作wéi，二声，表示1.动词，做、充当、当作、变成、是等含义；2.名词，一种姓氏；3.介词，被（多跟"所"字搭配使用）；4.后缀，附于某些单音形容词后，构成表示程度、范围的副词或者附于某些表示程度的单音副词后，加强语气；5.助词，常跟"何"相应，表示疑问或感叹。二是读作wèi，四声，表示1.帮助、卫护；2.介词，表示行为的对象、替；3.介词，表示原因、目的；4.介词，对、向。[15](pp.1359-1360、1366-1367) 这些解释是对"为"的用法的一种综合性解读，为我们理解"为"含义的丰富性提供了说明，但显而易见的是，这些理解不可能全部运用到对先秦文献特别是《老子》中"为"的阐释，为了充分理解"为"字意涵的古今演变，还需要结合古代汉语以及甲骨文、金文对"为"的使用来予以说明。

"为"在《说文解字》中隶属"爪部"，许慎说："𦥮（为），母猴也。其为禽好爪。爪，母猴象也。下腹为母猴形。王育曰：爪，象形也。𤓽，古文'为'，象两母猴相对形。"王筠曰："母猴者，名也。《史记》谓之沐猴，今呼马猴，声皆相近。"[16](p.100) 桂馥在《说文解字义证》中说："母猴也者，陆机云：楚人谓之沐猴。馥谓沐母声近。"[17](p.244) 可见，所谓"母猴"就是猴子的一种，许慎认为"为"的本义指的是猴子，猴子喜欢用爪，所以爪子就成为猴子的象征。"为"字的下部分是猴子的形体，而且王育也认为爪子象征猴子的形象。在此基础上，许慎也把"为"的古文"𤓽"字当作两只猴子相对的样子。许慎的这一解释影响很大，无论是徐锴、段玉裁，还是王筠、桂馥诸人都把"为"的本义理解为猴子。

但这样的解释在甲骨文、金文的释读得以明确后遭到了质疑和批评。在甲骨文中,"为"写作:

[18](p.2145)

罗振玉说:"'为'字古金文及石鼓文并作䍇,从爪从象,绝不见母猴之状……意古者役象以助劳,其事或尚在服牛乘马以前。"[19](p.504)这一解释认为,"为"的甲骨文原义表示的是役使大象的意思,"手牵象形"十分生动地展现出这个字的意味。汤可敬在《说文解字今释》"为"字条的"参证"中引说:"李孝定《甲骨文字集释》第三:'以手役象有作为之义,故引申为作为。'《广雅·释诂》:'为,施也。'"[20](p.399)可见"为"的原初含义表明了作为的意思,通过役使大象来"助劳",体现出"为"具有较为明显的控制性和目的性。换言之,"为"字的这个原初含义并没有在后世对"为"的理解和使用中消失,而是隐藏在人们使用"为"字意思的"底层"。役使大象去劳作,为的是满足人的意图和欲求,无论是用来田地劳作还是战争抑或表演等,都蕴含着"役象者"对大象的操控、役使的主观意图。"大象"这一形象在此表现的是"役象者"实现自身目的的工具和手段。从这一方面来说,"为"表现出人作为主体对外物的强制和控制,反映出人为了实现自己的目的所透露出的主观意图和欲求。

综合许慎和罗振玉对"为"原初含义的解释来看,许慎将"为"理解成猴子,特别强调其爪子的攫取能力;罗振玉通过甲骨文的识读将"为"解读作人役使大象,也凸显出人控制外物的意图。从字源学的角度看,许慎的理解并未切中"为"字的本义,而罗振玉等学者的看法似更胜一筹。如若平实来看,二者对本义的理解中都展现出"为"的一种深层含义:想要做什么的意向和欲求。这种意向和欲求会通过外在的行动体现出来,也就是"作为"。许慎对"为"的理解也暗含着他将"为"看作猴子攫取东西的欲求和行为,而"猴"这个字本来就包含贪欲的意思。《说文解字》中对"猴"的解释为:"猴,夒也。"那么"夒"是什么呢?在《说文解字·夂部》中说:"夒,贪兽也。一曰母猴。"段玉裁曰:"谓夒一名母猴……母猴与沐猴、猕猴,一语之转。母非父母字。"[21](p.236)从中可以清楚地看到,原来所谓的"夒"是一种贪兽,也就是猴,并且为了显示出"夒"的特点,《说文》特意点出"贪"这个字,这也很值得玩味。循此思路:"为"—"猴"—"夒"—"贪兽",如此将"为"引申为欲求,特别是超出自身所需的贪欲,或者说是一种对外物的强迫和占有,也是能够得到说明的。如若结合《老子》中对"有为"的批判和对"无为"的推崇,则更能体现"为"在此种含义上的表现,这说明老子在对"为"的认识上有着对于字义的充分理解。

通过对"为"的字源学分析,可得出:第一,"为"在甲骨文中就已经出现,是"手牵象形",役使大象的意思。第二,许慎等将"为"的原初含义解读为一种猴子,突出其抓取的能力,在字源学上的原初含义上有误,引申意上却能够与甲骨文的"为"进行沟通。第三,"为"体现出想要做什么的意向和欲求,寓意人作为主体对外物的强制性役使和占有,从这个意义上来说,"为"具有老子所批判的"有为""多欲"的含义。

最后,从以上对"无""为"的汉语语言学分析可知,这两个字来源久远,而且原初含义和引申义之间有着密切的联系。由"无"与"为"组合起来的"无为"据现有文献考察最早出现于《诗经》中,表达的字面意思就是无所作为、不干事。但是如果结合"无"与"为"的特定含义和引申义,例如"无"的"奇字"形而上含义和"为"作为"役使"的强制性意味以及"夒"表明贪欲的含义,则由二者组合而成的"无为"就有十分丰富的思想内涵。可以说,老子正是通过将"无为"的含义进行引申和深化,才凝萃出先秦道家的核心概念之一。

通过对"无""为"进行字源学的探究和分析,能够管窥中国汉字特别是古汉语强烈的关联性和相互解释性,突出表现为对于一个字的解释往往能够联系其他字,而且对于其他字的理解又能与本字进行互相诠释。在字与字的相互解释中,形成了意义之"网"和字词解释"群",如此就形成了相对丰富的解释空间和进行意义扩展的途径,这表现在古汉语中的"一词多义"现象,这种字与字之间的联动性和互释性对于理解中国古代哲学思想具有重要的启示意义,使得中国哲学思想呈现出极具关联性的"整体—动态"[22](pp.5-6)的特点。例如对"无"的理解就可以联系上"亡""毋""元""天"等字的含义,对"为"的解读也可以与"爪""猴""夒""役使""贪兽"等进行链接。这些词义的互相"搭配"和"组合",能够表达出古代汉语蕴藏的丰富内涵和意蕴,使得古代思想家能够在"字词"上进行哲思方面的深化和扩展。这些现象与汉字"六书"的造字规律及部首、音韵分布和构造密切相关,而且在很大程度上塑造了古代中国哲学思想所呈现出来的动态关联性和概念之间的互释性。维特根斯坦(Ludwig Wittgenstein)说:"我的语言的诸界限意味着我的世界的诸界限。"[23](p.84)虽然这句话倾向于语言哲学的分析,但这一洞见提示我们要充分注意古汉语的特点,古汉语所构成的"世界"并非一种非此即彼的孤立本质的"单一概念"世界,而是灵活变动、互补多元的语言"关联宇宙"[24](p.4)。此外,本文将借助认知语言学"隐喻性概念"(metaphorical concept)的方法对老子"无为"的隐喻概念群进行探究，以展现古代汉语和思维灵活、丰富、多义的特征。

二 "无为"的概念隐喻系统

概念隐喻理论（conceptual metaphor）是美国认知语言学家乔治·莱考夫（George Lakoff）和马克·约翰逊（Mark Johnson）在《我们赖以生存的隐喻》（*Metaphors We Live By*）中从认知的角度提出来的，他们指出在日常生活中充满了隐喻。"隐喻不仅仅是语言的事情，也就是说，不单是词语的事。相反，我们认为人类的思维过程在很大程度上是隐喻的。我们所说的人类的概念系统是通过隐喻来构成和界定的，就是这个意思。隐喻能以语言形式表达出来，正是由于人的概念系统中存在隐喻。"[25](p.3) 这说明"隐喻"不仅仅是语言词汇中的一种修辞方法，而且更多地体现出人类思维的特征，语言中的概念则是经由"隐喻"而成型的，"隐喻"是人生存活动的一种基本方式。

在语言的使用中，随时随地都能发现隐喻在起作用，而这种语言的"隐喻"功能暗含着我们人类自身思考的特征，通过概念之间的关联性和连贯性的表达显示出人认知思维的隐喻特性。"隐喻"的这种概念间的"桥梁"作用帮助人们在生活情境中去理解事物，进而改变人们的认知和行动。通过对"隐喻"在认知语言学方面意义的阐释，乔治·莱考夫和马克·约翰逊揭示出西方哲学和语言学中客观主义和主观主义的神话，强调"概念隐喻"构建的经验互动性，从而使得相关概念与概念之间可以达到一定的连贯性。换言之，某些语言上的词汇和概念之间的隐喻现象其实深刻反映出人的认知活动和行为之间的相关性和一致性，具有明显的涉身性、丰富性和系统性。用这一点来探究老子的"无为"概念对于充分理解老子思想的整体性有极大帮助，认知语言学家对于语言概念的隐喻性理解与前面论述的古汉语特点能够相互呼应，都展示出语言系统的关联性和复杂性。

结合上述所论可知，《老子》中的"无为"具有"隐喻性概念"（metaphorical concept）的特征，与老子思想中的相关概念能够形成"概念群"的关联。要言之，"无为"与其他概念虽然字形不同，却包含着一致性的内涵，均能体现"无为"某一方面的含义。前文通过分析《诗经》中出现的"无为"，表明这一词语的使用在一般字面含义中时间较早，表示不干什么的意思。这种字面含义显然并不能完全适用于《老子》，"语言为我们提供数据以得以理解概念的总的原则。总原则涉及的是概念的整体系统，而不是个别单词或个别概念"[26](p.109)。所以，需结合《老子》文本来探究在老子的哲学思想语境中"无为"的隐喻性内涵，以及它与相关概念的关涉性。

由"无"与"为"组成的"无为"概念在《老子》中出现多次，是老子思想的核心概念之一，而且这一概念又与老子的道论思想密切相关。谢阳举说："哲学意义上的最普遍的'道'本身、纯粹的道，是老子首次提出来的。道是老子哲学的最高范畴，在通行本中出现74次，散见于37章。老子其他概念、命题往往都从其衍生出来或可以归结为'道'。"[27](p.7) 老子将"道"作为最高范畴凸显其形而上的特征，体现出本根与本原的含义，在这一思想背景中，"无为"蕴含着形而上的色彩，突出对道的功能和状态的表达，所以老子说："道常无为"[28](p.90)。老子对于道的描述不仅有"无为"，还有"无欲""无名""无有"等，这些概念之间均有相当大的意涵关联。此外，在老子看来，"无为"是对人特别是理想统治者的要求，老子同样呼吁"圣人处无为之事"[29](p.6)，类似的表达有"无私""不有""不争"等，彰显老子使用这些概念的意义相通性。老子的这些表述体现出与"无为"这一概念的高度契合性，能够通过"彼概念来理解此概念的一个方面"[30](p.7)，具有隐喻性的特点。

如果再进一步思考老子关于"道"的论述，可以发现老子使用的是相关的"词组"来表达对道的思考。例如对于道的描述，有"无""无名""无为""无形""无欲""无亲""恍惚"等。这种对道的描述"投映"到人的身上就是对人间理想统治者"圣人"的刻画，对于圣人，老子也有"不为""不言""不争""不积""不仁"等相关表达。可以归纳出这些相关词汇从不同的角来对道和圣人进行描述，有时它们似乎表达的是同一个意思，具有概念上的"相关性"和"连贯性"。虽然这些概念有些微的差异，但都是对同一个描述对象的语言表达，而且在这些词汇之间存在密切的意涵相通性。通过一组相关词汇的表达，可以构建出部分概念未能完全表达清楚的含义，并且能够起到互相诠释的作用。例如在老子对"道"的描述中，有"无为"和"无欲"这一对词语，它们都能表示道的某一部分特征，并且如果按照许慎对"为"的本义的理解来看，"为"与"欲"的含义也具有高度相关性，二者皆表达欲求的意思。若遵循"为"的甲骨文初始含义"役使大象"来理解，其中表达意图和欲求的意思也能够与"欲"字进行勾连。可见，老子用"无为""无欲"对道进行描述不仅有着字源学的依据，而且通过隐喻词汇的连贯性能够建构其对"道"的整体性理解。"无为""无欲"均表达出道的特性，它们在意涵上有一定程度的"重叠"，正如《我们赖以生存的隐喻》中所言："虽然这样的隐喻不能为我们提供一种单一的一致的具体形象，但是它们是连贯的，并且有重叠蕴涵时，一定组成整体。"[31](p.100) 以此来反观老子的语言表述则更能够较为全面地看待"无为"的丰富意涵。

此外，还应该思考的是：老子为何能够将"无为"作为道的一种特性？通过概念隐喻理论也能够进行一定的分析，老子实则是将人的"无为"投映到道的

"无为"中去，而且又借道的"无为"来规范人的"无为"。老子主张人不应该有过多的贪欲，"无为"表达了对人"多欲"的规劝，"少私寡欲"[32](p.45)正体现这一主张，这些显然与老子对统治者穷奢极欲的反思密切相关，这来自老子的实际生活经验，"隐喻产生于我们明确的、具体的经历，让我们构建高度抽象、复杂的概念"[33](p.100)。当老子将人应该"无为"的现实生活"来源域"投映到道"无为"的"目标域"时，老子实际上完成了一种形而下向形而上的转换和提升，再经由道的本根性和形而上来指导人类生活"应该如何"。正是借助于"无为"等隐喻才能够理解老子"道"的深刻内涵，通过与"无为"相关的"概念群"的探讨也才能够把握"道"这一抽象概念的意涵，"抽象概念有一个字面核心，但通过隐喻得到扩展"[34](p.233)。"无为"作为隐喻概念能够对老子的"道"论起到说明和拓展的作用，并且这一隐喻概念来自对现实生活的观察和反思，是一种"我们作为人类与物理和人文环境相互作用方式的产物"[35](p.111)。"无为"的隐喻概念可以视为老子沟通天人关系的一种哲学表达方式。

同样，"无为"作为隐喻概念的涉身性也能够借此体现出来。老子所说的"无为""无欲""不争"等词汇显然与对人的生活反思相关，也就是说"无为"不只是一个词汇概念，而且是人与世界交互性的表现。老子的"无为"并非仅仅指的是概念上的抽象词汇，也不仅仅是为了哲学理论构造所做的逻辑演绎，而是更多地含有与社会生活和人的身心密切相关的"具身"（embodiment）特征。在知行相合的老子思想中，单纯的理论构建不仅脱离了老子所处的时代诉求，也有悖于老子的思想旨趣和目的。所以，在对老子"无为"的概念隐喻探究上，能够发现"无为"所蕴含的诉求具有人与世界紧密相关的一体性，反映出老子身国同治的思想智慧。通过隐喻概念的思维视角，对"无为"的理解也为我们探究中国古代哲人的思想打开了一扇窗户。以老子为代表的中国古代思想家所使用的概念并非追求单纯的逻辑演绎体系，而是具有开放性和涉身性的关系系统，是切实指向人生活世界的思想关涉。中国古代思想家对人的理解也不是原子式的个人，而是处在相互关系中的一个部分，无论是从天人关系还是从道物关系中都能发现这样一种相互对待、互相关联的思维模式。"概念不是仅仅依据其内在属性来定义，相反，它们主要依据互动属性被定义。"[36](p.116)"无为"也具有这方面的特征。

以上借助概念隐喻理论（conceptual metaphor）对老子的"无为"进行了简要的分析，试图说明"无为"作为隐喻概念与其他词语的连贯性。匡钊指出："在某种程度上，隐喻对于思维建构的意义，甚至比传统意义上的逻辑推理更为基本。"[37](p.25) 这一判断对于理解中国古代哲学思想有着重要的启发性。这说明在讨论"无为"的时候不能仅着眼于出现"无为"字眼的地方，而是应该从整体上和连贯性上较为全面地去理解老子的"无为"思想,关注"无为"的隐喻概念群,对于"无欲""不为""不争""不言"等均需要进行关联性的考察。刘笑敢指出:"无为不是一个孤立的语言形式,事实上,它只是老子的一系列否定式用语的总代表。"[38](p.111)另外,老子的"无为"也不单是认知方面的概念演绎,而是暗含着对行动和实践的要求,这凸显出中国古代思想的实践品格。在如何理解"无为"这一概念上,有着一种明显的思维模式在起作用,反映出中国古代的哲学思维特点即类比思维。下面通过对语言类比的探讨,一方面彰显古代汉语的特征;另一方面能够更加准确地表达出老子"无为"的丰富内涵。

三 语言类比的动态关联

类比是重要的思维方式,也是人类理性觉醒的重要标志,语言中的类比对于中国古代思想家来说是比较常见的表达方式。在《周易·系辞下》中就有:"古者包牺氏之王天下也,仰则观象于天,俯则观法于地,观鸟兽之文,与地之宜,近取诸身,远取诸物,于是始作八卦,以通神明之德,以类万物之情。"[39](p.653)这一记载追溯上古时期人类认识事物的方式和途径,通过详细观察、类比归纳来达到认识世间万物的目的,"八卦"的诞生就是这种长期实践经验的结果,"是故《易》者,象也。象也者,像也"[40](p.661)。通过《周易》卦爻辞的类比,利用类比象征的手法将古人认识能力进行拓展,这种现象在《周易·说卦传》中体现得十分清楚,对于八卦的类比和联想达到了较高的水平。例如其中对乾坤二卦的类比:"乾为天,为圜,为君,为父,为玉,为金,为寒,为冰,为大赤,为良马,为老马,为瘠马,为驳马,为木果。坤为地,为母,为布,为釜,为吝啬,为均,为子母牛,为大舆,为文,为众,为柄,其于地也为黑。"[41](p.717)这种"取相比类"的类比思维展现出古人动态关联的思维能力和思维活动,也是中国古代思想的重要特征。

早期中国古人对"类"的认识往往依靠类比来进行,这不同于亚里士多德关于种属的划分,而是一种挑选相近和相似的产物,并且具体的类比能够更为丰富地表达对某一概念的理解,形成相关的概念群,对于道家之道的类比就是一个显著的例子。[42](pp.134-142)李巍指出:"在早期中国,类概念本身被用于类比,就能归结为对不同场合如何行动的关切,决定了人们需要一个能用来描述行为一致性的概念——而这个概念所以是类,就在于行动者试图类比某些场合决定接下来该怎么做时,最易设想的保持一致行动的方式,就是让类比项的成员(即初始场合与目标场合中的行动)保持同类。"[43](p.131)类比概念的一致性其目的在于指导人们行动的一致性,在语言运用中进而规范指导人们的知行。通过以上对"无为"的考察结合概念的类比运用可以更为饱满地展现老子思想的丰富性和切实性，在概念的动态关联中贴近对古代思想世界的理解。

在对于"无为"的理解上，也体现出古代类比思维的运用，显著的例子就是古代字书中对"无"与"为"的解释，这种解释往往会带入对"无为"含义的理解中。通过前文对"无""为"字源学的相关考察可以明显感知古代汉语在演变发展过程中的字义的变迁和关联，这种字义的原初含义和衍生含义之间的内在关联就体现出古人在造字、释字中的类比联想。这种汉字的特征既有造字上的规律可循，也能充分展示出古人通过语言表达出来的思维灵活性和多样性。类比的运用极大增添了汉语的丰富性和多元性，在对于某个概念做出解释之时并非绝对限定在种属的差异上，而是依据类比进行动态关联，在具体的语境中理解相应的恰当含义。在对某一概念进行解释时甚至在不同类之间也能够进行适当的比较和诠释，找到相关类比点进行联想性的解读，这与现代认知语言学家的"隐喻性概念"（metaphorical concept）颇有相近之处。

老子的"无为"概念是在道论的基础上进行的论析，在对道的描述中老子也有不少类比。例如《老子·第八章》中著名的"水喻"："上善若水。水善利万物而不争，处众人之所恶，故几于道。"[44](p.20)通过将"上善"类比于水德之利物不争，进而推出近于道。以水之德来类比于道，正是由于在老子看来水润养万物而无取于万物，甘愿处于众人所恶的地方，这种无私不争且"善利万物"的特性也是道的特点。在《老子·第二十五章》中将道的运动类比于永恒独立且环形不息的运动，"有物混成，先天地生，寂兮寥兮，独立不改，周行而不殆，可以为天下母"[45](pp.62-63)。而且将"道"类比于母亲能够生养万物；此外，还有"赤子""婴儿""江海""谷神""橐籥"等形象化的类比用来说明道。对于"道"这一范畴的类比性说明能够让人产生形象、生动的感觉，通过生活经验的类比使人理解道的丰富内涵，这是老子对不可说之道的言说之方。在对道的隐喻描述中，"无为"等隐喻概念群成为理解道的重要方式。在老子看来，道无形无声，先于天地存在并且是万物得以运行的根源，从"无为"入手可以比较切实地理解道的这种存在方式。

从道的层面来说，"无为"可以看作道的无形作用，也是道的特征之一。虽然"道常无为"，道却是万物得以化育的前提和根基。道的"无为"似乎是一种无形力量的支撑，但不是没有目的和方向的野蛮冲力，而是一种使得万物达到"冲气以为和"[46](p.117)的和谐状态的保证。道的"无为"类似于水润物无声的功效，这种"贵柔"的哲学主张表现出老子对生活经验的提升总结和类比，将"无为"与"柔弱"联系起来，也就是老子极力倡导的"无为之有益"的良好状态。

道之"无为"表现的就是"生而不有，为而不恃，长而不宰"[47](p.24)的隐性作用，是成就万物自然长育的动力。将道的"无为"类比于人类社会的治理，老子就顺理推出"圣人无为"这一重要命题。在"道—圣人"的类比中，圣人的作用也应该如同大道的作用一样对于天下民众起到爱护、养育的功能。所以在这里体现出老子"无为"的两层内涵：一是道之无为；二是圣人无为，并且二者之间具有类比的高度关联性。道无为在形而上层面的绝对性和圣人无为在社会实践中的优先性构成"无为"的两层重要意涵。明显的一点是，圣人无为根植于道之无为，这反映出老子对于天人关系的理解和认识，也体现出类比的巨大作用。

结合"无为"作为概念隐喻进一步分析则能够得出，相关隐喻概念群也能够进行类似的类比，也就是说无论是"无为""不为""无欲""无名""不争"等均能够从"道—圣人"的类比模式中得以理解和拓展。当然如果进行逆向类比也是可以的，就是说从圣人无为的应然状态也能够类比出道之无为，这种天人关系的贯通是老子为其政治哲学提供形而上根基的重要前提。那么，如何能够从圣人之为类比出道之无为呢？要形成自上而下和自下而上的贯通性必须也要借助语言类比，特别是古汉语的类比功能，老子提出的"为无为"[48](p.164)是一把打开宝藏的"钥匙"。"为无为"通过"为"与"无为"进行类比，以保证行为的一致性和正当性。这种看似在词语上截然相反的表述，从行动意向上借助类比达到了确保行为正确性的方向，从而在理解时保证了词语意涵的贯通性和相容性，这恰恰体现出汉语类比和中国古人贯通性思维的高妙之处。圣人之"为"须像"道之无为"一样，将"为"类比成"无为"，也就使得圣人之为具有道之无为的特性。可以说将"为"类比于"无为"是老子的一大创举，也是中国古代类比思维的一个较为抽象的例子。老子对于"为无为"的强调，不仅丰富了对"为"的哲学理解，而且深化了对于天人关系的认识。

这种"为"与"无为"的类比所体现出来的"类"思想，从字面上看似乎跨越了形式逻辑所规定的限度，但这仅仅是从种属的形式概念得出来的西方哲学式的语言规定性，以老子为代表的先秦诸子的思想旨趣却并不主要是在于语言形式基础的探讨和普遍有效性的确定。基于古代汉语词性多变和位置动态的语言特性形成的语言类比并非意在命题中判定真假为务，而是一种价值正当性的诉求。这种语言类比就不是停留在主谓结构的词语辨析和演绎，而更加注重的是对语言背后意图和思想的"敞开"，所以对于语言本身先秦诸子大都以一种超越语言追求意义的态度来对待，所谓"意在言外"即说明此。中西思想对于"类"以及类比的不同理解可以看出二者的思想差异，"西方哲学所倡导的大概主要是科学领域中的理性，旨在以'判定真假'的方式来检验定义、推理的有效性（validity）。

而中国哲学所倡导的则更多是价值领域中的理性,旨在以'评价对错'的方式来确立语言、行为的正当性(rightness)"[49](p.123)。李巍的这一论断凸显中西对于理性运用的不同方式,彰显出中国思想中重视知行结合,推崇实践价值的重要维度,这种颇具特色的思维模式渗透在语言运用的方方面面,对于"无为"的语言类比也需要从这个方面加深理解。

如果再深入探究,通过对"无为"的语言类比不仅能够看出中国传统语言观的特点,而且在语言类比的动态关联中可以蠡测出古代中国哲学思想的特征。"形而上学是一种追问"[50](p.15),对于形而上的探究和追问不仅有着西方哲学式的严密的逻辑概念推演,而且也存在着中国古代"具身"(embodiment)形式的意境象征路径,这是一种重意象的思维方式,类比之间的意象关联就体现出这一点。"为"与"无为"能够进行类比,或者将"道"类比于其他具体事物的意象,都展示出中国思想家思考抽象概念之时并没有脱离它们所由来的现实生活。高海清说:"中国的道、仁作为意象性和意境性的概念,它们的内涵并非体现于概念关系,而是体现于人的思想、行为和面对的具体事物之中。把握这样的概念,不能靠定义,必须丛人的身体力行中去领悟、体认。"[51](p.584)对于"无为"这一概念的理解不能单从概念的逻辑推演中去论证,也需要着眼于中国古人思维方式的特点从意象类比的角度去把握,这实则为解决以森舸澜(E.Slingerland)为代表的当代学者提出的"无为悖论"提供了一条可能解答的思路。

此外,这种"无为"概念的语言类比所体现的动态关联性也能够与维特根斯坦(Ludwig Wittgenstein)所提出的"语言游戏"和"家族相似"进行对话。在《哲学研究》中他写道:

> 我想不出比"家族相似"更好的说法来表达这些相似性的特征;因为家族成员之间的各式各样的相似性就是这样盘根错节的:身材、面相、眼睛的颜色、步态、脾性,等等。——我要说:各种"游戏"构成了一个家族。[52](p.36)

在"语言游戏"中各种词语构成了整个游戏的部分和环节,而且在语言的使用中,相似的词语通过不同的表达具有亲缘关系。语言的意义取决于语言在实际运用中的用法,这些词语在"语言游戏"中能够彼此连接,具体的使用使得概念具有了"家族相似"的特征。通过联系上文对"无为"的概念分析能够看出,在"无为""无欲""不为""不争"等词语中恰恰也存在着使用上的"家族相似",它们均能构成对说明对象的不同方式的相似解读。换言之,可以将老子所言的

"无为"等隐喻性概念群视为一个语言"家族",这些概念之间有着密切的关联和相似性。这与汉语语言学和概念隐喻理论对"无为"的解说有异曲同工之妙,也凸显了古汉语类比特征的动态关联性和生命力。扩而言之,不仅对老子的"无为"思想能够借助"类比"进行理解,而且对于中国古代思想家的语言表达都能通过这一语言和思维特点进行分析和研究,这或许是"走进"古人思想世界的一种较为恰当的方式。

四 结语

综上所论,本文通过汉语语言学的字源学考察、认知语言学的"隐喻性概念"(metaphorical concept)和语言类比的动态关联三个方面,对"无为"这一概念进行了界定和解说。从字源学来说,由"无"和"为"组成的"无为"概念中包含这两个字各自的原初含义和引申含义,而且老子的"无为"由于"无"的形而上色彩及道论思想的支撑更突出其思想内涵的深刻性。从概念隐喻来说,"无为"概念具有隐喻性的特征,能够与"不为""无欲""不争"等联系起来组成"概念群",在讨论老子"无为"的时候需要结合相关类似概念进行综合性的理解。从语言类比来说,"无为"恰恰能展现汉语语言"取类比象"的特征,而"为"与"无为"的类比更凸显中国古代"类"思维相比于西方哲学的不同之处,以意象类比的视野来看待老子的"无为"概念,能够起到对传统汉语概念解蔽的作用,探究古人语言表达所反映的"生活世界"。

通过以上分析,对于老子"无为"的含义,本文试着给出一个较为清晰的说明。一个显然的误区就是把老子的"无为"当作字面的意思直解为不做什么,如果这样理解老子的"无为",就会造成对老子道论思想的偏见和矮化,以为老子鼓吹的是无所事事的无责任状态,这也造成了对老子思想很多不必要的误解。张岱之指出:"'无为'主要指的是清除独断的意志和专断的行为,含有不妄为的意思,并不是什么事情都不做。"[53](pp.5-6) 根据上文的三方面诠解,本文认为,老子通过"道—圣人"的类比将"无为"作为天人关系的纽带,"无为"体现道"无形之为"的自然态势和圣人"不妄为"的治理理念及方式。经由老子的哲思"点化","无为"成为道家乃至中国古代思想文化上的重要概念之一。

参考文献

[1] 张松辉. 老子研究 [M]. 北京:人民出版社,2009.

[2][3] 毛诗正义 [M]. 北京:北京大学出版社,1999.

[4] 高亨.诗经今注 [M].上海：上海古籍出版社，1980.

[5] 徐文镜编.古籀汇编 [M].北京：人民美术出版社，2012.

[6] 许慎撰，徐铉校定.说文解字 [M].北京：中华书局，2017.

[7][21] 段玉裁.说文解字注 [M].北京：中华书局，2013.

[8] 张力伟主编.康熙字典通解 [M].长春：时代文艺出版社，1997.

[9] 张岱年.中国古典哲学概念范畴要论 [M].北京：中华书局，2017.

[10][14] 周春兰."无"的探源 [J].船山学刊，2010(4).

[11] 陈梦家.殷墟卜辞综述 [M].北京：中华书局，1988.

[12] 列维·布留尔.原始思维 [M].丁由译.北京：商务印书馆，1981.

[13] 庞朴.说"无"，中国文化与中国哲学 [C].北京：东方出版社，1986.

[15] 中国社会科学院语言研究所词典编辑室编.现代汉语词典（第7版）[M].北京：商务印书馆，2016.

[16] 王筠.说文解字句读 [M].北京：中华书局，2016.

[17] 桂馥.说文解字义证 [M].北京：中华书局，2017.

[18] 郭沫若.甲骨文合集 [M].北京：中华书局，1982.

[19] 罗振玉.殷墟书契考释三种 [M].北京：中华书局，2006.

[20] 汤可敬.说文解字今释（增订本）[M].上海：上海古籍出版社，2018.

[22] 郭齐勇.中国哲学的特色 [M].北京：商务印书馆，2020.

[23] 维特根斯坦.逻辑哲学论 [M].韩林合编译.北京：商务印书馆，2019.

[24] 陈来.中华文明的核心价值：国学流变与传统价值观 [M].北京：生活·读书·新知三联书店，2015.

[25][26][30][31][33][34][35][36] 乔治·莱考夫，马克·约翰逊.我们赖以生存的隐喻 [M].何文忠译.杭州：浙江大学出版社，2015.

[27] 谢阳举.老庄道家与环境哲学会通研究 [M].北京：科学出版社，2014.

[28][29][32][44][45][46][47][48] 王弼注，楼宇烈校释.老子道德经注校释 [M].北京：中华书局，2016.

[37] 匡钊.道家心论的隐喻维度——先秦哲学修辞与概念建构方式举隅 [J].天津社会科学，2023(3).

[38] 刘笑敢.老子：年代新考与思想新诠（修订二版）[M].台北：东大图书股份有限公司，2007.

[39][40][41] 黄寿祺，张善文.周易译注 [M].北京：中华书局，2016.

[42] 李巍.道家之道：基于类比的概念研究 [J].深圳大学学报（人文社会科学版），2020(5).

[43] 李巍. 相似、拣选与类比：早期中国的类概念 [J]. 社会科学，2021(2).

[49] 李巍. 行为、语言及其正当性——先秦诸子"类"思想辨析 [J]. 中国社会科学，2013(11).

[50] 海德格尔. 形而上学的基本概念 [M]. 赵卫国译. 北京：商务印书馆，2017.

[51] 高海清. 高海清类哲学文选 [M]. 北京：人民出版社，2019.

[52] 维特根斯坦. 哲学研究 [M]. 陈嘉映译. 北京：商务印书馆，2016.

[53] 张岂之. 乐此不疲集：张岂之自选集 [M]. 北京：首都师范大学出版社，2009.

Etymology, Metaphor, and Analogy: An Interpretation of Laozi's Concept of "Wuwei"

Abstract: "Wuwei" is an important concept in Laozi's philosophical thought. From the perspective of etymology, "wuwei" composed of "wu" and "wei" contains the original and extended meanings of these two words. Due to the metaphysical nature of Daoism and "wu", the profound connotation of Laozi's "wuwei" is highlighted. In terms of conceptual metaphor, Laozi's "wuwei" has metaphorical characteristics and can form a "conceptual group" with concepts such as "wuwei", "wudesire", and "non dispute". It requires a comprehensive understanding of related similar concepts. From the perspective of linguistic analogy, "wuwei" showcases the characteristic of "taking analogies" in ancient Chinese, and the analogy between "wei" and "wuwei" highlights the differences between ancient Chinese "class" thinking and Western philosophy. Laozi used the analogy of "Dao sage" to regard "wuwei" as the link between heaven and man. "wuwei" reflects the natural trend of "intangible behavior" of the Dao and the governance philosophy and method of "not acting recklessly" of the sage.

Key Words: Laozi; Wuwei; Etymology of Chinese characters; Metaphorical concepts; Linguistic analogy

【作者简介】秦晓，男，陕西安康人。现为西北大学中国思想文化研究所博士研究生，主要研究方向为先秦思想史。

"关系本体"视域下的阳明良知学新探

荀子杰 陈 静

【内容摘要】王阳明对宋明道学"本体"概念的关系论改造("关系本体"的提出)是王阳明哲学中不易察觉的一环,却又是真正理解王阳明哲学工作的一个关窍。由于此前学界对"关系本体"维度的忽视,学者们或者将阳明良知学理解为一种主观主义学说,或者试图外在地为主体良知寻找客体性根基。真正说,在"关系本体"中,王阳明早已完成了对早期儒家的外在关系传统与宋明道学对内在心性之探求的统一:一方面,关系在心性中表现为个体对关系的理解;另一方面,心性自身的形成又与现实关系的塑造紧密相关。如此,王阳明进一步获得了在人性论上调和"无善无恶"与"有善有恶",在工夫论上统一"察识"与"涵养"的可能,这也是他出于儒家实践传统的理论目标与现实目的。

【关键词】王阳明;宋明道学;关系本体;良知;天人合一

近年来,随着学界对于王阳明及其"致良知"之学研究的逐渐深入,学者们开始摆脱对王阳明良知学的主观主义固有印象,并尝试发掘王阳明主体"良知"背后的客体性依据。随之而来的新问题是,学者们应该如何将二者融贯地结合起来,以便更好地澄清王阳明的学说并回应他继承自理学的诸多问题意识。对此,有学者利用王阳明"良知只是个是非之心"的说法,确立一种真理性的"良知"语境以赋予"致良知"实践客体性依据。[1](pp.66-73) 有学者则将王阳明口中的"我"等同于"我们",认为王阳明是出于人类而非个人的立场宣扬人的主体性。[2](pp.115-123)

这两种解读都从各自的角度对良知学中的主体性与客体性部分做出了衔接,推进了研究的深入,但与此同时,他们的问题也是明显的:前者以一种先在的"真理性语境"赋予"致良知"实践以客体性,这使得王阳明学说的本体与实践层面发生脱节。"真理"可以单方面影响并指导"致良知"实践,"致良知"实践却不能反过来澄清和深化"真理",这就与王阳明对诸如"世上磨"等实践重要性的强调相背离;后者将"我"解释成"我们"的做法则放弃了王阳明在个体层面的论述,殊不知任何一种实践最终仍需由每一个个体来完成,"我"可以在"我们"之中,"我们"之中却不能没有"我"。由此,"我们"终究只是一种抽象的设定性,其并没能揭示出王阳明以个体之"我"为载体的伦理实践是如何与群体或人类层面的伦理本体贯通为一的。

这两种理论中反映出的对王阳明本体与实践(工夫)关系的不完善理解并不是偶然现象。究其根本,原因在于许多学者仍然在以一种继承自理学的实在论眼光审视王阳明的"良知本体",进而试图将"良知"定义为名词性的"真理""人类""存在""大全"。事实上,阳明对于"良知"的理解已经远远超出了一种单纯的实在论。他之所以宁愿承受歧义性的指责也不愿效法此前的道学家(如胡宏、朱熹、陆九渊等)用"心""性""道"这些成熟的概念定义"良知"诸层面,正在于他希望以一种关系论的姿态,超越"良知本体"的形而上限制,使得名词性"良知本体"同时就是动词性"致良知",使得主体的伦理实践(工夫)同时就是对主体与他者、主体与物、主体与天地间的关系性伦理本体的根本认识和实现。最后,在行文结构上,本文将从阳明"良知本体"与其他道学家本体概念的对比出发,引出王阳明对本体的关系论变革,明确"关系本体"的定义,并最终呈现"关系本体"在伦理实践层面的深化。

一 王阳明对宋明道学实在本体的关系论变革——从胡宏到陆九渊

虽然我们的论述目标自一开始就是王阳明作为"关系本体"的"良知",但不得不承认,想要在单一思想家的体系中对于"关系本体"或"实在本体"这样最为抽象的形而上范畴展开考察是十分困难的。为了研究的顺利开展,我们需要为王阳明的理论寻找一些合适的参照系:陆九渊的"心本论",朱熹的"理本论",胡宏的"性本论"。截至目前,学界对王阳明与朱、陆二人本体概念的对比研究较为充足,相应的结论是:王阳明与陆九渊在本体层面是一致的,共同使用与朱熹外在之"理"相对的内在之"心"作为本体概念,并坚持"心外无物""心外无事""心即理"等观念;但在对于"用"的考量上,二者则存在分歧,陆九渊不重视"用"的层面,倡导简易工夫,支持率性而为、顺其自然,王阳明则吸收了程朱理学的体用观,将"用"提升到了与"体"几乎同等地位的层面,强调"致良知"实践。[3] 然而,此结论忽略了一个关键的实事,"体"和"用"(本体和现实)在思想家的体系中是具有一致性的,在一种共同的本体概念下，不同哲学家对于发用的考虑或许存在细微差别，却绝不至于大相径庭。于是，在发现王阳明与陆九渊对于"用"有一种根本不同的理解之后，我们有必要效法马克思区分德谟克利特与伊壁鸠鲁"原子论"之举①，重新考量陆、王的本体概念。"宇宙便是吾心，吾心便是宇宙……近世尚同之说甚非。理之所在，安有不同？"[4](p.173)学者们往往将陆九渊的这段论述与王阳明的一段类似论述相提并论，以说明二者在本体上的一致性："心之本体即是天理……学者用功，虽千思万虑，只是要复他本来体用而已，不是私意去安排思索出来。"[5](pp.177-178)然而，它们间实则存在一个细微却关键的差别：从概念的包含关系入手，陆九渊的"宇宙"与"心"是同一的，这种同一性却并不一定存在于王阳明的"天理"与"心"之间②。王阳明论述中的后半句更加证实了这一点，"宇宙"与"心"的同一说明陆九渊对"心"的理解是纯粹主体性的，而"不是私意去安排思索出来"则表明王阳明对"心"的理解中已经渗透着强烈的客体性要素。王阳明本体概念的内在客体性特征使我们联想到南宋理学家胡宏的"性"本体，其与王阳明"良知"本体的近与别鲜有被学界关注，却是我们切近王阳明对宋明道学实在本体关系论改造的关键之匙。

按照由"本体"至"工夫"的顺序，王阳明与胡宏（及其弟子）在具体论述上的相近性可以被大体分为以下三点：体用关系、人性论、慎独之心。首先，从体用关系上言，胡宏奉行"性体心用"，他说"心也者，知天地，宰万物，以成性者也"[6](p.328)；"气之流行，性为之主。性之流行，心为之主"[7](p.23)。无独有偶，在王阳明对于"心"（良知）的讨论中，他同样区分了一个本体层面的"良知"与一个发用层面的"良知"，他以火和光的关系为喻，认为朱熹意义上的"未发之中"（性）与"已发之和"（情）本是统一的："中和是离不得底。如面前火之本体是中火之照处便是和。举着火，其光便自照物。火与光如何离得？故中和一也。"

其次，这种体用关系上的相近性同样也影响到了二者的人性论。"性也者，天地鬼神之奥也，善不足以言之，况恶乎？"[8](p.333)胡宏体系中颇受其他道学家诟病的是他在人性论上并不坚持孟子以来的"性善论"传统，而是开创了一种

---

① 西方哲学史中出现过类似案例，在马克思之前，学者们往往认为伊壁鸠鲁的"原子论"（一种本体论）是对德谟克利特"原子论"的抄袭，但马克思从二者现实学说的巨大差别入手（即伊壁鸠鲁坚持快乐主义，德谟克利特却是悲观主义与宿命论者），发掘了二者在本体层面的差别，指出德谟克利特"原子论"遵循必然性，伊壁鸠鲁"原子论"中原子却可以在偏斜运动中拥有自由。详见马克思《德谟克利特的自然哲学和伊壁鸠鲁自然哲学的差别》。

② 当我们在概念上完成"S 是 P"这样的判断时，其含义不一定在于"S 与 P 同一"另一种可能的含义是"S 的概念包含于 P 的概念"，如"苹果是水果"就表明"苹果的概念包含于水果的概念"，但如果这个判断同时可以相反的形式表述为"P 是 S"，那么其含义一定为"S 与 P 同一"。

"性无善恶论",认为"性"已经超越了世俗意义上的"善"与"恶"。就此而言,王阳明对于"心"的论述恰好可以构成对胡宏"性无善恶论"的补充。他在"四句教"中说"无善无恶心之体,有善有恶意之动。"[9](p.528)这就将一种形而上的无善恶论与形而下的善恶论结合起来了。根据汉学家耿宁(Iso Kern)的考证,王阳明还以巧妙的方式避免了性善论者对"性无善恶论"的指摘,那就是他将"无善无恶"等同于"至善"。"天命之性,粹然至善,其灵昭不昧者,此其至善之发现,是乃明德之本体,而即所谓良知也。"[10](p.969)在至善的境界,由于"圣人不再具有任何坏的意向,他也就不会意识到好的意向了"。[11](p.465)

最后,王阳明与胡宏的弟子张栻对于"慎独之心"的共同理解体现出二者在工夫论上的相近性。"是故君子戒慎乎其所不睹,恐惧乎其所不闻。莫见乎隐,莫显乎微,故君子慎其独也。"(《中庸·一》)对于《中庸》开篇"慎独"的理解一直是宋明道学工夫论之争的焦点之一。其中比较著名的观点来自朱熹,他认为应该将该句中的前半句与后半句分开理解,区分出"有事"与"无事"两种状态。他写道:"慎独是已思虑,已有些小事,已接物了。'戒慎乎其所不睹,恐惧乎其所不闻'是未有事时。"[12](p.1053)对于朱熹的理解,张栻与阳明不约而同地站在反对的角度。张栻在与朱熹的书信中给出了这样的反驳:"今不睹不闻为方寸之地,隐微为善恶之几,而又以独为合。是二者,以吾之所见言之,不支离否?"[13](pp.17-18)换句话说,在张栻看来,"不睹不闻"是从事物性状的角度对心的刻画,而"隐微"则是从道德起源的角度对心的描绘,这两种角度最终都被包含于"心"的"独知"状态中。朱熹的理解实则是将同一的"心"分解、支离化了。而在《传习录》中王阳明亦提出了一种颇为近似的反驳:"'戒惧是己所不知时工夫,慎独是己所独知时工夫,此说如何?'先生曰:'只是一个功夫,无事时固是独知,有事时亦是独知。'……'今若又分戒惧为己所不知,即工夫便支离,亦有间断。既戒惧即是知,己若不知,是谁戒惧?'"[14](pp.188-189)黄宏纲之所问正是一种朱熹式的观点,它将"心"的"未发"与"已发"区别而论,而王阳明的回答与张栻一样是将二者统一起来,认为"心"就是一个心,亦即一种"独知"状态。

相较于王阳明与胡宏理论的直观相近,二者的理论差别实则更令人困扰。此前不乏学者对此展开过探究,随之得出的结论是"心性一元论"与"心性二元论"之别。即,胡宏体系中"心"与"性"是两个不同的概念,而王阳明并不区分"心""性",往往"心""性""道"混用。[15]这一结论无疑是表象性的,然而,即使是此表象性的结论也未必能完全站住脚跟。著名哲学家牟宗三就认为胡宏的"心性二元论"实际上是朱熹歪曲的产物,真正说来,胡宏实际上与王阳明一样,坚持"性体"就是"心体"。[16](p.406)事实上,虽然王阳明与胡宏身处的时代相隔已有数百年,二者在师承与亲眷上也并无联系,但从王阳明的现存文字中,我们可以发现他对于胡宏及其弟子的学说并非一无所知。他曾明确提及朱熹与张栻之间的书信往来[17](p.147),以及朱熹对胡宏的理论批评[18](p.38)。由此,当阳明在了解胡宏及其弟子所遭受的批评后,仍然采取一个与后者相近的本体论立场(即以内在之"心性"反对外在之"理"),这必然意味着王阳明已经完成了对后者理论中的某(几)处薄弱环节的深度改造,以使其不惧朱熹的批评,甚至可以反过来批评和修正朱熹的理论。

"形而上者谓之性,形而下者谓之物。性有大体,人尽之矣。一人之性,万物备之矣。"[19](p.319)"未发之时,圣人与众生同一性;已发,则无思无为,寂然不动,感而遂通天下之故,圣人之所独。"[20](p.115)"六君子,尽心者也,故能立天下之大本。"[21](p.328)根据胡宏的"尽心成性"理论,他肯定每个人乃至每件事物,与生俱来都具有完备的、超越世俗善恶的"性"。但由于"性"是潜在、寂静和未发的,个体实践所真正依赖的实则是现实、活动和已发的"心"。在此意义上,个体的"尽心成性"就是通过一系列的伦理努力成就(完成)个体与生俱来的"性"(使"心"向"性"复归),进而成为六君子(尧、舜、禹、汤、文王、孔子)那样的圣人。然而,正如朱汉民教授指出的,胡宏对于"性"与"心"的安排暗藏着一个致命的隐患,那就是如果"性"是与生俱来或天授的,那么个体与个体、人与物之间的差异性应该被如何理解。[22]对此,胡宏的辩驳是将"性"与"性体"分开而论,区分出先天之"性"与后天之"性体"。他说:"论其体,则浑沦乎天地,博浃于万物,虽圣人,无得而名焉;论其生,则散而万殊,善恶吉凶百行俱载,不可掩遏。论至于是,则知物有定性,而性无定体矣,乌得以不能自变之色比而同之乎?"[23](p.319)胡宏的解释随即带来了另一个理论危机,那就是包含"善恶吉凶"的后天"性体"又从何而来?如果"性体"来源于"性"本身,这意味着胡宏赋予了世间之恶以一种本体论上的合理性和正当性,使得"性本轮"违背了儒学作为伦理实践之学的初衷。如果"性体"有"性"以外的来源,那么这个来源与"性"在本体论上的优先性又该如何辨别?这无疑动摇了"性本论"的根基。

"夫心之本体,即天理也。天理之昭明灵觉,所谓良知也。"[24](p.190)当王阳明作出"良知即天理"这一根本性论断后,他看似回到了与胡宏一致的先验论道路上,实则此"先验"非彼"先验"(先天)。王阳明以他对孟子关系论的继承和发扬成功避免了胡宏"性本论"中的那个根本困境。在关于胡宏"尽心成性"理论的研究中,有部分学者试图将这一理论与孟子的类似表述"尽心知性"相提并论,并以此说明胡宏对孟子的理论传承。殊不知一字之差差之千里,"尽心成性"

与"尽心知性"的表述恰恰说明了胡宏与孟子在"心""性"问题上有一种根本不同的理解。"成"意味着"成就"或"完成","知"则意味着"知道",从存在的角度分析,我们会发现"完成"与"未完成"是两种不同的存在状态,而"知道"与"不知道"只是对于同一种存在状态的不同理解。在此意义上,孟子的"心"与"性"在本体层面是同一的,只是在认识层面,其可以表现为"遮蔽"或"未遮蔽"的状态,这与胡宏在本体层面就区分为二的"心"与"性"完全不同。(不仅如此,即使牟宗三将"成"解释为"呈现"以说明"心"与"性"的同一性,他也未能完全解决胡宏的困境。[25](p.406) 由于"性"仍然是实体的,当超越、无限之"性"与内在、有限之"心"相结合,这实际上意味着牟宗三断绝了"性"与其超越本体间的关系,而将其贬低为某种经验之"性",这与朱熹的做法是异曲同工的。)可惜的是,这种差异并没有受到学界的广泛关注,以至于许多学者又将对孟子的误解平移到了孟子的继承者王阳明处。在《有无止境——王阳明的哲学精神》中陈来先生就曾认为:"良知的先验性并不意味着人生落地即可现实地获得它的全体,它有一个从潜在而发展、最终全部实现的过程,正如人的生理本能也是由潜在逐步实现一样。"[26](p.166) 而耿宁在《人生第一等事——王阳明及其后学论"致良知"》中也给出了一个近乎一致的理解,认为王阳明的第一个"良知"概念与孟子一样,意味着一个"必须得到扩展或充实才能发展成德性"的"开端"(萌芽、起点),或者一个"必须得到穷尽才能到达其完整性"的"良心"。[27](p.188)

事实上,孟子与王阳明并不是在"潜能"与"现实"的意义上将本体层面和现实层面的"良知"分开,而是在关系论中将二者统一。"人之所不学而能者,其良能也。其不虑而知者,其良知也。孩提之童无不爱其亲者,及其长也,无不知敬其兄也。"(《孟子·尽心上》)对于孟子表述中的"不学而能"与"不虑而知",学界主流的理解是:既然不需要学习、不需要思考,那就说明这种能力、知识是与生俱来的、是先天的。胡宏就是这种理解的典型代表,他说:"人之生也,良知良能,根于天,构于己,汩于事,诱于物,故无所不用学也。"[28](p.31) 而为了说明这种先天能力和知识的现实化,后世学者们进一步借鉴了亚里士多德的"潜能"与"现实"的模式来加以解释。但此看似合理的解释,实则预设了一个实在论的前提,那就是孟子所说的"能"和"知"都与胡宏的"性"一样是某种实体性的东西。如果我们不采取实在论的态度,而采取关系论的态度,我们则能收获一种完全不同的解释。在关系论中,"不学而能""不虑而知"并非意味着完全的不作为,只是等待天的授予;相反,它意味着孩童们不用主动地去学习、去思考,而是只需要正常地行为做事就可以了。这是因为我们能力的培养、知识的获得，已经蕴含于每一个体与他人他物的关系中。即如孟子所说的，孩童对亲属的"爱"并不需要主动的思考与行动，它是孩童与其亲属本身的"亲亲"关系所提供的。只要孩童处于与其亲属的日常关系中，那么"爱"就是自然的；相反，如果这种关系本身就不存在了，那么任何外在要求下的"爱"都会变得畸形。对于孟子的关系论，梁启超的认识是深刻的，他在《儒家哲学的重要问题》一文中就指出，中国禅宗之所以不同于印度唯识宗，正在于前者对于"心"这一范畴的理解吸收了孟子"万物皆备于我，反身而诚，乐莫大焉"（《孟子·尽心上》）的思想，发觉"心"并非按照唯识宗的理解是一个在需要被摒弃的纯粹虚灵之物；相反，它同时是与天地间万事万物的联系，并因此是值得被拓宽和发扬的。[29]（p.100）

至此，以王阳明继承自孟子的关系论视域回顾陆九渊、朱熹和胡宏的本体概念，他们的优势和弊端将一览无遗。在儒家自古以来对"天人合一"①的追求中，陆九渊以"心"包"天理"（万物）的做法虽使外在性与内在性达到了统一，却难免陷入一种彻底的主观主义中。而胡宏试图以先验（先天）论的方式将超越之"天"与内在之"性"相结合之举亦有其弊端，他却忘记了人之为"性"之载体的有限性，他要么为了追求"性"的无限抹除了个体、物、天地之间的差异性，要么为了顾及"人"的有限性赋予世间之恶以本体层面的合法性。胡宏的失败使得朱熹走上了一条完全相反的经验论道路。在这条道路上，朱熹彻底地否认超越之"天"与内在之"心性"有任何先验关系，转而赋予人们在经验上以"格物"致"天"之"理"的认识实践方式，以求达到经验论上的"天人合一"。但朱熹的学说同样会面临经验论传统的固有困境，那就是有限的人终其一生也不可能穷尽对天下万物的"格"，如此，超越之"天"就始终遥遥无期。不难看出，陆九渊、朱熹和胡宏的理论困境在根本上都源自他们的实在本体，当王阳明以关系论改造宋明道学的本体概念之后，他同时也为儒家千百年来的"天人合一"夙愿带来一种全新的可能。

二 王阳明"关系本体"的具体内涵——儒家"天人合一"之重释

在上文中，我们通过比较王阳明与胡宏在核心观念上的近与别，引出了王阳明继承自孟子的关系论思考方式，以及在此思考方式下诞生的本体论新形态——"关系本体"。不过，究竟什么是关系论？什么又是"关系本体"？这仍有待于进一步说明和界定。值得注意的是，虽然王阳明"关系本体"的直接思想来源是孟

---

① 这一夙愿在哲学上即可被理解为对外在性与内在性的统一。

子思想中的关系论，但关系论的思维形式并非孟子首创，真正说来，它早已根植于儒家思想的整条学理脉络中。"夫'易'者，变化之总名，改换之殊称，自天地开辟，阴阳运行，寒暑迭来，日月更出，孚萌庶类，亭毒群品，新新不停，生生相续，莫非资变化之力。"[30](p.7)孔颖达对"易"的注解良好地揭示了儒家传统在本体（宇宙）层面对"生生"关系的重视。而在伦理实践层面，孔子对"仁"、孟子对"亲亲"的强调，亦是以伦常关系为前提的。如此，我们不禁要问，当王阳明在孔孟之后重提"关系"后，他的"关系本体"与此前儒家的传统关系论有着何种区别，以及为何王阳明之前的宋明道学家没有继承关系论的传统而是宁愿陷入实在论的窠臼中呢？

　　的确，如这两个相互关联的问题向我们暗示的那样，传统儒家关系论存在固有弊端，那就是面对唐宋时期佛老之学在内在性（心性）层面的挑战，固守于外在性（关系）的传统关系论将无从做出回应。后者仅仅将关系视为个体生活的外在环境，却不考虑外在关系与内在心性之间的交互性。在《易经》中，"生生"关系所涉及的仅仅是天地万物的自然流变，即使与人相关，往往也止步于天对人的单方面影响，个体意识几乎没有展开的空间。而到了孔子处，他对"仁"的不同论述途径表明孔子已经逐渐意识到内在性的维度。一方面，孔子强调"仁"之为外在关系的那一面，他说："弟子入则孝，出则弟，谨而信，泛爱众，而亲仁。"（《论语·学而》）另一方面，孔子也意识到"仁"在关系之外还应该成为个体思考和行动的目的，于是他又言："仁远乎哉？我欲仁，斯仁至矣。"（《论语·述而》）然而，孔子仍未能将作为外在关系的"仁"与作为内在目的的"仁"统一起来，二者间仍然存在明显分裂。孟子则在孔子的基础上又向前推进了一大步，他所提出的"四端说"正是一种统合外在性与内在性的尝试，在"四端说"中，"仁""义""礼""智"不仅是人与人相处中的关系范畴，其同时也是个人的道德准则与道德目标。令人惋惜的是，孟子对"四端"的非体系化陈述与刻意内在化处理往往使人忘记了"四端"仍有一个外在的关系性来源，这导致在王阳明之前的很长一段时间里，学者们（以理学家为最）错误地继承了孟子的思想，将"四端"当成了先天实在论的典型。

　　从周敦颐到二程，到胡宏，再到朱熹，宋明道学越是在心性论上多迈出一步，它就越是远离儒家传统的关系论而趋向实在论。究其根本，是因为当时的道学家所坚守的内在性之"一"（即一个心、一个意识、一个世界）与外在性所反映的主体间之"多"是彼此矛盾的。于是，当王阳明想要继承孟子统合外在关系与内在心性之遗志，将儒家传统的伦理（宇宙）关系引入心性层面并为个体之心性奠基，他的首要任务就是克服上文提及的"一"与"多"的分裂。而他寻找到的切入点是宋明道学中的关键概念之一——"体"(本体)。根据耿宁的考察,王阳明往往在两重意义上使用"体"这一概念。第一重意义是在"体"与"用"的对应关系中,将"体"理解为"实体",而将"用"理解为"作用"。这也是宋明道学对此概念的主流理解,其最早或可追溯至佛老的概念体系①。第二重意义则为王阳明的独创,意在表达"一个在完善状态中的实事",耿宁对它的翻译是"eigentliches(wahres)Wesen"(本己本质)。② 不难看出,王阳明提出的第二重意义本质上是对第一重意义的去实体化,使"体"(本体)不再为一种实在性的"一"所束缚。不过仅仅是这样的处理仍无法动摇心性论所要求的世界一元性。于是,王阳明更进一步的目标在于改造程颢所提出的"万物一体"学说。事实上,虽然王阳明之前的宋明道学已经放弃了传统儒家的关系论范式,但他们仍然需要对此前典籍中涉及的伦理(宇宙)关系做出合理解释。这就促成了一系列对关系的实在化处理,其中又以程颐的"万物一体"说为最(其他道学家如胡宏、朱熹等对此皆有继承)。"仁者,以天地万物为一体者,莫非己也。"[31](p.15)"生生之谓易,生则一时生,皆完此理。"[32](p.33)从程颢的文字中,我们可以发现他对于传统儒家的伦理关系(仁)与宇宙关系(生生/易)的处理手法是一致的,那就是将作为"多"的关系同一化为实体性的"一",赋予个体的心、意识、世界"一个"明确的起源。

回到王阳明,当他将"万物一体"中的"体"以去实体化的方式理解为"本己本质",他就为程颢的学说打开了一维全新的意义空间。

> 夫人者,天地之心,天地万物,本吾一体者也。生民之困苦荼毒,孰非疾痛之切于吾身者乎?不知吾身之疾痛,无是非之心者也。是非之心,不虑而知,不学而能,所谓良知也。良知之在人心,无间于圣愚,天下古今之所同也。[33](p.358)

此处,"仁"的一体性并非意味着万事万物成为一个"实体"。相反,它意味着主体与他者、吾与万物处于共同的本己本质中。与此同时,这也暗示了这个非实体性的本己本质就是人与人、人与物、人与天地之间的关系。而到了王阳明的

---

① 对于"体""用"的具体出处学界仍存在争议,陈荣捷主张这一对概念是由新道家代表王弼提出的,而耿宁则认为其与梵文中所对应的名词和动词的语法区分有关。详见[瑞士]耿宁《人生第一等事》,商务印书馆2016年版,第275页。

② "本己本质"意在表达一种真正的、完善的或具有本真性的本质状态。参见[瑞士]耿宁《人生第一等事》,商务印书馆2016年版,第275—276页。

理论末期，他干脆放弃了可能产生歧义的"一体之仁"，直接将"良知"表达为关系论中的同感或"真诚恻怛"。他说："盖良知只是一个天理自然明觉发见处，只是一个真诚恻怛，便是他本体。故致此良知之真诚恻怛以事亲便是孝，致此良知之真诚恻怛以从兄便是弟，致此良知之真诚恻怛以事君便是忠。"[34](p.378)

除了对程颐"万物一体"的关系论改造，王阳明对于"体"的双重理解仍有另一重深意。须知，在王阳明之前的宋明道学中，学者们往往不区分宇宙层面（外在性）的本体与心性层面（内在性）的本体，例如，按照向世陵教授的考察，胡宏之"性"就既是心性之"体"又是宇宙之"体"。[35]这种理解当然与当时的道学家放弃外在性层面并于内在意识中将一切关系同一化处理有关。于是，当王阳明走出心性论的内在性窠臼，恢复传统关系论的外在性层面，并将其当作心性（意识）的奠基性本体后，人们仍可以问，一切外在关系在宇宙层面的本体又是什么？而对于这一点，王阳明的回答是不置可否的，他说：

> 今且使之不以夭寿贰其为善之心，若曰死生夭寿皆有定命，吾但一心于为善，修吾之身，以俟天命而已，是其平日尚未知有天命也。"事天"虽与天为二，然已真知天命之所在，但惟恭敬奉承之而已耳。若俟之云者，则尚未能真知天命之所在，犹有所俟者也。[36](pp.225-226)

换句话说，王阳明承认在一切的宇宙（伦理）关系之上仍有某种关系本身的"本己本质"——"天命"，但对于"天命"究竟是实体性的还是关系性的，他则不予置评。这是因为王阳明探索"关系本体"的根本落脚点仍然是儒家一直以来追索的"天人合一"伦理实践，其与西方古希腊传统中对"本体"之"真"的探索有着根本性差别。在此意义上，无论"天命"本身的"本己本质"是什么，其在现实世界中都表现为人与人、人与物、人与天地之间的关系，而此关系中所包含的"天人而为一"[37](p.181)的本体统一性已经足够于王阳明完成对宋明理学心性论与工夫论的深化，并给出一条由"人"至"天"的伦理实践路径。

三 王阳明"关系本体"之目标——对理学人性论与工夫论的深化

依上文言，王阳明提出"关系本体"的理论目标和现实目的仍在于促进儒家一直以来关注的伦理实践问题，具言之，这将表现在两个具体的领域中——人性论与工夫论。其中，人性论关系到伦理道德的合法性问题，而工夫论则关系到伦理实践的可实行性。

（一）"关系本体"对形上层面"无善无恶"与形下层面"有善有恶"的调和

从孟子以来，儒家哲学的人性论就一直关注于如何从"性善论"出发解释世间之恶。这一问题在南宋时期获得了突破性的进展，通过对本体领域的开辟，当时的主流道学家将孟子一般意义上的"性善"转化为特指本体（形而上）领域的"性本善"，而将"恶"的出现解释为现实（形而下）层面的人为性，这就保证了儒家形而上之"天"的纯洁性。①按照这一路线，胡宏在本意上并没有妄图挑战孟子"性善论"的传统。相反，他之所以将"性"表述为"无善无恶"，是因为他看到了主流道学家表述中所蕴含的深层理论问题。"性也者，天地鬼神之奥也，善不足以言之，况恶乎？"[38]（p.333）在这句话中，胡宏的真正含义在于，当主流道学家们开辟了一个全新的本体（形而上）领域并试图安置孟子之"善"，他们去言说此"善"的概念体系却仍然沿用自世俗意义上的善恶对立，这无疑又将形上之"善"拉回到了世俗层面。在此意义上，本体之"善"要想拥有一个独立、超然的地位，此概念本身以及随之衍生出的概念体系必须超越世俗意义上彼此对立的善恶。可惜的是，胡宏滞后的实在论"性体"又一次拖累了他超前的眼光。由于他坚称超越之"性"是以天授的方式散布人间的，那他就无法解释从一个超越之"性"中为何会后天地生出"恶"的性体，这是否意味着在那个超越之"性"中已然具备了恶的萌芽呢？这无疑留给了后世道学家进一步歪曲和污名化其"人性论"的把柄。

基于胡宏的前车之鉴，当王阳明试图沿袭胡宏的道路以不同的概念体系言说本体层面的"无善无恶"（至善），他就必须说明"无善无恶"与世俗对立的"有善有恶"之间的关联，并给出从"无"到"有"的合理解释（为了符合孟子的性善论，"恶"的出现必须是人为性的，而非在本体层面就已然潜藏）。为此，王阳明的努力是双方面的：一者，他聚焦于解构世俗意义上相互对立的善恶结构。《传习录》中记录了他与薛侃的这样一段对话：

> 侃去花间草，因曰："天地间何善难培，恶难去？"先生曰："未培未去耳。"少间，曰："此等看善恶，皆从躯壳起念，便会错。"侃未答。曰："天地生意，花草一般，何曾有善恶之分？子欲观花，则以花为善，草为恶；如欲用草时，复以草为善矣。此等善恶，皆由汝心好恶所生，故知

---

① 朱熹综合了当时的主流观点，并将这些观点发展至大成，见《四书章句集注》，孟子集注卷十一："性者，人之所得于天之理也；生者，人之所得于天之气也。性，形而上也，气形而下也。"陈林：《"性善"与"性本善"：孟子朱熹人性论的两条理路》，《理论月刊》2014年第2期，第38—44页。

是错。"[39](p.158)

二者,他试图重建一个新的价值结构以取代原先的"善恶"关系。他说:"良知只是个是非之心。是非只是个好恶,只好恶就尽了是非,只是非就尽了万变。"[40](pp.499-500)

当我们将王阳明两方面的努力相结合,他的意图与指向性已经跃然纸上。在这里,"是非"不应该按照日常语言解释为"对错",因为"对—错"与"善—恶"一样仍然是相对主义的。王阳明"是非"的真正含义是"存在"(存有)与"非存在"(不存有)。通过对孟子的继承,王阳明已经揭示了本体论意义上真正的、超越的"善"就是人与人、人与物,人与天地间的那种先验而不先天的伦理关系,那么在现实意义上,对人的道德评价准则就在于他是否在其内心中存有这种先验关系。即,一个真正"善"的人,同时就是根据他所身处的、与他人他物的伦理关系而行动的人,而一个"恶"的人,则意味着他被其发达的自我意识所迷惑,只根据自己内心的主观标准来评定善恶。就此而言,王阳明紧接着认为世界上并不存在本体层面的恶人,因为他或多或少总会处于与其他人的伦理关系中。而在论及现实道德评价体系中的恶人时,王阳明说:"良知在人,随你如何不能泯灭,虽盗贼亦自知不当为盗,唤他作贼,他还扭怩。"[41](p.412)在王阳明看来,贼的扭怩就是他的"良知未泯",也是本体之"善"超越现实道德评价之"恶"的最佳体现。

(二)"关系本体"对"察识"(伦理认识)"涵养"(伦理实践)的统一

宋明道学在工夫论上的重要困境之一是"察识"与"涵养"之争。胡宏从其先验论的理论起点出发,认为人的一切伦理性或道德性都是"天"以"知识"或"能力"的形式赋予我们的。在此意义上,个体的伦理努力就在于不断探求、发掘、穷尽我们受各种外物杂念困扰的心,以使得它回到"性"的本真或起源状态("良心之苗裔")[42](p.120)。他说:

> 目之所可观者,禽兽皆能视也;耳之所可闻者,禽兽皆能听也;视而知其形,听而知其声,各以其类者,亦禽兽所能也。视万物,听万声,而兼辨之者,则人而矣。睹形色而知其性,闻声音而达其义,通乎耳目之表,形器之外,非圣人,则不能于斯矣。[43](p.14)

在胡宏看来,一个人是否为圣人的标志,就在于他是否从表象式的感性见闻进入"智性直观"①阶段。此时,圣人将真正摒弃形、色、声、音等外物干扰,获得对他者和自身的伦理本真性判断,其"心"同时也脱离俗物之困扰成为与"天"相通的"性"。在《南轩集》中,张栻进一步发扬胡宏之学。他不仅给出了与其师近似的关于圣凡之别的判断,通过"察识"一说,他还开辟了一条由凡入圣的工夫路径。"天心粹然,道义俱全。是曰至善,万化之源。人所固存,曷自惟之?四端之著,我则察之。岂惟思虑,躬以达之。"(《艮斋铭》《南轩集》三十六)在张栻看来,胡宏学说中预设的"先天知识/能力"在人心中的现实形态就是孟子意义上的"四端"。通过率先察识四端之流露,常人而后可以凭借涵养工夫完善四端,最终成为圣人。[44] 胡宏与张栻的学说都遭到了朱熹的批评,朱熹认为胡宏"不事涵养"而张栻重察识而轻涵养,二者都只把工夫做在"已发"之心上,却忽视了对未发、寂然之性的工夫。而这一批评的实质是朱熹从经验论出发认为任何可能的知识(理)都是与事物(气)混杂而成。人们从一开始就要展开经验实践(其向外表现为"格物",向内表现为"涵养"),而后才可能"察识"(认识)经验实践得出的知识。

对于王阳明,无论朱熹和胡宏在各自立场上提出多少理由,抑或如张栻之举认为二者"相须并进",所得出的结果都只能是一种权宜之计。这是因为"察识""涵养"之争背后的根本问题是伦理认识与伦理实践、知与行在工夫论上的分裂。于是,王阳明的批评必须落实到此分裂在本体层面的根源:"工夫不离本体,本体原无内外。只为后来做工夫的分了内外,失其本体了。如今正要讲明工夫不要有内外,乃是本体工夫。"[45](p.407)的确,在实在论背景下,一旦胡宏、朱熹或张栻采取了一种或内在或外在的本体立场并向下铺设工夫论路径,他们的工夫也就相互对立起来,这无疑是对无内外之分的"关系本体"的遮蔽。而通过对"关系本体"的揭示,王阳明对工夫的理解已经超越了传统意义上"先验"或"经验"概念的内涵范围(从某种意义上说,它既是先验又是经验的)。一方面,传统"经验"预设了主体"去经验"的主动性,其在朱熹处表现为"去格物"或"去涵养"。但在王阳明和孟子的关系论中,伦理知识的习得在本源或现象学的构成意义上实则是"被动"的。其被动性使经验在时序上先于一般意义上的"主动"经验,是为先验。另一方面,传统"先验"预设了一个完全封闭的内在性世界,即如胡宏学说中所体现的,主体的伦理努力不需要与他人他物关联,而是只

---

① 康德在《纯粹理性批判》中提出此概念,后在东西方哲学中皆由广泛应用,本文取它的第三层含义,以表明这种直观能够把握感性要素背后的理性"形式",详见邓晓芒《康德的"智性直观"探微》,《文史哲》2006年第1期,第119—125页。

需要探索和回归"天"已然赋予他的"性"就足矣。在此意义上,王阳明与他人他物相关联的"关系本体"又可以被认为是经验性的。

本体论上的变革赋予了王阳明进一步在工夫论上统一"察识"与"涵养"的可能性。在王阳明看来,实践层面的"致良知"(实现良知)同时也是认识层面对"良知"的去遮蔽或澄清。在"与陆清伯书"中,王阳明写道:"凡人之为不善者,虽至于逆理乱常之极,其本心之良知,亦未有不自知者。但不能致其本然之良知,是以物有不格,意有不诚,而卒入于小人之归。故凡致知者,致其本然之良知而已。"[46](p.1011)结合上文"人性论"部分的分析,我们可以得出一个基本结论:对于王阳明,"良知"的遮蔽或丢失并非意味着作为关系本体的"良知"不实存①;相反,其意味着自身实存着的良知并没有被我们的意识采纳,没有从实存转变为意识领域的"存在"(存有)。换句话说,王阳明发现真正意义上的"知"与"不知"并非一个名词性的自然状态,而是意志选择下的"去知"或"不去知"。这一点在《传习录》中得到了进一步论述:

> 然诚意之本,又在于致知也。所谓"人虽不知,而己所独知"者,此正是吾心良知处……吾心良知既不得扩充到底,则善虽知好,不能著实好了;恶虽知恶,不能著实恶了,如何得意诚?故致知者,意诚之本也。[47](pp.537-538)

依上文言,王阳明所谓的"良知"还不是胡宏或朱熹意义上单纯的伦理知识或伦理经验(胡宏的伦理知识需要实践去填充,朱熹的伦理经验需要认识去理解,在此意义上"察识"与"涵养"仍然是二分的)。耿宁在其研究中敏锐地察觉到了"良知"的这种特性,他由此指出:"如果意向的生活在其整体性中是追求,那么对它的意识就不能够是道德中立的,而是对其好追求或坏追求的道德意识。"[48](p.464)换句话说,耿宁发现"良知"之所以不同于伦理性的知识或经验,是因为我们并不像接受一个科学知识那样仅仅是"知道"它,我们同时需要一个道德意识去支撑和实践它。然而,耿宁的洞见仍然不够彻底,他仅仅意识到了"良知"的这一特性,却并没有解释这种特性缘何而来。这是因为耿宁同样没有将王阳明的"良知"放在关系本体中理解。真正说,王阳明所谈论的那个为人们所接受的"良知",就是人与人、人与物、人与天地之间的"关系本体",而人们对关系本体的接受,也不是一般意义上纯粹"被动"接受,其同时就是对此"关系本体"的

---

① 我们在后海德格尔的意义上运用这一概念,表明一种独立于人之意识的"自身存在",以与意识领域的"存在"相区分。

"主动"承认、承担。承认我身处在与他者的伦理关系中，承担起这种关系给予我的伦理行动要求，这就是王阳明意义上的"诚"，这就是"知行合一"！

结　语

"为天地立心，为生灵立命。为往圣继绝学，为万事开太平。"如果要用一句话总结王阳明对宋明道学"本体"的关系论改造（关系本体），引用这句王阳明幼时的立志之语将是再合适不过的了。"为天地立心"，意味着王阳明将传统儒家的（宇宙）伦理关系引入心性层面，将外在的关系内化为个体意识（心灵）对关系的理解；"为生灵立命"则意味着王阳明将理学心性论放回到关系论的背景中，使内在的心性获得一个外在的现实关系的起源——天命。如此，个体首先"自在"地置身于外在的伦理（宇宙）关系中，而这种时时刻刻的"在场"使得他在现实的生活过程中逐渐理解他所置身的关系，进而他将开始"自为"地承认自我相较于关系的从属性并承担起关系本身所赋予他的伦理使命。此从"自在"向"自为"的过度，即意味着一个主体、圣人、大英雄的诞生。而当王阳明的理论能够指引所有个体完成这一转化，他就真正实现了"为往圣继绝学，为万事开太平"的夙愿。令人惋惜的是，即使王阳明对"本体"的关系论改造相较于此前的宋明道学已经迈出了惊人的一步，他距离自己幼时的志向依然遥远。这是因为"关系本体"仍然存在一个重大隐患。如我们在第三节所指出的，由于王阳明放弃对关系背后的"天命"作更进一步的追索，而是选择简单地将关系理解为"天下古今之所同也"的恒常性，其作为"关系本体"的"良知"中就不存在历史性的维度以及此维度在个体内在性中的时间意识展开。事实上，主体之所以为主体，不仅因为他能够承认并承担起其所置身的关系，更重要的是他可以在时间性和历史性中，通过主体之理性判断何种关系符合当前的时代要求并以此推进关系本身。于是，要想在现时代接续和发扬王阳明的学说，如何将无时间的"良知"置入时间与历史将是学者们必须考虑的问题。

参考文献

[1] 董平.主体性的自我澄明：论王阳明"致良知"说[J].中国哲学史（哲学与人文科学），2020（01）：66-73.

[2] 沈顺福.王阳明与传统儒家思想的终结[J].文史哲（哲学与人文科学），2023（01）：115-123.

[3] 沈顺福.论陆、王心学之异同[J].哲学研究（哲学与人文科学），2017，

（10）：46-54.

[4]（宋）陆九渊．陆象山全集[M]．北京：中国书店，1992.

[5][10][15][33][34][36][39][40][41][45][47]（明）王阳明．传习录[M]．陆永胜译著．北京：中华书局，2021.

[6][7][8][19][20][21][23][28][38][42][43]（宋）胡宏．胡宏集[M]．北京：中华书局，1987年.

[9][14][17][18][24][37][46]（明）王阳明．王阳明全集[M]．上海：上海古籍出版社，1992.

[11][瑞士]耿宁．心的现象——耿宁心性现象学文集[M]．北京：商务印书馆，2012.

[12]（宋）朱熹．朱子语类[M]．北京：中华书局，1986.

[13]（明）黄宗羲．宋元学案[M]．台北：洛河图书出版社，1975.

[16][25]牟宗三．心体与性体[M]．长春：吉林出版集团有限责任公司，2013.

[22]朱汉民．胡宏道学体用的双重意义[J]．求索，2022（03）：73-82.

[26]陈来．有无之境——王阳明的哲学精神[M]．北京：人民出版社，1991.

[27][48]耿宁[瑞士]．人生第一等事[M]．北京：商务印书馆，2016.

[29]（清）梁启超．饮冰室文集之二十四[M]．北京：中华书局，2015.

[30]（魏）王弼注，（晋）韩康博注，（唐）孔颖达疏，（唐）陆德明音义．周易注疏[M]．北京：中央编译出版社，2012.

[31][32]（宋）程颐、程颢．二程集[M]．北京：中华书局，2004.

[35]向世陵．胡宏本体论的意义及其本体论与生成论的关系[J]．孔子研究，1993（01）：79-81.

[44]王丽梅．察识与涵养相须并进——张栻与朱熹交涉论辩管窥[J]．孔子研究，2006（04）：41-50.

A New Exploration of Wang Yangming's Conscience in the Context of "Relational Ontology"

Abstract: Wang Yangming's relational transformation of the concept of 'ontology' in New-Confucianism (the formulation of 'relational ontology') is an imperceptible aspect of Wang Yangming's philosophy, yet a key to a true understanding of his philosophical work. Because of the previous neglect of the relational ontology dimension, scholars have either understood Yangming's conscience as a subjectivist doctrine or have attempted to externally find an object-based foundation for the subject's conscience. Truly, in the 'relational ontology', Wang Yangming has already accomplished the unification of the external relational tradition of early Confucianism with the search for inner mindfulness of New-Confucianism: on the one hand, relations are expressed in mindfulness as the individual's understanding of relations; on the other hand, the formation of mindfulness itself is closely related to the shaping of real relations. In this way, Wang Yangming further gains the possibility of reconciling 'supreme good' with 'good and evil' in his theory of human nature, and unifying 'awareness' with 'cultivation' in his theory of work. This was also his theoretical goal and practical aim out of the Confucian tradition of practice.

Key Words: Wang Yangming; New-Confucianism; Relational ontology; Conscience; Harmony with man and nature

【作者简介】荀子杰，江苏南京人，湘潭大学硕士研究生，研究方向为法国现象学传统、心性现象学；陈静，四川成都人，湘潭大学硕士研究生，研究方向为明朝思想史、女性史。

身体哲学专题

"身实学之，身实习之"
——"身体哲学"教改课程观感

张再林

"身实学之，身实习之"，这是清代著名思想家颜元针对后儒一味强调读书识理、明心见性的积弊，回归中国古人"以身体之"的传统，为我们推出的极其宝贵的教育理念。在300多年后的今天，这一教育理念业已走进了四川师范大学教学课堂，从一种理论设想切切实实兑现为当代中国大学生动的教学实践。

今年深秋的一天，笔者有幸受邀观摩了四川师范大学哲学院开设的"身体哲学"课程。走进教室，让你眼前一亮的是，这里既没有课桌、讲台、黑板、ppt，又没有讲授柏拉图、康德、黑格尔学说如何引人入胜的滔滔不绝的教授，你看到的只是在铺着垫子的空地上，学生在教师的辅导下进行摸爬滚打的运动训练。他们或作仿生式爬行操练，或作身体空间韵律操练，或作高对抗性的摔跤操练，或作导引吐纳的呼吸操练……在这里，不仅一个个文质彬彬的大学生摇身一变为生龙活虎身手矫健的运动员，也在课堂的欢声笑语、雀跃不已之中，使你感受到他们又一次重新回到那种充满童趣、与游戏为伴的自己的童年。

如果你认为这门课程不过是用体育课来偷换哲学课而已，那么你就大错特错了。且不说课程开设者虽是拿过名次的柔道高手，但同时他又是中国人民大学毕业的地地道道的哲学博士，仅就他所设计的身体训练项目而言，每一个项目都体现着对中国传统深刻的生命智慧的实践和体验。比如说，仿生式的爬行操练使你体会到生命可逆性的"返祖"现象，并从中体会到古人所谓的生命的"无往不复"的真理。比如说，身体空间韵律操练使你体会到真正的空间不是理论的抽象的几何空间，而是一种古人奉为的"具体空间"，一种前后左右、头上脚下并和你的生命意向完全合拍的处境空间。比如说，在极限压力激发的身体本能的操练，就使你体会到什么是古人所说的"置之死地而后生"，如何我们每一个人的身上都富有着无限的潜能。比如说，高对抗的摔跤操练使你体会到高明角斗者并非依靠"以力抗力"，而是依靠"借力打力"，"乘势而为"，"屈而能伸者，惟其势也"，一如王夫之所说，这种"势"又最终通向以屈求伸这一老子式的人生智慧。再比如说，在导引吐纳的呼吸操练中，通过自然的自主呼吸和人为的有意呼吸有机整合，以一种"生气通天"的方式使你切身体会到什么是古人的"天人合一"的境界。

因此，这门身体哲学课程，实际上是一门寓哲学于体育的全新课程。明白了这一点，我们就不难理解为什么该课程教学大纲旨在解决的问题是那样的富有哲学深意，并和中国哲学的身体思考是那样的深深相契。从"前反思"的自我的发现到"身心一体"原则的彰显，从身体敏感的提升、身体麻木的克服到视、闻、触、听、感、念兼济的"全息审美"的体验，从"放下我执"到对资本主义技术和算法所造就的身体同质化和祛性化的批判，如此等等都无一不体现了课程开设者对古老的中国哲学的极其深刻理解，以及这种理解对当代人类文明耐人寻思的哲学启示。

其实，"身体哲学"课程这种试图把知识教育和运动训练有机结合在一起的理念的出现，并非课程设计者的孤明独发，而是融汇古今中外哲学思考的产物。这是因为，当代身体现象学家梅洛-庞蒂通过对一种前反思的身体研究，为我们发现了人类知觉的"运动伴随"、行为的"知觉面"与"运动面"彼此相通的现象，从而推出了"运动觉"这一全新概念。无独有偶，在立足于"身道"的中国古人那里，他们对这种"运动觉"更是顶礼有加、推崇备至。这一点可见于禅宗的"担水劈柴无非妙道"；可见于颜元《存人编》的"尽性者，实徵之吾身而已矣；徵身者，动与万物共见而已矣"；可见于《杨氏太极拳拳谱》的"夫运而知，动而觉；不运不觉，不动不知"。而王阳明那种亦知亦行、亦本体亦功夫的"知行合一"的推出则代表了这一思想的高度的理论总结，并从中使有别于西方知识论的中国功夫论成为中国哲学之为中国哲学的真正特色。

这一切就为我们说明了四川师范大学哲学院"身体哲学"课程开设的意义之所在。在"知识至上"的现代今天，它不仅有力地推动中国古老的"知行合一"教育思想重新复兴，而且与之相偕而来的，在身心一如、形神一体的身体运动训练中，它也把长期以来为我们所忽视的被教育者的行动力的培养、注意力的培养、"身体意识"敏锐性的培养、敬业精神的培养，以及身体感觉"联觉"的培养第一次提到我们的教育议事日程。正是在这种意义上,"身体哲学"课程开设的宗旨,并非可用所谓"通识"教育一言以蔽之,而是最终指向马克思提出的感觉的解放、人的全面自由发展这一伟大人类理想的。

也正是基于对这门课程如此高的定位,在课程结束后,"我们要把这门课程越办越好、精益求精,还要准备在此基础上举办全国的'身体哲学大会',把我们的这种全新的教育理念和实践从这里推向更多的地方",课程开设者张生老师一边擦拭着脸上的汗水一边告诉我。

作为一名长期从事"中国身体哲学"的研究者,我愿为这些新一代年轻教师的新的教改尝试鼓与呼。

编者按:由于我们从事身体哲学的方式,即"以身体做哲学"(修身),它所具的实操性、在场性、具身性、规范性与超越性,可谓既是对古典模式的哲学生活(含雅典模式与中华书院模式)的创造性回归,因而复性复礼、变化气质、更改习性、提升人格境界;同时也是哲学思维的再出发,是重新恢复身体地位、给予身体话语权的理论发展,从而不仅在实践层面做到重新认识身体、感受身体、修养身体、提升身体(开发身体机能—潜能—智能)以致达成身心灵高度统一的身体状态(即身是道),而且在理论层面达成中西合璧、古今一体、跨学科、跨方法论(现象学与认知科学)、气本体论—工夫论—境界论三位一体的身体哲学。

附:四川师范大学哲学学院"身体哲学"课程大纲

课程介绍

本课程基于国内外身体哲学的相关哲学理念,如西方身体现象学与中国古代身体观,并纳入现代科技前沿在身体问题上的理论与实践成果,试图通过身体实操带领学生展开生命与美的体悟,改变以往静观审美、离身反思的方式,而是在课堂上展开对生命和美的"生成式的"体悟,并通过专题的形式对大宇宙(Cosmos)与小宇宙(身体)的关系进行实践性理解,进而对"天人合一"进行"返本开新"的体认。

课程特色:致力于改变以往哲学家静坐书斋、透过纯粹思辨来研究概念对象的"非身体"的哲学探究模式与课堂授课模式。实践与理论、教学与科研结合,每次课除了实操训练,均配合哲学讲解,隔周一次主题发言,均为不同老师在不同领域中的最新研究成果,本课程将通过多元模式帮助学术把握"身体"

所可能表现出来的本质特征。打破了主（师）客（生）对立的授课模式，开发了 3D 模式的"做哲学"，即具身的（embodied）、延展的（extended）与嵌入的（embedded）身心合一的哲学课。

课程内容

实操科目（每次课操练）：

仿生—爬行训练

1. 熊爬
2. 鳄鱼爬
3. 虎跃
4. 猴跳
5. 驴踢
6. 毛毛虫爬
7. 蜘蛛爬
8. 倒退爬行（不使用眼睛测距）
9. 旋转前进爬行
10. 旋转后退爬行

空间—韵律训练

1. 前肩滚翻
2. 后肩滚翻
3. 侧肩滚翻
4. 头下脚上
5. 躺卧上下肢二重奏
6. 矢状面脊柱舞动
7. 冠状面脊柱舞动
8. 对侧肢体同频率摆动跳跃
9. 同侧肢体同频率摆动跳跃
10. 四肢交叉韵律训练

线性—非线性运动训练

1. 直线（奔跑跳跃）
2. 曲线（挥击、抛投、摔打）
3. 非线性训练：含胸后滚翻途中二次发力伸腿接挺胸落体、侧肩滚途中坐起等

时—势及压力环境与身体图示

1. 摔跤训练中对势的体悟
2. 摔跤训练中通过时机的把握转换势或破势
3. 降伏式摔跤训练中通过极限压力环境激发身体本能反应
4. 对抗类运动中身体图式的表现

呼吸—冥想训练

1. 呼吸入门：数息
2. 通过呼吸打通人体的三重隔：喉部—胸腔—丹田
3. 气沉丹田带领冥想
4. 呼吸—冥想进入身体的"自洽"

讲授部分（共 16 周，每周 1 讲）：

1. 为什么要训练身体？我们的身体敏感还是麻木？
2. 如何训练？多元化手段及主题式演讲。
3. 为什么要训练呼吸？胸式呼吸与腹式呼吸的区别，深浅与气沉丹田。
4. 呼吸带领身体运动，而不是供氧不足需要呼吸，瑜伽练习者认为呼吸是一种与宇宙联结的方式。所有古代武术、医术都非常看重呼吸，中国古代的"气"。
5. 通过呼吸按摩脏器，皮肤可以保养，肌肉可以按摩，内脏如何按摩？
6. 呼吸是不停歇的运动，人的生命也如此，因此对生命最好的体悟就是在运动中，身心不二。瑜伽练习者认为训练呼吸就是训练身体，也就能够让生命能量朝向宇宙，最终合一。
7. 呼吸是运动，生命是运动，美也是运动（生成）。静观的审美不可取。古代画像、雕塑，均以场景进行美的展现，劳作、战争等，今天可以将人体、面容从场景中抽离出来，仅为展示而展示，是一种色情化。
8. 资本主义如何通过技术、算法构造现代人的审美。例：男女身体构造、

比例的不同，今天健美比赛女性男性化，身体比例男性化，肌肉化力量化，因为身体可以生产，作为劳动力的人不需要区分性别，阴阳和合被效率和增值破坏了。

9. 如何审美？身体知道。在对独特身体产生刺激的场景中（每个个体都不同，也可能相似），身体自然会全息审美，不只是看，还有闻、触、听、感、念，等等。

10. 身体还知道什么？通过摸爬滚打的运动训练，每位同学会发现没有人不擅长运动，只是有的动作天然熟悉，有的动作天然不熟悉，有的动作自认为做不好的反而做得好，这是身体自己知道如何做，不需要反思。

11. 如何身心一致？在运动中让身体主宰，没有反思。在极限压力对抗体验中非常明显，压着你进攻你，你就没有时间和机会去想，身体见招拆招，身心一致。

12. 如何饮食？通过运动激活身体，让身体带领你去吃。现代人基本上是填鸭式的饮食，身体麻木已经不知饥饱，通过运动带领身体去吃。长期身体训练者会有体悟，训练量下降，食欲就下降，肉吃少了没劲，肉吃多了身体沉重，菜吃少了，感觉身体发涩没弹性，等等。再通过专题演讲《阴阳五行与身体及饮食》，更进一步理解身体与食物之间的关系。

13. 通过身体训练，寻找"异质性"，即进入现在的身体不熟悉的姿势、位置去，以更深刻地理解今日"同质化"对身体的压抑。带着身体去冒险。

14. 在身体训练中放下"我执"、Ego。初学者训练，嘻嘻哈哈，又担心旁人讥笑，在一种忧虑中常常分神，导致身体无法进入训练的情景。压力对抗中，不愿认输，就会受伤，轻视对手，就会输。身体在告诫我们放下执念与ego，平静如水。

15. 什么是"天人合一"。按照古人讲，我们的身体与天是同样的材料（气），今天我们如何理解？同学们在一学期的身体训练中，由一开始的好奇、怀疑、惊奇、搞笑等，到逐渐找到全身心投入的感觉，甚至每次上课找到一种融洽、自洽、愉悦的感觉，在这间教室中、在这个场域中体验到了"自如"，这大概已经显明了天人合一的某种端倪。

16. 集中答疑。

主题演讲：

1. 《身体—魂问题的实验》（通过虚拟现实技术做思想实验）。
2. 《阴阳五行与身体及饮食》（五禽戏的实操）。

3.《身体与情绪治疗：止观禅修》（止禅与内观禅修习实操）。

4.《摔跤对抗中的时—势把握与转化》（摔跤实操）。

5.《吴氏太极拳展示》。

6.《心流与巅峰体验》。

7.《语言与身体》。

8.《歌剧、声乐与呼吸》。

身体哲学视域下的教育体育及其意义 *

张 生

【内容摘要】 体育是人类最古老也是最普遍的社会现象,体育与美德、公正有着紧密的伦理关联,与教育、民主有着政治教化的关联,与艺术、游戏有着形而上学的关联,哲学界对体育的研究有着充分的必要性,尤其应关注承载着哲学意义上"教育"功能的体育之研究。教育体育是以身体为本的、具身认知的教育,因此对教育体育的研究首先意味着从理念的、精神的、思辨的认知模式,向生活的、在世的、具身的认知模式的转变,也是对身心二元认知下的身体观念、教育观念、体育观念的反思,这种反思不仅是现代西方哲学家所做出的,也是中国古代文化中生生不息、天人合一、身心一如、身神相通等观念的现代回响。教育体育不仅弥补了现代竞技体育强调外在价值、功利目的等在教育方面的不足,而且在哲学层面提供一种知的体—现(embodied knowing)路径,将身体与德、德性这些教育的终极目的紧密相连,形成体育、智育、德育、美育之融合。

【关键词】 身体哲学;教育体育;竞技体育

一 身体哲学视域下的教育体育

"(体育)志存高远,以人自身为对象,旨在促进人自身的发展和社会的进步",东方和西方体育的核心概念是德与德性(arete)[1](p.28),如果"体育"要促进人的发展并与"德"相联系,那就不单是运动(sports),也不是一般意义的肉体的培养(physical education),而是一种身体的教育(body education),身体的教育何以具有如此丰富的蕴意?自胡塞尔区分身体与躯体,海德格尔将人解释

---

* 本文系四川师范大学教改项目"'身体哲学'实践路径探索与哲学特色课程体系建设"的阶段性成果。

为在世生存，梅洛-庞蒂最终将精神—肉体二分的西方传统身体观重新融为一种发生着的身体、情境的身体，即一种拒绝还原主义的、身心一致的、意义发生的身体（场域）；可以说，西方哲学尝试出一条基于以上"身体"理解的克服二元论的道路，这也正是许多古代哲学所提倡的具备丰富蕴意的身体，养育或教育身体以通达天道的基础正是身心合一。因此，以身体哲学的视角重新理解"体育"意味着基于身心合一的培育来重新理解体育："体育"在身体哲学视域下就是具身性教育，并且是对活生生的身体的教育。

梅洛-庞蒂认为活生生的身体（即中国古代身心一如的状态）是一切意义的发生场，"材料只是作为一些视域而被预先存在的，它们真正构成了在整个世界中的新领域，恰恰是它们提供的原本结构使得客体的同一性在注意行为之前和之后显现出来"[2](p.58)。也就是说，一切的意识或主动的意向以前，就有一个原本的发生场提供造成最初的结构和材料的综合。活生生的身体就是这个原本的发生场，在这个意义上来讲，这个发生场是超越了主—客、内—外、身—心等二元论视角的，这个活生生的身体是前反思的，不能被"思"视为一个对象的，也就拒绝各种还原的企图。梅洛-庞蒂这样表述："我整个的身体对于我来说并不是在空间中并置的各种器官的组合。我对它保持着一种不可分割的拥有，我通过自己的全部肢体都包含在其中的身体图式知道它们每一个的位置。"[3](p.144)因此，从身体哲学的视域出发，活生生的身体是拒绝对象化、量化以及算计手段操作化的。对这样一个活生生的身体的培育，才是身体哲学视域下的"体育"。

体（體），从人从本。从字义本身出发就是人的身体，同时也指向天地宇宙整体规则的展现，"阴阳合德，而刚柔有体。以体天地之撰，以通神明之德"（《易·系辞下》）。从古文字字形来看，"天"乃更加突出头部（头上）的"大"[4](pp.146-147)，而"大"就是肢体伸展的人形，"大象人形"（《说文解字》）。也就是说，中国古人从一开始就是以天人同构的思路理解人、理解天；将人视为小宇宙而能够与宇宙（天）相通，这正是中国古代文化最核心之处。

育，《说文》解为"养子使作善"；其字形本为"子"与"母"，即"育，生也"（《广雅》）。可见育至少包含两层意思：生命与培养。身体哲学所言的身体，正是一种生成中的活动，也是源源不断在世之中的开显，这恰好是承载生命的身体生生不息与孕育之本义。依照此揭示出对活的身体进行生命本身的呵护与孕育，方符合身体哲学视域下的"体育"之本意。

本文提出，从身体哲学的视域出发考虑基于身体的教育之本义，重新理解承担教育体育的"体育"之意，并在此基础上重新厘定教育体育的内涵与目标，才能够更好地开展身体哲学视域下的教育体育。从我国各级教育系统——也是我国开展教育体育的主要平台——，现行的教育体育主要存在着以下一些问题：1. 关注学生身体发育而较少关注学生心理健康与成长。2. 体育教学内容陈旧、脱节等现象严重，如义务教育阶段的"体育与健康"，实际教学重点放在球类、田径等运动基础上，而没有系统地进行健康方面的培育；从小学、中学到大学，体育课仍然以专项性、技术性的运动形式的发展为主。3. 对学生、教师的评价以量化结果为导向，以量化指标为主要评价形式，而轻视了教育的终极目的：德育、美育。① 除以上教育系统已存在的问题外，教育体育还面临一大困境，即无法从学校走向社会，在校内还可以谈教育，走上社会只能谈成绩、结果。

造成以上教育体育困境的主要原因是我国现有体育分类思路没有基于教育体育而展开。我国现有的体育分类主要思路如下：通过开展体育的社会组织基础区别为社会体育、竞技体育和学校体育[5]；通过开展体育的目的导向区别为健身体育和竞技体育[6]；通过体育研究及指导领域区别为体育实践、体育理论、体育经济和体育文化[7]。目前体育领域关于体育分类的研究，基本在以上分类基础上精简或增加，如将体育分为"精英体育"和"大众体育"[8]，或增加"休闲体育""老年体育""养生体育"等。以上分类要么按照社会组织进行，要么按照目的导向进行，要么按照研究及指导方向进行，没有一种分类是按照"教育体育"而进行的，这样就难以系统性开展"体育"之本义的教育活动；同时，在学校开展的体育活动，主要是在"竞技体育"减弱指标的基础上加一些青少年神经、感知与统筹能力发展训练，具有强烈的现实操作性、功能目的性与结果导向的特性，并不符合教育特别是身体教育的深刻意涵。考虑到今天的教育模式主要是离身式的，即学生在接受教育的过程中身体与认知相分离，学生在接受教育过程中在场的往往只有进行抽象活动的大脑，很少有身心合一的教育体验；同时，现行的体育课，要么比较注重身体的生物指标、物理指标的发展，要么以某类专项运动技能的掌握以及熟练程度为课程导向，并不利于身心合一的教育体育的开展。从身体哲学的视角出发，基于身体的教育本应指向的"德""德性"，甚至指向终极性的"道"，由此来看目前我国的体育分类及其相应内涵并不利于开展以人本身为目的的教育体育，因此需要基于身体哲学重新理解"教育体育"，并挖掘其中相对应的丰富蕴意。

---

① 关于教育系统、学校内存在的体育与教育脱钩问题、体育课实施过程中的问题研究较多，仅列举几篇代表性研究论文供参考。参见吴小圆、邵桂华《新发展理念下我国学校体育高质量发展：目标、困境与路径》，《体育文化导刊》2023,10（10）：86-92；李彦龙、常凤《"双减"政策下我国中小学课后延时体育服务时效与保障》，《体育学研究》2021,36（2）：33-40；关清文、张晓林、田贞《新发展阶段学校体育教育高质量发展特征、困囿及路径》，《体育文化导刊》2022,1:104-110。

目前的体育分类中，从开展规模、种类、关注度、投入比、科学研究等角度考虑，竞技体育都是绝对主流，不仅是展示运动员个体能力、性格的明星舞台，也是开展国际交流及比拼国力的竞技场，更是资本活跃的市场。现代竞技体育与现代性的兴起相伴相生，已经成为现代体育的最典型代表，但是基于身体哲学的观念来看，竞技体育在教育体育开展领域存在诸多不足，因此本文提出，基于身体哲学可以将体育分类为现代竞技体育与教育体育，教育体育是属于人民大众的、依生命之根本进行身体养育，作为与竞技体育并行不悖甚至有所补充的"体育"，不仅符合哲学意义上身体养育之本，更因其是大众的、人民的，在现实操作上也是体育发展之根基性的。

二 现代竞技体育的思想基础及其在体育教育方面的不足

关于体育运动的起源，比较流行的观点为"劳动说""军事说""祭祀说"和"生存需要说"。无论持何种观点，其基本观念的形成背景依靠人类中心主义的历史观（体育的目的是发展人体以便更高效地生存），其观点的形成以及证据链已然对"体育"概念进行了某种割裂，即一种主客体的割裂。理解古代的身体观念，首先应明白古代文明对于人的理解是基于秩序宇宙（cosmos、天）和生活共同体（城邦、宗族）的结构。如下图所示：

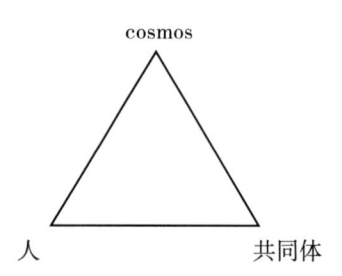

```
            cosmos
             /\
            /  \
           /    \
          /      \
         /_____\
        人        共同体
```

这个秩序宇宙—共同体—人的稳定结构对于古代文明而言是缺一不可的。正如亚里士多德所言"人的自然是趋向城邦生活的"，因为"每一自然事物生长的目的就是显明其本性，城邦这一终点上可发现社会的本性"（《政治学》1252a）。古希腊人无法脱离共同体来对人进行理解，共同体是有着某种（神圣的）德性、善，人在其中才可能发展（得到）自己的德性、善。同样，柏拉图在《理想国》中将城邦解释为大写的人，将体育与音乐列为年轻人必需的训练，音乐代表对美的追求以及聆听天体音乐的可能，体育则将"健全的躯体"与"高尚的灵魂"（《理想国》，403d）联系起来。共同体与人紧密联系在一起，都是秩序宇宙在人间的显现。在中国古代文化中，这一点被极为明确地表达出来，"即身而道在"

(王夫之,《尚书引义四》),因此中国古代文化极为重视"修身",身与礼紧密结合,人在共同体中的礼仪就是礼于身的反复实践,甚至个体独处时也要万般谨慎,因为这身对着神圣的天。对(身)体的(养)育,目的在于人本身的善或恢复人体的根本(天人合一)。

今日的竞技体育,准确地讲应该是现代竞技体育,其出发点与最终目的早已经伴随着现代性的兴起脱离了上文所讲的"秩序宇宙—共同体—人"的结构。而是形成了一套倚赖实证科学形成对训练—效用的算计—评估系统,以竞技胜负为价值基础,进行普遍化肉体复制的操作手段,以人造规范强行为身体树立发展目标,其结果是培育能够符合人为目标的肉体,甚至形成突破人类有限性的极限之吊诡心理,依此展开或深受竞技体育影响的教育体育存在着诸多不足之处。竞技体育的主要特征是:使用各种针对人体的训练手段,最大限度地发展人体的体力、智力、心理等潜能,以达到更高的竞技能力和竞赛目标,最终发展出在一定规则下制度化、体系化的竞争性体育活动。现代竞技体育的主要目的是培养人的肉身(含大脑算力及一定心理承受力)不断增强,最终取得竞争性运动的胜利。在此基础上,现代竞技体育又衍生附加了显示竞争力、体育—资本增殖、身体商品化、运动领域资本再生产等更多意涵,尤其是资本深度进入竞技体育领域,引发体育界的"偶像崇拜",深刻地影响并塑造了今日世界体育的面貌。在这个背景下,未经身体哲学审视的"体育"及教育体育,仍然是对身体进行着算计,并使用各种操作手段,试图达成某些可量化的目标,完全陷入训练手段—最终成绩的线性因果论中,仅仅为了让更多人参与进来以便自称"大众",对竞技体育高强度、摧毁身心的训练及竞技内容进行强度、难度的降低,其实质不过就是现代竞技体育的弱化版本、降低难度版本,最严重的问题在于这样开展的教育体育很难说是以人为本,毋宁说是以结果为本的。

从思想史的角度来看,现代竞技体育的迅速发展有着其思想基础和必然性。西方思想自古希腊起就突出"形式",进而对材料(质料)进行一种框定,结合形成一套依照某种不变本质运转的现象世界解释系统,既能够说明现象世界的生灭变化(质料的朽坏),也能够说明其间永恒不变的本质(不朽灵魂、理念)。可以看出,西方思想的二元论特征比较容易说明本质性的、不变动的本质特征,也比较容易形成离身反思的认知路径,从柏拉图的"理念论"到笛卡尔的"我思"均突出这一特征。肉身常常作为灵魂的囚牢、累赘,或成为某种客体对象,或成为思的对象,也容易更进一步成为某种理性算计的实施对象。西方文明的另一支柱基督教神学因其基本教义认为人及世界均为"受造",而能够支持一种将人与世界客体化并进而展开实证科学研究的思维方式(尽管现代神学已对此有大量批评），近代以来逐渐形成的人类中心主义及相应历史观，提出基于斗争（矛盾—二元）的发展观，与西方文明的思想根源密不可分，再结合启蒙运动带来的理性主义思潮与资本主义带来的生产生活方式的转变，人类过往的秩序宇宙结构变成了如下图所示的结构：

```
            人的理性及工具
                 △
       透明人、空心人    同质化群体
```

人的理性及工具取代了原本的神圣者，共同体被资本主义生产方式塑造的同质化群体所取代："可消费性是人为的，它比整齐划一更有效地推进同质化的发展。"[9](p.41)人变成了空心的人，被随意填充、覆写，永恒不变的神圣秩序被世俗化进程抹去，人成为宇宙（universe，物理宇宙）的主宰，原本通过"绝对他者"来认识自己的人，相对"绝对性"的"有限性"被模糊了，古典文化中独特而清晰的"人"也模糊了，最终在无限复制的同质化世界里，只能够通过量化的比较进行排序，并在同质化的群体中通过被肯定、被认可、被组织、被评价的方式对空心的自我进行填充，丧失了作为人的独特意义。我们看到，原本对独特神圣之身体进行养育的体育，转变为流水线标准化生产模式下的改造、生产的运动产业，独特的身体被物理主义、还原主义处理后的同质化肉体所取代。

人类中心主义不仅将整个世界客体化、对象化，进而为人所操控利用，以此实现对矛盾的克服，进而形成一种发展论，连人的肉体也难逃"异化"的结局，成为可操控利用的客体对象，最后也难逃被克服的趋势，现代竞技体育背景下的奥林匹克运动会的口号"更快、更高、更强"，虽然想要强调的是体育精神与其内在价值，但不幸是，今日竞技体育界往往更注重其外在价值与功利目的。在人类理性主义、工具主义兴盛之风的鼓动下，现代人希望通过训练手段、营养条件以及科技手段的提升来不停突破限度——有限性的人却需要不断地被突破，这本身就成为现代竞技体育的魔咒——更有甚者要摆脱或克服肉体从而进入数字世界获得永生。因此，从现代竞技体育诞生之日起，它就深陷各种怪圈当中难以自拔：现代竞技体育最严重的无疑是兴奋剂丑闻，1961年国际奥委会首次公布禁食药物名单，到WADA（World Anti-Doping Agency，世界反兴奋剂机构）成立，及WADC（World Anti—Doping Code，世界反兴奋剂条例）诞生，竞技体育界的兴奋剂与反兴奋剂风潮不仅没有减弱的趋势，反而有愈演愈烈的趋势，甚至不断向普通运动人群扩散，甚至出现兴奋剂使用者低龄化的趋势[①]；现代竞技体育的另一被大众所熟知的丑闻无疑是各种不公平竞争，如假球、贿选、操纵比赛等，奥委会成员乃至主席收受贿赂，国际足联深陷"腐败门"丑闻等都说明了现代竞技体育为达目的所可能导致的不道德境况；此外，在现代竞技体育的竞争原则指导下，运动员（甚至普通人）不停努力突破极限，至死方休已经不再是修辞，而是真实发生的，如运动员及健身爱好者长期高强度训练而导致心脏受损伤，已经成为医学界普遍关注的现象[②]。

如果说古希腊（实际上古代文明基本如此）身体观是身—心—灵的，那么现代竞技体育中的身体观是技术性的，如同狭隘的科学主义认为物质世界是可算计、可操作对象，身体也成为技术操作的对象。竞技体育中的运动员很容易不再是他自己，他的是其所是很容易被遮蔽、被彻底对象化、被算计并被操作，通过各种技术的操作去达成更高更快更强的目的，甚至使用各类违禁药物。运动员最终被变为标本和实验对象，其心灵几乎不对刻苦训练有任何贡献，而且可以观察到竞技体育中运动员的运动能力高峰与智性能力高峰相差几十年。除此之外，功利性的、技术性的特质让竞技体育很容易被其他因素影响甚至掌控，如法西斯主义与资本主义。纳粹在现代历史中首先发现并将竞技体育与民族主义结合并试图展示一种种族优越性，哲学家警觉"对软弱的蔑视是法西斯意识形态的核心，它内在于竞技体育"[10]，竞技体育中颂扬年轻和力量，鼓励了人们把强壮的人想象为更优秀的人，甚至把强者视为道德高尚的[11](p.232)，这一点柏拉图在《理想国》中已经借苏格拉底与色拉叙马霍斯的辩论进行了说明，正义决不能是强者的利益，强者也会犯错（338c-341b）。体育明星会犯错，正因他们也仅仅是资本增殖过程中的手段，竞技体育中的运动员无法以自身为目的，但目前上座率、收视率最高的竞技体育赛事正是由"超级工具主义的资本主义"[12](p.236)推动的。以上诸

---

① 兴奋剂的运动员滥用问题、低龄化滥用问题、普通人滥用问题的相关研究非常多，仅提供部分研究文献供参考：Bryan S. Nelson, Tom Hildebrandt & Pascal Wallisch, "Anabolic-androgenic Steroid Use is Associated with Psychopathy, Risk-taking, Anger, and Physical Problems", *Scientific Reports*, Volume 12, 9133（2022）；Anne E Nelson & Ken KY Ho, "Abuse of Growth Hormone by Athletes", *Nature Clinical Practice Endocrinology & Metabolism*, Volume 3, 2007:198–199；B.J. Spalding, *Black-Market.Biotechnology:Athletes Abuse EPO and HGH*. Bio/Technology, Volume 9, 1991:1050–1053；Paul K. Roberts, "Steroid Use and Abuse", *Nova Science Publishers*, 2010。

② 运动员的心脏因长期超负荷运转，除了增加了心颤、心律不齐、心动过速等问题概率外，还出现各种形态的瘢痕增生，导致心脏弹性下降，供血能力下降等，参见 Alexander V. Korotkikh MD, Julia V. Vakhnenko MD, PhD, Maksim G. Kashtanov MD, PhD., "Some Topical Aspects of the 'Sports Heart' Problem", *Current Problems in Cardiology*, Volume 48, Issue 10(2023)。

多弊端已经能够说明竞技体育的身体观不能指导真正的身体养育，也就说明当今流行的教育体育需要重新通过身体哲学进行一番审视，重新发掘体育的非必要逻辑，进而重新帮助人解放自身并对抗资本主义及其他工具性的目的[13](p.237)，这正是教育体育的着力之处。

三 身体哲学视域下的教育体育之意义

身体哲学视域下的"身体"，既不是器官、生理感应及意识（主动意向）的组合，而是一种动态地将意向、器官及生理反应等统合在一起的身体，其具备一种"原始意向性"[14](pp.222-223)，是基于身体所有意义发生的原初发生场，身体有自己的法则，人类只是依照这个法则构建的身体在各种情境中去知觉、理解："我对自己的领悟与我的生命共存，它是作为生命的一种原则的可能性的。"[15](p.74) 而这也正是中国古代哲学可以被视为"根身"[16](p.26) 的，即根植于身体的、由身体出发的、由身体养育的、由身体完成的哲学，此种观念与西方身体现象学不谋而合。这说明身体哲学从根本上就否定了任何对身体拆解、还原的企图，也拒绝离开身体谈意识、认知，故身体永远保持着某种敞开的神秘性。教育体育首先拒绝还原主义与身体功能拆分的运动训练，而渴求一种整全（the whole）的身心一致的活动，这种活动的本来目的就是养育完整的身体，揭开对完整身体的"遮蔽"。

从身体哲学来看，无论何种体育，都应是养育"本己"的身体，教育体育更应如此。"我整个的身体对于我来说并不是空间中并置的各种器官的组合。我对它保持着一种不可分割的拥有"[17](p.144)，"我们是根据自己身体的建构法则来知觉身体的"[18](p.213)，"我是世界"[19](p.75)。身体现象学离开前反思的身体，就不可能产生认识，也不可能生发出意义。人靠着身体去知道、认识和理解，通过身体实践，这就是中国古代"知行合一"的根本含义，也就是当今热门的"具身认知"之含义，知是在身体不断操练中展现出来的，即一种体—现（embodied knowing）。教育体育的开展，应该是每一个个体都能够将自己全身心地投入这种体—现的活动中，在体—现当中不断地涌现基于自身的认知与理解——"夫运而知，动而觉；不运不觉，不动不知；运极则为动，觉盛则为知。"（杨氏太极）运—动与觉—知紧密联系，并指向身体—宇宙图景的哲学奥秘，在身体哲学视角来看，运动—觉知不仅仅是个体的，也是整体性的，并且是在极尽身体之特性后有可能达到的："尽其性，赞天地之化育，与天地参。"（中庸）至诚本就是"无妄"，身心一如则澄澈无妄，这种修身的工夫论在古代中国乃至世界其他文明中都可以找到明确对应，并最终形成儒家的"修身"、印度的"瑜伽"、佛教的"止观"、道家的"修炼"等关于身体的教育。

如果进入中国古代的身体观，本己的身体问题就更加复杂，因为在中国古代的身体观念中，身体并没有绝对清晰的边界，如《内经图》所展示的，身体就是宇宙，宇宙也就是身体。借用西方哲学的术语来讲，在中国古代的身体观中，身体和宇宙的质料都是"气"，身体和宇宙（Cosmos）的结构是相同的，宇宙和身体的运行—规则也应该是相同的——身体的不适意味着某种失衡或失序，对应的解决策略是恢复秩序或恢复平衡。教育体育拒绝预设任何目的，而是在一种亲身投入的、敞开的生存活动中让身体自己实现的活动，就是一种身体自我教育的开展活动。教育体育也必然拒绝功利主义，不接受任何功利性的评价，而是在身体"运动—觉知"领悟中找到一种自洽、自适，并由此开展出"立命安身"之道，这难道不是中国古代先贤的伟大教育梦想吗？

从身体哲学来看，身体是在世的，走向世界，也就意味着走向他人，因此身体是交往的身体，世界是主体间性的世界，身体与世界都绝不可能是割裂孤立的，中国古代哲学也是如此理解："交通成和而物生焉。"（《庄子·田子方》）教育体育就是大众的，而不是各个社团的、运动领域的、运动类型的，也无关运动精英与非精英，而是活的完整的身体通过交往活动建立起来的，尤其在中国哲学中，在世的交往的身体本身就是伦理性质的。由此来看，教育体育是功夫论的，这种功夫就不仅仅是操练肉体，而是一种伦理的生存。如何养育我们的身体，就显示了我们是何种"德性"的，就是"反身而诚"（《孟子·尽心上》）。更进一步讲，基于身体哲学的教育体育的开展，本身就是对人类中心主义、自我中心主义的破除，因此教育体育是指向他人的，"一旦他人被视为我身体生命的体现，就同时意味着为他的社会伦理则必然被视为我自身身体生命的发用"[20](p.28)，身体本就是伦理的，生生不息是天之大德，此种德性也在人的生命中以各种方式显现，恻隐之心、民吾同胞皆是"天命之性"的开显，因此教育体育是以生命、以德来养育身体，身体需要存养浩然之气，才可能感应宇宙并与之相通，各种身体场中的活动让（伦理）意义不断开显，修身就是持续不断的伦理实践，最终指向天人合一。因此教育体育是以运动为开展方式的伦理实践，其全部外在价值均需为内在的伦理价值服务，在一种无目的的游戏氛围中展开——"玩耍就是为了玩耍本身的内在享受而被从事，玩耍内在地具有价值"[21](p.61)，教育体育应当让身体徜徉于游戏，以便追求内在于身体而被追求的唯一价值，最终能够领悟甚至开显身体的"安时处顺"（《庄子·养生主》）、"不逾矩"。在如此观念下对身体哲学进行实践的教育体育，就有可能打通养育身体与即身及道之间的联结，并且让体育重新焕发源初就具备德性或道德性，并以此矫正当今竞技体育的种种道德问题。

身体哲学视域中的身体是非线性因果的,身体与世界之间的关系是动态交互的、相互影响的、紧密交织的[22](pp.343-351),同时身体的自组织特性,使得其无法被对象化,也无法用技术手段去操控。身体的存有就是一种"场",这个身体场就有它的时—空,西方二元论思路中将身体对象化为肉体,试图去进行拆解还原各种觉知加上条件反射、信息处理、推测、联想等,尝试得出一套因果逻辑的身体系统。但是按照身体哲学来看,这些因素反而需要通过身体场才能够起效用。"以神遇而不以目视"(《庄子·养生主》)就是最生动的表达,不按照惯常的因果逻辑,以视觉主导身体运动,反而有"神遇"——这神并不只是简单的神秘,而是身体哲学所言的不被技术掌控、不被算计规训的身体之原本,即身体自己知道如何与世界打交道。中国古代思想家认为宇宙构成的基本元素是"气",并通过"负阴抱阳,冲气以为和"的运动方式将天地万物纳入其中并达成一种"合力",身心一如的圣人能够通过全身心"感应"的方式去领悟这种合力:"咸,感也。柔上而刚下,二气感应以相与……天地感而万物化生,圣人感人心而天下和平。观其所感,而天地万物之情可见矣。"(《周易·彖辞》)"非天下之神,其孰能与于此。"圣人以感应的方式把握变,"易无思也,无为也,寂然不动,感而遂通天下之故"(《周易·系辞上》)。按照这种观点,教育体育极尽可能地让身体与世界的交织特性展现出来,也反对简单的身体—世界因果逻辑,而是以"交织""气""弥漫"等概念来捕捉把握身体与世界的关系,并在此理解基础上开发多元的身体体验兼顾躯体功能发展的一套系统,其目的是把身体原本的气、内容焕发出来——"生气通天",以便在身体场中体—现,追求即身及道,而不以客观、人为、算计的指标为评价标准,恢复身体本具有的教育意义。

也就是说,从身体哲学来看,教育体育与人安身立命的"道"相连通,肉身的强健康泰是身心合一的教育体育的附带产物,而非直接目的。以人为本的教育体育追求的是身体"自然而然"的状态,通过各种游戏性的运动、弱目的性的运动(竞技与非竞技皆宜)、强调多元体验的运动、能够"忘我—投身"(关注身体本身)的运动等,让整全的身体自己开显,并"顺便"获得身—心健康,这样的教育体育是纯粹、简单的,不仅能够获得生命的多样体验,领悟并理解生命在于运动(一种能够投身的过程),还能够探索生命的内在维度,教育体育所面对的整全的身体正是本性具足、不假外求的身体;教育体育所涉及的实践方式正是担水劈柴无非妙道的方式;教育体育将要践行的是多识兼济、知行合一的教育理念;教育体育要批判的是技术、算法、资本试图改造并控制的"同质化"身体,而最终将体育、智育、德育、美育融合在一起，并以中国传统文化为底蕴、中西结合的身体哲学去实践马克思主义所提出人的全面解放。

结　论

从当代身体哲学的视角出发，体育指向的绝不仅仅是肉体的强壮、运动指标的达成与提升，而具有更丰富与深刻的教育意义。在身体哲学的视域中，活生生的整全身体乃是一切意义的发生场，作为发生场的身体是不能够被区分为灵—肉、身—心的，甚至是前反思的、无法被客体对象化的，它本身就是人类意义的来源，或者说人类的一切意义正是通过这基于身体的意义发生场得以体—现。身体就是生成中的，也是源源不断在世之中的开显，这恰好是承载生命的身体生生不息与孕育之本义，对活的身体进行生命本的呵护与孕育，就是教育体育，这种教育体育不仅继承优秀古代文化对于"德""德性"的讨论，并将对这些概念的理解与实践引回到基于身体的教育上，是知行合一的、身心不二的。通过教育体育，不仅能够将教育落实在意义开显的身体场，而且在一定程度能够弥补今日流行的竞技体育在教育方面的不足之处，帮助人对抗以资本为代表对身体进行工具化理解与改造的趋势，恢复身体哲学视域中身体的独特意义，最终目的是将体育、智育、德育、美育融合在一起的教育，并且是具身实践的、全面解放的教育。

参考文献：

[1] [11][12][13][21][美]海瑟·里德. 体育哲学导论[M]. 蒋小杰，刘晓，田艳译. 北京：社会科学文献出版社，2023.

[2] [3][14][17][18][法]梅洛-庞蒂. 知觉现象学[M]. 杨大春，张尧均，关群德译. 北京：商务印书馆，2023.

[3] [4]高明，涂白奎编著. 古文字类编（增订本）[M]. 上海：上海古籍出版社，2008.

[4] [5]熊斗寅. 初论体育学的科学体系[J]. 中国体育科技，1983，19(2)：18-26.

[5] [6]陈小龙，张宝强. 关于体育分类的思考[J]. 西安体育学院学报，2005，22(6)：30-31，57.

[6] [7]张新安，朱小平. 中国体育的科学分类[J]. 河南师范大学学报（自然科学版），1994，22(4)：95-97.

[7] [8] 刘转青，刘积德．我国体育分类刍议 [J]．体育学刊，2017，24（1）：47-51．

[8] [9][德] 韩炳哲．他者的消失 [M]．吴琼译．北京：中信出版集团，2019．

[9] [10]Torbjörn Tännsjö. "Is Our Admiration of Sports Heroes Fascistoid?" *Journal of the Philosophy of Sport*, 25, No.1(1998):23.

[15][19][22][法] 梅洛-庞蒂．可见的与不可见的 [M]．罗国祥译．北京：商务印书馆，2008．

[16][20] 张再林．作为身体哲学的中国古代哲学 [M]．北京：中国书籍出版社，2018．

Body Education and its Significance from the Perspective of Philosophy of Body

Abstract: Body education is the oldest and most common social phenomenon of mankind. Body education have a close ethical connection with virtue and justice, a political enlightenment connection with education and democracy, and a metaphysical connection with art and games. There is sufficient research on body education in the philosophical community. It is fully necessary for the philosophical community to study sports, especially the study of body education that carry the 'educational' function in the philosophical sense. Educational physical education is an education based on body-centered and embodied cognition. Therefore, the study of body education means moving from the conceptual, spiritual, and speculative cognitive model to living, being-in-the-world, and embodied cognition model. The change of model is also a reflection on the concept of body, education and sports under the dual cognition of body and mind (spirit). This kind of reflection is not only made by modern Western philosophers, but also the modern echo of the concepts in ancient culture such as endless life, harmony between man and nature, the unity of body and mind, and the connection between body and spirit. Body education is not only make up for the shortcomings of modern competitive sports in education such as emphasizing external values and utilitarian purposes, but also provide an embodied knowing path at the philosophical level, integrating the body with morality and virtue, which are educational aspects. The ultimate goal is closely connected to form the integration of physical education, intellectual education, moral education and aesthetic education.

Keywords: Body philosophy; Body education; Competitive sports

【作者简介】张生,男,哲学博士,现任四川师范大学哲学学院副教授,"身体哲学研究团队"负责人,研究方向:宗教哲学、身体哲学。

正念的身体哲学意涵

——以南传上座部内观为例*

王 鹏

【内容摘要】 当前正念运动中的禅修技巧主要来自南传上座部止观禅,但其哲学含义并未得到充分的揭示,尤其缺乏身体哲学视域下的阐明。本文由大及小(佛教身体观、止观、上座部内观)、层层递进地展开对正念的身体哲学意涵的剖析。第一部分论述了佛教身体观的嬗变,并指出这种嬗变的本质只是"身体本位"上的转变,即从"凡夫身本位"到"佛身本位",而非佛教义理的改变。第二部分在梳理止观的历史脉络后,表明了南传上座部止观的身体特性:规范身体、利用身体、"即身成佛"。第三部分凭借当代身体哲学的视角,解读出了上座部内观禅法的四重身体哲学意涵:第一,身体的本源性;第二,身体的退隐性;第三,身体的认知性;第四,身体的可塑性和超越性。本文将借此证明上座部内观和"十二因缘"都是身体本位的。同时驳斥了将正念和止观以及更广义的禅修仅仅视作修心活动的论调;反驳了将开悟或觉醒当作一转念即可完成的瞬时操作(即心即佛);强调了禅修和觉悟不可还原的身体性,并揭示了这身体性当中根深蒂固的惯性(即无明缘行的业力),因此对身体的转化需要漫长、艰苦、智巧的修炼。结论指出,只有以身体哲学的范式才能充分揭示正念在心理治疗和解脱论上的治疗机理:将包裹心灵的身体"重新习惯化"乃至最终"去习惯化"。

【关键词】 正念;内观;身体;身体性;习性反应

---

* 本文系四川师范大学教改项目"'身体哲学'实践路径探索与哲学特色课程体系建设"的阶段性成果;系国家社科基金后期资助项目"塞拉斯论推理游戏与规范性"(项目号:20FZXB002)的阶段性成果。

导言：从正念到止观

最近十几年来，"正念"（Mindfulness）[①]在我国得到广泛推广，研究者已经从心理学、临床医学、神经科学、教育学、宗教学、社会学等学科方向对它展开了多方位的研究，并产生了一定的成果。从心理治疗角度看，尽管对正念在临床上的效果（effects）及其治疗机理（theraputic mechanism）已经有了心理学、神经科学和生物学方面的揭示（如顾瑛琦，2018[1]；王云霞 & 蒋春雷，2016[2]等），但这类研究通常是定量的、所谓客观的和外部的（第三人称视角的），缺乏从定性的、主观的和身体内部的方式接近"正念"，也未将其置入佛教和东方文化的脉络中，所以无法揭示其丰富的哲学意涵，毕竟正念在古印度就是宗教和瑜伽的一部分，而在我国古代就是中华传统哲学（即工夫论）的一部分[3](pp.iii-viii)。认知科学方面，对正念的研究主要借助的是卡巴金的理论框架[②]，而没有参考佛学中如五蕴、心与心所等概念，因此造成了理论推进的困难。同时，虽然从佛教方面研究"正念"（含止观、内观、四念处）的文献已有一些（如 Indunil Philip Shantha, 2017[4]；哈磊，2006[5]；乌多拉，2007[6]；温宗堃，2013[7]；释净智，2016[8]；释道成，2016[9]；阮功信，2017[10]等），但这类研究多从文献典籍和历史角度进行诠释，缺少当代科学和哲学视域下的"理论重构"（reframe），也缺少跨文化、跨学科（认知科学—哲学现象学—禅修传统）的对话。另外，在东西方哲学比较与会通方面，学者们多从现象学与唯识学、身体现象学与儒家身体哲学的对话入手，已经形成唯识现象学、儒家心性现象学、儒家身体观等重要成果，但真正揭示正念所蕴含的哲学义理的研究不多（如刘宇光，2006[11]；Odysseus Stone, Dan Zahavi, 2020[12]；Çimen Ekici, Gulcan Garip, William Van Gordon, 2020[13]等），更缺乏从身体角度义解止观（如 Hye-Jung Jung, 2006[14]；Chien-Te Lin, 2013[15]等）。因而，对于有着深厚的禅修传统以及重实证和践行的佛学而言，当代的"佛学现象学"研究似乎仍有莱德（Drew Leder）所谓"身体缺场

[①] 以乔·卡巴金（Jon Kabat-Zinn）、英格勒（Jack Engler）、西格尔（Zindel V. Segal）、马克·威廉斯（J. Mark G. Williams）、约翰·蒂斯代尔（John D. Teasdale）等人为代表的当代正念运动，是一场理论资源驳杂、禅修技术多元的心理治疗（psychotherapeutic）与精神觉醒（spiritual awakening）运动。其中所包括的佛教资源，主要由大乘佛教禅宗（含传入日韩的曹洞宗与临济宗）与南传上座部佛教"止观"或"内观"传统（含马哈希传统与乌巴庆—葛印卡传统）构成。在正念运动中，禅宗主要扮演一种处世态度的角色，而止观禅才是具体的正念操作手段。因此，研究"正念"就必须将其放入"止观禅修"乃至更广的佛学历史脉络中。

[②] 认知科学研究当中一般把止禅（修定）称作 focused attention (FA) meditation，把观禅（修慧）称作 open monitoring (OM) meditation。参见 Michael A. West (Ed.), *The Psychology of Meditation: Research and Practice*, Oxford: Oxford University Press, 2016。

的现象学"之嫌。换言之,学院哲学并没有响应梅洛-庞蒂的呼吁"放下身段",即从非哲学经验(如禅修)中寻找意义和从事理性建构①。

本文以身体哲学为研究范式(paradigm)考察正念运动当中的南传上座部内观禅法(即内观疗法的佛教源头)。因为第一,只有身体哲学——而非意识哲学或心性哲学——才能充分揭示正念(及禅修)所蕴含的哲学智慧和现实价值。第二,由于现代学术体制内的哲学对佛教的研究大都忽视"禅修",要么斥之为神秘主义,要么认为其不具有哲学上的价值②,多因对身体的忽视有关。而本文正是要凭借"身体"这一枢纽来连接佛学、哲学与科学,并显示这一理论盲区的重要价值。为了在身体哲学的范式中考察正念(止观),尤其是思辨旨趣较弱的南传上座部内观禅,本文参考了一些既定的理论模型(包括张再林"中国传统身道"、杨儒宾"儒家四体一体的身体观"、梅洛-庞蒂"身体现象学"等),试图揭示在止观朴素无华的操作技法和看似简单的治疗机理背后那深刻的"身体智慧"(somatic intelligence)③,而这才是正念和内观得以治疗的真正原因。本文拒绝仅仅把当代正念运动、内观运动④、精神觉醒运动以及更深远的佛教禅修传统和其他文化中的精神修炼(spiritual exercise)传统当作一种修心训练,或一种仅可被心理学和神经医学作对象化研究的心理干预(psychological intervention),而是将它们共同视为身体哲学范畴当中的"修身"和"修行",此"身"已然是身心一如、即身而道在之"身",此"行"乃是超越行为主义刺激反应模式的"梵行"和"经行"。以身体哲学重审正念,会发现其中"贵身""身心一如""本源之身""即身成佛""体知""身体觉知"等诸多资源,本文只是抛砖引玉、挂一漏万。

一 一般意义上的佛教身体观

考察正念的身体哲学意涵就必须先考察正念背后的佛教身体观以及止观所体现的身体性(corporeality)或具身性(embodiment)。

佛教通常会给人"重心轻身"的印象,这一点似乎跟传统西方哲学(尤其

---

① 本文这个说法来自刘国英在编者序中的标题:"放下身段的哲学:哲学反思必须面对非哲学的挑战"。参见刘国英编《梅洛-庞蒂:以人文科学改造现象学》,《现象学与人文科学》2016年第6期,pp.xi-xiv。
② 关于当代哲学对禅修的误解与忽视及其背后更深的原因,请参见刘宇光《从现象还原法试探"五重唯识观"的哲学意涵》,《现象学与人文科学》2006年第3期。
③ 本文身体智慧的说法来自 Silva,请参见 Padmasiri de Silva, *Emotions and The Body in Buddhist Contemplative Practice and Mindfulness-Based Therapy: Pathways of Somatic Intelligence*, Palgrave Macmilan, 2017。
④ 对于内观运动的全面论述,请参见雷晓丽《传统与现代之间——南传佛教内观运动的探索与革新》,《世界宗教文化》2023年第5期,第58—72页。

是柏拉图主义和笛卡尔主义）如出一辙，尤其在大乘佛教瑜伽行唯识学派兴起后，诸如"一念三千""三界唯心，万法唯识""一切唯心造""意业为重"等广为流传的说法都表明了"意识"和"心"的优先地位，而身体则被放在了一个次要的、被排斥和否定的位置。然而，倘若返回原始佛教（Original Buddhism）或根本佛教（Fundamental Buddhism）的典籍南传巴利《尼柯耶》（*Nikāyas*）和北传汉译《阿含经》中，便会发现身体的重要性。逻辑很简单，根据基本教义"四圣谛"（苦集灭道），要根治"苦"，就必须修"唯一之道"（ekāyano maggo）即八正道；八正道作为戒定慧三学，其中"戒"是对身体的规范（正语、正业、正命），"定"是通过以身修止（正勤、正念）而得"禅定"（正定），而"慧"是通过如实观察身心（即内观/毗婆舍那）而得"修慧"（正思维、正见）。可见八正道乃是以身为道（场），止观乃是以身为法（门）。因此，原始佛教可以说是一种"作为身体哲学的学修体系"，而其基本的身体观则主要体现在基本经典与"三法印""十二因缘""五蕴""四大""三十七道品"等基础教义中，概言之：一是无常、苦、无我的身体；二是因缘和合、五蕴/四大皆空的身体；三是不净的身体；四是名色一体、身心一如的身体；五是中道成佛、即身是道的身体；六是人身难得的身体。[16] 这六种身体观是大乘佛教、藏传佛教与上座部佛教所共同分享的。由于上座部在基本教义、修行方法和身体观方面最接近于原始佛教，故在二、三节分析止观时再做展开。

大乘佛教兴起后，由于理论和实践的演进，佛教身体观也产生了一些变化，主要表现在"舍身布施"和"轮回和缘起的实在主体"这两个方面①。

第一，舍身和厌身的增加。舍身和厌身的思想在婆罗门教和原始佛教当中本就存在，只是当佛教传入中土后，这种思想更是由于传教的原因而狂热过一段时间，如《高僧传》等文献记载了一系列诸如积薪烧身、以身饲虎、燃指灼臂、割肉以救灾民乃至毁身残肢、弃绝生命的行为。[17] 另外，虽说在南北传经典当中都含有菩萨道思想[18]，而且不论南传"十巴拉密"还是北传"六波罗蜜"，也都将"布施"放在首德，但南传佛教一般只将成佛前的世尊和弥勒称为菩萨，因此它更偏向于解脱道，更注重戒定慧和止观的修持，目标是以此身此命证悟阿拉汉

---

① 据其他学者，佛教的身体观可概括为"舍"（舍身布施）"轮回"（缘起）和"修"（修行得道）三大特征，参见李向平、叶秋贵《佛教身体观及其现代意义》，《普陀学刊》2020年第十辑，第205—232页。李文还将佛教身体观分为四个层面：第一，"即身"和"隔世"的差别。第二，"即身"和"历劫"的差别。第三，"即身"和"即心"的差别。第四，"即身成佛"与"顿悟渐修"的差别。但该文并没有结合佛教义理和哲学理论对后两种差别做出全面和准确的分析，有待补充和纠错。不过，该文较为独到和深刻地指出，佛教的身体"既是一种'身心合一'的身体，又是一种'真俗不二'的身体。这意味着世界上的万事万物都被视为是人的身体行为的'目的论的项'，整个宇宙、人身都可以被视为是人自身生命、觉悟方式体现的身体场"。

（巴 arahant/阿罗汉）、趣入涅槃。而大乘佛教信众多发菩提心、行菩萨道（同时贬称声闻缘觉为小乘）：既然自身的解脱以众生的解脱为前提，因此舍身利他比贵身修道更值得推崇。

第二，缘起说的发展导致"实在的轮回主体"替换了"无我"。原始佛教强调"无我"，其缘起观一般被称作"业感缘起"，认为众生由惑（痴、无明）而作业，由业而生苦果，由苦果再起惑作业，轮回不断，因此身心皆由业力所起，其本质无我。龙树的空宗兴起后，也继承了身心的空性，不认为有个实在的主体在轮回。但随着唯识宗"赖耶缘起"（阿赖耶识为实体）、《胜鬘经》"如来藏缘起"（佛性/自行清净心为实体）、《大乘起信论》"真如缘起"（如来藏心为实体）、华严宗"法界缘起"（现象法性为实体）的出现，从本来的"无我说"似乎偏向了"有我说"，从本来的"唯名论"（无自性论/空宗）似乎偏向了"唯实论"（实在论/有宗），其论说方式也从本来的"行/业/身本位"（身体哲学范式）变为"心/识/佛性本位"（意识哲学范式）。当然这些变化都是理论发展的客观需要导致的："十二因缘"属于宇宙发生论，"四大"属于宇宙构成论，"五蕴"属于主体构成论，这些原始义理在哲学上还比较朴素，既缺乏体系化，也缺乏对缘起无我与轮回主体之矛盾的圆融回答。而大乘佛教的中观和唯识，都涉及了本体论与认识论，尤其是唯识学以先验哲学涵摄了本体论和认识论，本体与现象世界的"存在论差异"来源于阿赖耶识作为先验主体乃是现行七转识的先验条件，同时它作为宇宙本体既是现行界的原因又是其结果。[19]

可见，大乘佛教的身体观并未与原始佛教产生本质不同，只是原始佛教多从凡夫的角度讲身心的无常、苦、无我、不净，而大乘佛教多从涅槃者、佛果和佛性的角度讲身心的常、乐、我、净，殊途同归。

佛教的身体观还包括以下三个辩证特点：

第一，人身难得与身体虚假速朽的辩证性；佛教认为人身难得，所以劝人修道；认为身体虚假速朽，所以劝人莫贪恋肉欲、执着肉身，陷入"有身见"（Sakkāya-diṭṭhi）而难以解脱。

第二，贵身与厌身共存的辩证性；贵身是由于"身是菩提树，心是明镜台"，它充满智慧和正见，厌身是因为身体污浊不净，需要"时时勤拂拭，莫使惹尘埃"。

第三，身心/名色"不一不二"的辩证性；佛教反对"心身分别想"，即心物二元论，当然这种"身心不二"的观点绝不等同于西方哲学中一元论的身体观，如行为主义、物理主义和生物自然主义。因为一元论带有还原论的色彩，把不同的身心还原为完全一致的东西，而佛教在身心关系上主张的是"非一非异""不二中观"。例如：

> 缘生老死者，若有问言："彼谁老死？老死属谁？"彼则答言："我即老死，今老死属我，老死是我。"所言"命即是身"，或言"命异身异"，此则一义，而说有种种。若见言"命即是身"，彼梵行者所无有。若复见言"命异身异"，梵行者所无有。于此二边，心所不随，正向中道，贤圣出世，如实、不颠倒、正见，谓缘生老死。（《杂阿含·第297经》）

总之，佛教身体观之历史嬗变所体现的，在身体哲学的视角看来，是从"凡夫身本位"到"佛身本位"之论说重心的转变，并非佛学义理上的根本变化。

二 止观的脉络与身体特性

尽管学界已经从科学的角度揭示了正念（止观）具有治疗、减压等作用，并且通过科学机制（即因果机制）证明了"为什么佛法是真的？"（罗伯特·赖特语①）。但是，对于"正念为什么有治疗和净化作用？"却没有得到哲学的（先验）阐明，因为这有赖于哲学及佛学术语的使用，而非具有还原论色彩的神经科学和心理学术语。为何如此？因为，正念或止观从根本上而言是规范性的（normative）、价值性的（axiological）和伦理性的（ethical），它是人文世界中的文化活动，而不仅仅是自然世界中的机械运动或生物现象。同时，禅修作为一种修行法门和身体技术是伴随佛教世界观一并产生的，其旨趣是解脱论的（soteriological）和心理治疗的（psychotherapeutic），而非纯（自然科学式）认知的（cognitive）。因为根据"阿毗达摩"，科学对于物质的研究总归是借助"概念""名相""假名施设"（provisional label）的，无论科学如何分解物质世界，分解到极致，也仍然是"世俗谛"，它所揭示的自然规律仍然是"有为法"而非"究竟法"或"无为法"（Paramattha dhamma）②。因此，我们不能将"止观"完全纳入经验科学所使用的概念框架，并将其所缘/业处（即身心现象）还原为科学所预设和指称的自然对象，而是因将其纳入佛学脉络之中。

（一）止观在中国的脉络

中文"止观"是梵文 Śamatha（奢摩他）与 Vipaśyanā（毗婆舍那）的汉译

---

① 参见 Robert Wright, *Why Buddhism is True: The Science and Philosophy of Meditation and Enlightenment*, Simon & Schuster, New York, 2017.

② 上述对科学与止观对物质研究的不同，请参见玛德欣尊者（Mahinda Bhikkhu）《阿毗达摩讲要》，台湾南传上座部佛教学院，2009年，第71—72页。

（旧译）合称，巴利语为 Samatha-vipassana。它的别名是禅修、禅定、冥想、梵行、打坐、静坐、四念处、正念（巴 Sammāsati）等。"止"（Samatha）指静息动心、止灭烦恼、使心安住于一境，所以又译"静虑""禅定"等①。止禅培养定力，定是止的功德。"观"（vipassanā）指生发智慧、静明观照、观想事物的真性和实相，所以又被称为"观慧"或"内观"。内观禅培养智慧，慧是观的功德。在佛教戒定慧三学体系中，"止"对应戒、定二学，"观"对应慧学。这一划分既是佛学的分类，也是修习佛法的次第：在扫除妄念的基础上入静，随着入静的深化进而入定，再由定境中转为观照，最后"明心见性"达到智慧②。

　　前文已说过，原始佛教的止观禅法记载于《尼柯耶》和《阿含经》中，随着佛教向外传播，止观也有了一些变化。在南北朝前期，中国佛教的禅修以小乘（即《阿含经》中的止观）为主，像鸠摩罗什、佛陀跋陀罗等人所介绍的禅法多属小乘。直到天台宗才使得大乘止观禅法兴起，并逐渐成为中国佛教主流的修行法门之一，包括天台宗的"一心三观，止观双运"、华严宗的"法界三观"（坐禅止观）、唯识宗的"止观所缘，唯识所现"[21](p.3)、净土宗的"念佛三昧"（念佛止观）、禅宗的默照禅和看话禅等（即历事止观[22]），虽名称不同，但其修行技巧和作用机制均属大乘止观（主要是"法念处"）。另外，在佛教传入中土之前，道家的抱一、守静、心斋、坐忘、养生，先秦儒家的修身、养气，以及受佛教影响的宋儒所实践的静坐、体悟等方法也都含有"止观"因素。诸多研究表明，儒释道在修行方法上本就内在互通、相互参照，而以"身体为工具"的修行技巧一直都是三教工夫论的核心。[23](pp.vii-viii) 不过对正念和止观的"寻根"并非本文主要目标，笔者基于本教改团队教学实践的经验、禅修实操的方便性、文献的可获得性以及国际影响力等原因，将考察的焦点集中在南传上座部止观（尤其是内观）。

　　值得注意的是，受"正念运动"的影响，西方学者常常将"mindfulness"（正念）与"meditation"（冥想）结合起来，称之为"正念冥想"。然而，从佛学角度讲，正念只是四念处和八正道的一部分，主要指"止观"的操作心法，

---

① 根据正果法师的考察，对"止"的汉语旧译有 7 种之多。参见正果法师《止观讲义》，中国人民大学出版社 2007 年版，第 8—9 页。

② 对于戒定慧三学的次第，不同派别与不同学者对其理解也有所出入。例如，在《佛学概论：牛津通识读本》之中，作者便将定学放在最高阶段，将禅定（而非观慧）当作"人格的完整"。《中阿含经·卷 49》也将正定放在最高阶段："正见生正志，正志生正语，正语生正业，正业生正命，正命生正方便，正方便生正念，正念生正定。"（CBETA 2023.Q3, T01, No. 26, p. 735, c.7-13）这显然不同于上座部强调内观的一些宗派。他们认为，禅定必须通往观慧，因此八正道的最高两道是慧学的正见和正思维而非定学的正勤、正念、正定。参关大眠《佛学概论：牛津通识读本》，译林出版社 2013 年版，第 48 页。

即"对目标念念分明而不流失；全心投入于善行"[24](p.16)。它未含戒律与闻思资粮，本不应将其单独拎出来，更不应将其当作禅修的全部。另外，"冥想"与"沉思"在西语中是一个词，可禅修必定不同于胡塞尔所谓"笛卡尔式的沉思"（Cartisian Meditations），因此这种翻译似有不妥。不过话说回来，正是借助正念运动的势头，我国佛教界之外的俗众才接触到这一沉寂多年的修行技巧，同时多维文化视野、跨学科进路的佛教禅修研究才蔚然成风。可以说，尽管正念脱胎于印度婆罗门教与东亚佛教，但早已超越了宗教和东方，变成了一种全世界范围内流行的心理治疗术和修行法门。遗憾的是，目前无论是对正念的科学研究还是心理学应用，都淡化了它所蕴含的佛教因素尤其是止观因素，这也就使得其背后的哲学义理晦暗不明。

（二）南传上座部止观的身体特性

当代正念运动中广受欢迎且影响较大的南传上座部止观禅，主要有四支：

（1）缅甸的马哈希禅法：强调内观，所缘主要放在腹部的起伏上（身念处和心念处），不止有坐禅，也开发了成熟的行禅技巧。马哈希尊者与其众多弟子，如班迪达尊者、恰密尊者等，将止观禅法的影响从缅甸推向了全世界。

（2）缅甸的帕奥禅法：强调止禅的优先性，禅修者必须先有禅定的功夫（即获得禅那）再进入毗婆舍那观禅。帕奥禅师的弟子玛欣德尊者已将该禅法传播到了中国。

（3）印度的葛印卡禅法：由止禅、内观禅和慈心禅构成。强调内观，所缘主要在身体扫描（受念处）。该禅法由乌巴庆开创，后由葛印卡老师在全世界范围的内观中心（十日禅修课程）中被教授。

（4）泰国的隆波田动中禅：强调内观，所缘主要在手部有节奏的运动（身念处）。

不难发现，止观的第一个特性便是：以观禅为主，以止禅为辅。无论是上座部止观，还是经由世俗化改革的正念运动（包括北美"新内观"neo-vipassana），无不强调内观。这不是说他们忽视止禅，而是说除了严格忠于经与论（如《尼柯耶》《阿毗达摩》《清净道论》等）的帕奥禅法特别强调"四禅八定"外（因佛陀与弟子多以四禅证入涅槃），其他禅修体系都将"禅定"融入了"内观"。禅定通常分为：刹那定、近行定与安止定（根本定）；而强调内观的禅法认为，刹那定已经够用，因为它能令禅修者心如如不动、保持专注、镇伏五盖，体验到心一境性的沉静，以此定力再来修观。这样看来，当代上座部止观主要是内观（非干观，即纯粹修观而缺乏止），其解脱方式一般被称为是"慧解脱"（paññā-vimutti），区别于止观双运、定慧双修而达成的"心解脱"

（citta-vimutti）①。

第二个特性是向内观察自身。内观的英译是 insight meditation②，其表面含义有二：一是向"内"观照身心，二是洞察和领悟一切法的"内在"本质。因此，在认识论上，内观获得的经验是内在经验（inner experience），它不同于依靠肉眼或科学仪器"由外观之"而获得对于现象和表象的感性经验，而是"由内观之"而得的智性和悟性之体验（即体悟、修慧）。内观在方法论上也不同于被维特根斯坦和塞拉斯等心理唯名论者所批判的"introspection"（内省），因为内省会造成对身体内部感觉和感受的对象化和实体化，会形成"有身见"，而内观要破处"有身见"，看到一切法"毕竟空"。而内观的第三重含义便是指"内在于身体"，即以身体为工具、"即身成佛"（embodied transcendence）③。上座部内观既不同于大乘瑜伽行和如来藏一系的"修心"传统，比如天台宗"一念三千"、唯识宗"三界唯心、万法唯识"、华严宗"法界一心"、禅宗"即心即佛"、净土宗"唯心净土"，也不同于禅宗的顿教法门，如"明心见性""一念成佛""立地成佛"，而是强调修心和修身的一体性（身心不二）、解脱的过程性（渐修）和身体的不可还原性：第一，身体不可或缺；第二，借用禅宗三身的说法"法身、报身、化身"，一旦成就佛身（佛果）便不退转。就这一点而言，内观与藏密如出一辙：只有身心一并解脱，才算即身成佛。以现代学术的标准看，在哲学范式上，唯识学和如来藏传统更偏唯心论、唯意志论和意识哲学，而内观法门则更偏唯物论、实践论和身心合一的身体哲学，在范式上表现得更现代化。因此，内观禅修者非常注重禅修所培养的身体觉知，尤其重视身体上的苦痛，如坐禅时的腿麻、腰酸、胸涨、背痛等，将其作为用功观察的着力点。这不是推崇身体苦修，故意自找苦吃，而是强调以平等心直面身体之苦痛（对于解脱）的重要性，这一点不同于藏密与印度教。

---

① 本文对上座部内观解脱方式的概括可能仍有争议，有待进一步探讨。对于心解脱与慧解脱在原始佛教经典中的全面考察，参见释圆明《〈尼柯耶〉及〈阿含经〉"心解脱、慧解脱"之研究》，中央民族大学，博士学位论文，2018年。

② 有学者比较了内观、洞见与直观的区别。并认为内观所获得的智慧是一种上等的理解行为（a suprior act of understanding），并且是对概念性知识（正见）的实现（修慧），也就是说佛法的正见（闻慧和思慧）是获得修慧的前提条件。参见 Fabio Giommi, Henk Barendregt, "Vipassana, insight, intuition: Seeing things as they are", *Psychology of Meditation*, Ed., Nirbhay N. Singh, Nova Publishers, 2014, pp.129-146。

③ "即身成佛"，笔者用来指代上座部佛教的解脱方式，凸显了两种传统的相似性。但严格来说，上座部佛教并不追求成佛，而只是解脱，即证悟涅槃、成为阿罗汉。而对"即身成佛"最准确的翻译，笔者认为是来自 Pagis 所说的"具身超越"（embodied transcendence），指通过内观身体超拔出我们在其中的所有情境以及所有的社会身份，请参见 Michal Pagis, *Inward: Vipassana Meditation and the Embodiment of the Self*, Chicago and London: The University of Chicago Press, 2019, p.11。

第三个特性是以正念为法门。当强调它的具体操作方法时，内观就是"正念"（right awareness/ 正确的觉知）。卡巴金对练习正念的态度做出了世俗化、科学化的阐释："非评判、耐心、初心、信任、无争、接纳及放下。"[25](p.18) 这 7 个态度在他看来相互依存、相互影响。另外，卡巴金还将正念定义为："以一种特殊的方式注意：有目的、在当下（in the present moment）、不加评判。"[26]① 而在巴利语佛典中，正念写作 Sammāsati，sati 指念、随念、忆持，因此又被译作"正忆念"，有忆持不忘所缘之义。马哈希尊者解释道："念的意思是回忆……以警觉和念念分明深入四无色界是称为不放逸。不疏忽的意思是念随时都惊觉，不忘审观一切举止。"[27](pp.2-3) 如果说西方哲学秉持的是反思原则，即苏格拉底的"未经审查的人生不值得一过"，那么东方禅修（即正念）秉持的是另一种意义的"反思原则"，即将反思或审查的最基本单位当作"念头"（而非思想，后者以命题或语句的形式存在），这就是用中立的方式"观照所缘而不失念，与善心相应而无邪念"[28](p.1)——又被称为"如理作意"（yoniso manasikāra）与儒家的"诚意正心"亦有所切近。

第四个特性是以四念处为对象。当强调它的观察对象时，内观就是"四念处"（Cattāro Satipaṭṭhānā），即身念处（观察身体）、受念处（观察身体的感受）、心念处（观察心智的活动状态）与法念处（观察六根所缘的一切身心现象）。马哈希尊者指出，四念处是以 Sati（念）和 patthana（牢固地）两个字组合成的，指"牢固地住立于（身受心法）上的正念"[29](pp.2-3)。从五蕴上来划分，身念处的所缘是色蕴，受念处的所缘是受蕴，心念处的所缘是识蕴，法念处的所缘是想蕴和行蕴。四个所缘也就是建立觉知的四种途径。

第五个特性是解脱道。当强调它作为净化与认知活动的结果时，内观就是"解脱道"。内观禅修者将通过精进地修行而体验到主观和客观世界的本质：无常（即身心不断变化没有恒常性）、无我（无自性/无实体性/空）、苦和不净（身心充满烦恼污秽）的实相。修习四念处体知（以身体具体细微地感知）到"五蕴皆空"（色受想行识皆无自性）的实相——这绝不只是概念和理论上的把握——从而产生对身心的厌离和超越。作为认知活动，四念处可以消除凡夫的邪见与颠

---

① 但卡巴金的现代化改造也遭到一些批评，比如德雷福斯（Georges Dreyfus）就依据佛典指出，正念并不只是围绕着当下，而是涉及过去和未来；也不是完全非评判的，而是评价性的。因此，他认为对正念的现代解读并不准确，不足以提供对正念展开理论分析的基础，因为它并没有强调正念的忆持本性（retentive nature），以赋予其所谓的非概念性以优先地位。参见 Georges Dreyfus. "Is Mindfulness Present-centred and Non-judgmental? A Discussion of the Cognitive Dimensions of Mindfulenss"，*Contemporary Buddhism: An Interdisciplinary Journal*, Vol. 12, No. 1, Routledge, 2011, pp.41-54。

倒，即想颠倒、心颠倒、见颠倒。凡夫见到美色就执著，对色蕴持乐想（贪），身念处对治乐想。凡夫在痛苦中体验到排斥（嗔），并希望赶紧体验到乐受，受念处能令凡夫体验到各种感受的生灭，从而了解苦谛。凡夫认为心是恒常的（无明），有个恒常的"我""灵魂""自我意识""先验统觉"等，心念处是为了破除常想，体认"识"的无常。最终通过修习法念处而祛除各种邪见、培养正知正见。

第六个特性是内观需要积累戒律①和闻思的资粮。与卡巴金和西格尔这些世俗化的正念修习比起来，上座部止观与大乘止观一样，非常重视资粮，也就是修行的前提条件。觉音尊者在《清净道论》第一章就讲戒（Silā），包括思戒、心所戒、律仪戒。[30](pp.7-8) 戒的功德有五种：得大财聚、得扬善名、得无怖畏羞惭、得不昏昧、得生善趣天界。[31](p.10) 马哈希尊者在《清净智论》中一开始就讲"戒清净"，"因为当它得遍净时，方能成就修行"[32](p.3)。葛印卡也认为，持戒是修行的基础，而且持戒本身即可被当作修行："我们做好的行为，就体验到内在安详的天堂。"[33](p.77) 修习内观"有赖于一颗非常清明平静的心。池水若是搅扰不定，就无法看清它的深处；同样的，想要往内深观，就需要一颗平静而不受干扰的心"[34](p.77)。另外，持戒可以让人"远离所有会令旧有习性增长的行为。……只要做了任何有害众生的事，都等于在修行的道路上不进反退，阻碍了解脱道上的进展"[35](p.77)。除了戒，还需要闻思正见，那就是亲近善知识，获得正确的教导和对佛教理论的掌握。

通过分析这六大特性，便显示出上座部止观最根本的特性，即身体性或具身性：通过规范身体、利用身体（观察身心）、"即身成佛"（具身超越），止观乃开发功德、禅定与智慧的法门。按一般佛教的说法，禅定、智慧与慈悲都是身体的功德，藏于身而应于心，而成就功德需要积年累月地修行，从而化"凡夫身"为"佛身"（这绝非"一转念"就能顿悟的，因为身体和心灵有无明业力带来的惰性和惯性）。若按中国哲学的说法，内观是本体论（身心共本）、工夫论（修身与修心）与超越论（内在于身体的超越）的统一；按西方哲学的说法，它是存在论、认识论、（解脱与认知）方法论和伦理学的统一：它既具有认知的作用（洞见实相），又是治疗和解脱的方法（身心净化、斩断烦恼），还具有伦理的功效（产生自利利他的积极情感，即慈悲）。

---

① 包括五戒：1. 不杀生、2. 不偷盗、3. 不邪淫、4. 不妄语、5. 不饮酒。八戒：1. 不杀生、2. 不偷盗、3. 不淫、4. 不妄语、5. 不饮酒、6. 过午不食、7. 不着华鬘香油涂身、不歌舞观听、8. 不坐卧高广大床。且将八戒中的第七戒分为两条戒，再加上不持金银戒，如此便构成十戒。

三 内观的身体哲学意涵

与我国古代的大乘止观相较，当代上座部内观有两个鲜明的特点：第一，强调身体和感受：对于初学者首重身念处（Kāyānupassanā）——包括观呼吸（又称入出息念/安般念/Ānāpāna-sati）——和受念处（Vedanānupassanā/即被卡巴金正念称作"身体扫描"的法门）的传授；第二，简单可操作：一般不以"禅那"①作为必要条件，也不同于唯识止观那样具有复杂理论（五重唯识观）和"广大、细致、系统"的特点[36](p.87)。另外，当代的内观禅法继承了原始佛教与上座部的教义，所蕴含的身体观包括：（1）身体的无常（anicca）、苦（dukkha）、无我（anattā）；（2）心身关系上的身心一如且不一不异；（3）在纵欲与苦修之间的中道而行；（4）利用身体的"即身成佛"（指解脱）等。不同的派别在传授其内观禅法以及在义理阐释上展现出了一些微小的、可忽略不计的差别。而综合当代身体哲学的成果，我们可以概括出一些共同原则：第一，克服身心对立，以及进一步的感性与理性、物质与精神、客体与主体、外在与内在的对立关系；第二，强调身体的本体论地位，以及身体作为宇宙生发结构的宇宙论地位；第三，强调身体的认识论地位，比如强调具身觉知或身体觉知的优先性。现在，我们可以结合当代身体哲学的理论资源而将上座部内观中的身体哲学"再概念化"（re-conceptualize）为以下四个紧密相关、相互嵌套的要点：（1）身体的本源性；（2）身体的退隐性；（3）身体的认知性；（4）身体的可塑性与超越性。注意，下文所论之四个特性都属"身心一体之身体"，而非肉体独有。

（一）身体的本源性

从现象学角度讲，内观禅修所凭借和成就的身体，是作为本源性的身体，是经过禅修的"现象学还原"②而呈现的"身体主体"或"身体本体"。它不同于常

---

① 禅那（巴 Jhāna），源自 Jhāyati（禅思）或 Jhāpeti（使燃烧），指令心顽强地专注于所缘境，凝然寂静而达到不散乱之状态，或以烧毁了五盖为标志。在上座部佛教当中，止禅的修行方式主要在安般念。但一般认为，禅那无法根除内心深处的不净烦恼。参见威廉·哈特《内观：葛印卡的解脱之道》，台湾内观禅修基金会翻译小组译，海南出版社 2009 年版，第 205 页。

② 对于禅修与现象学的相似性有巨大的争议，比如扎哈维与斯通二人就反对这种类比，参见 Odysseus Stone, Dan Zahavi, "Phenomenology and Mindfulness", *Journal of Consciousness Studies*, 2021, 28/3-4, pp.158-185。但本文只是在比喻的意义上指出，禅修可以"回到事情本身"即洞见身心实相，这一修行法门与现象学的悬置并非完全一致，如两者旨趣不同、功能不同、所依哲学义理不同，但就揭示真理来说亦有相似之处。当然也有与笔者类似的最新意见，比如 Daly, Anya & McCaw, Chris（2023）。两位作者认为：第一，现象学与佛教正念都是以活生生的体验（lived experience）为出发点；第二，两者都通过一些操作（而非仅仅在概念或理论上）转换体验；第三，两者都质疑同一个世界，并认为世界在本质上是被缘起（interdependent and radical contingency）定义的。最后两位作者通过聚焦于"当下"的角色，来指出现象学与佛教正念的理论合流。参见 Daly, Anya & McCaw, Chris（2023）。

识思维（自然态度）下的那种主客对立、人我区隔、身心二分、客观时空中、自然法则下的身体，后者只能叫作躯体、肉体、皮囊、机器等；那是传统唯心主义哲学、意识哲学、心性论哲学所矮化的身体，也是凡夫由于"有身见"（萨伽耶见/梵 Satkāyadṛṣṭi/ 巴 Sakkāya-diṭṭhi）所执着的虚伪身体。

由于佛学（或现象学）与自然科学以及（受自然科学影响渗透而形成的）当代常识对于"什么才是本源？"的问题有着莫衷一是、截然相反的理解，因而当我们说"本源的身体"时，总是容易引起没有禅修经验与现象学训练的读者所误解。在自然科学的视野中，或在未经哲学训练的情况下，人们倾向于把本源的身体理解为纯粹肉体性的、生理性的、生物性的、物理性的或机械性的。因而也就容易将其对象化或自然化为一个自然科学研究中的"客体身体"，一个可以被定量分析、定性分析、解剖研究、观摩展示的物体。但是，当修内观达到一定阶段时，禅修者所体验到的身体，不再是科学研究者眼中的那个作为对象的"客体身体"，而是整个外在世界（外境）和主观世界（内境）得以呈现并具有意义和可理解性的本源，即"身体主体"。而这一作为本源和主体的身体必须通过先持戒、后修止、再修观才能洞见和证得，而这个"本源之身"才是我们真正的自己。西方哲学的箴言在于"认识自己"，但上座部佛教更强调另外一种意义上的"认识自己"。比如，威廉·哈特就写道："认识自己不能单纯只在知识、概念和理论的层面，亦不只是在情感或信仰的层次，仅仅盲目地接受所听闻或阅读过的。这样的知识是不够充足的，我们应该从实际层面去了解真相。我们必须直接体验到这身心的实相，单凭这点就可以帮助我们从不净烦恼、痛苦中解脱。"[37](p.9) 可见，认识自己要从身体开始，并回到身体，即"反身而诚"。

这一多层次的"本源之身"在佛学和内观当中体现为：在解脱论上，痛苦之源与灭苦之道（即四圣谛）；在本体论—发生学上，整体存在之本体和本源（即业感缘起的六识身）与最终归宿（即如来身/法身/佛身/Tathāgata）；在认识论—解释学上，认识之本源（先验条件）和理解之基础（前理解）。本小节只论证前两点，第三点放在"（三）身体的认知性"中展开。

第一，从解脱论上看，佛法是为医治人们的"苦"而出现的。根据上座部教义，痛苦的原因在我们每个人"身内"（即五蕴：色受想行识）；因而灭苦之道也在身内。

首先，表面看来人能凭意志控制身体，然而就另一个层面而言，所有器官都不受我们控制，且都在我们不知情的情况下运作。哈特写道："就更细微的层面而言，身体的每一个细胞内，不断发生的生化反应，我们完全没有体验、一无所知。……追究到最后，这个看似坚固实在的身体，是由许多亚原子粒子和空间所构成的。……即使这些亚原子粒子，也不是具坚实性。……这些粒子持续不断地生起、灭去，存在又逝去，就像一股振动之流。"[38](p.32)在修内观时，禅修者以一定的定力会体验到身体作为"振动之流"的存在。佛陀认为，每个"人"都是一连串前后不同但相互关联的事件。每个事件都是前一事件的结果，毫无间断、不断延续。正如《楞伽经》将心比喻为流水，称作"自心现流"。既然人的身心是事件、过程、因果链条、河流，误将其当作恒常、静止、固定就是邪见了。其次，佛陀发现整个物质世界都是由许多粒子组成，它们呈现出"四大"即地（软硬）、水（黏着）、火（冷热）、风（动）的特性，貌似具有恒常性，实则不断生灭。而"我"就是"波动或粒子的持续之流"。总而言之，就身体的不受控制（苦）、其组成的非坚实性（无我）及其存在的不断变化（无常）可知，凡夫错把身体当成是"我的"，或把身体当成是"我"，即大乘所谓"人我执"，这是苦的根源。因此，凡夫的本源之身（即身心之本质）便是无常的、苦的、无我的"色、受、想、行、识"之流，而它们没有实体，总是隐匿地、无意识地构成我们的日常活动，而只有内观才能看清它们的本质。马哈希说道："当你弯曲、伸出或移动肢体时，五蕴就在弯曲、伸出或移动里，只是你不知它们为五蕴。这是因为你没有观照它们，因此未能如实地看清它们。由于不知道它们的实相，你就以'渴爱'和'邪见'执取它们。"[39](p.38)换言之，造成痛苦的原因就在于对身心实相"不做内观"，即对五蕴的无意识。

对于"心"，通常"受、想、行、识"的排列习惯在葛印卡内观和马哈希内观中分别被调整为"识（viññāṇa 认知）、想（saññā 辨别）、受（vedanā 感受）、行（saṅkhāra 习性反应）"和"识、受、想、行"的发生顺序。葛印卡指出，心的第一步运作过程是"识"，指心接收的部分，一种未辨别的觉察；第二步是"想"，辨别"识蕴"所接收的东西，予以分辨、命名、归类和评价；第三步是"受"，随着"想"的价值判断，感受随之变得愉悦或不愉悦；如果感受是愉悦的，就会希望这愉悦的感受能延长或强化；若是不愉悦的，就想将其排除终止，结果心就生起喜欢或厌恶的习性反应，即"行蕴"。马哈希也举例说，在你弯曲胳膊时，弯曲的活动始于弯曲的意欲，接着弯曲过程的物质现象一一显现。在弯曲的意欲中有四种心理的蕴：要弯曲的那个（知道的）心是"识蕴"；当你弯曲时你可能感受到乐、苦或不苦不乐，这个过程中便有"受蕴"；接着有"想蕴"，即记认弯曲的蕴。然后是"行蕴"催使你弯曲，它好像在说："弯吧！弯吧！"[40](p.39)。弯曲的意欲（识、受、想、行）和弯曲的动作（色）共同构成弯曲。

在身心关系上，内观修习将告诉我们，它们是"一个铜板的两面：一面是心中所出现的意念或情绪，另一面是身体的呼吸和感受。……因此，借由观察呼吸或感受，我们其实是在观察心中的不净。"[41](p.7) 换言之，四念处（尤其是受念处）可以净化和去除烦恼的机理在于：身体感受（情绪）与思维（思绪）的伴生；这一由内观与科学共同揭示的客观事实就决定了观察身体感受即可拔出心中污秽。除了揭示身心一体两面的特性，上座部内观反对"心脑同一论"，不认可心只存在于头脑里，比如葛印卡就认为"整个身体都包含了心"[42](p.37)，而玛欣德尊者则根据《清净道论》和《阿毗达摩》讲到，心所依处是心脏而非大脑[43](p.108-109)。既然身心一如，那么修身（身念处和受念处）与修心（心念处与法念处）就是一回事，只是侧重点不同而已。因此，对于内观而言，身体的本源性体现在：它是痛苦的源头，也是解脱的起点，更是修道的途径。

第二，从本体论和发生学上看，我们对身心实相的"无明"（痴/Avijjā/ignorance）是我们不断产生伤人伤己的习性反应（sankhārā/reaction）的源头，它同时也是所有存在（all existence）的本源。而这种无明，其实也是"身体性"的，而非仅仅是意识和思维上的，也就是说，它无法通过认知（闻慧）和思维（思慧）来根除。

根据"十二因缘"（paṭicca-samuppāda）：无明缘行（sankhārā），行缘识（viññāṇa），识缘名色（nāmarūpa），名色缘六处（saḷāyatana），六处缘触（phassa），触缘受（vedanā），受缘爱（taṇhā），爱缘取（upādāna），取缘有（bhava），有缘生（jāti），生缘老死（jarāmaraṇa）。这十二个环节，英译为 Dependent Origination 或 Conditioned Arising，说明一切现象都是辗转感果（因）和互为条件（果）的。后来的小乘说一切有部在阐明十二因缘的时候，提出了"三世二重因果"（此说后被《清净道论》等上座部论典继承）："三世"指过去、现在和未来；"二重因果"指"无明"和"行"作为过去世的因，导致了"识、名色、六入、触、受"的现在世的五果；而"爱、取、有"作为现在世的三因导致了"生、老死"的未来世的二果。"十二因缘"往往被称作因果法则，也就是"业"（梵 karma/ 巴 kamma），而业的字面意思就是"行为"，而真正的业，作为痛苦的真正起因，就是身心的习性反应。业的因果法则即：

此有故彼有；此生故彼生；此无故彼无；此灭故彼灭。(《杂阿含经》卷 10)

Sankhārā 即行蕴，在巴利语中指形成的行为或被形成的被动状态，也就是指身语意的造业，既指有意识的造业（active karmic volition），也指无意识的造业。它的英译是"reaction"（葛印卡）或"mental formation"（马哈希），是对外界作用（action）的盲目反—应（re-action）、反—作用而形成的心理状态。威廉·哈特写道："痛苦是我们每个人对于这个身（色蕴）和心（识蕴、想蕴、受蕴、行蕴）的过度执著。"[44](p.58)而这种执着或执取的形成，是由于"刹那刹那喜爱与厌恶心理的习性反应。这些短暂、无意识的心理反应，一刻接着一刻地不断重复、加强，形成强大的引力和推力"[45](pp.60-1)。大乘佛学又将"行"称作造作、习气、有为法等，是熏染所致。从心理学角度看，它还可以被当作是一种习惯（habit）或行为模式（behavior pattern），其特点是无意识的、盲目的、自发的、条件反射式的、难以察觉的、隐匿的、随眠的、日积月累的、根深蒂固的、积习难改的、惰性的、趋利避害的、趋乐避苦的、有害的。这样看来它本质上是属"身体的"（corporeal）或具身的（embodied）。因为，一方面身体发出"行"——即使心念也要依靠作为身体的头脑和心脏，正如王阳明所言"一念发动处就是行"——"身、体"是"（业）力、行（蕴）"的前提条件；另一方面，对身心的改变绝非一朝一夕（所以要渐修），而禅宗"即心即佛""见性成佛"按身体哲学的角度看，不应被理解为只要一转变心念或见到本性就能瞬间顿悟成佛，而是元音老人所谓"明心见性与悟后渐修"①。从身体角度看，"无明"是"行"本身的特点，行、造作、习性反应本身就体现了无明，而不是在"行"之前有个单独存在的无明现象或心理状态。

另外，从对行与识、识与名色六识的关系的分析中，也可揭示身体的本源性。

十二因缘的前三个环节为：无明缘行（若无明生起，习性反应就发生）；行缘识（若习性反应生起，心识就生起）；识缘名色（若心识生起，心和身就生起）。可为什么心和身生起的原因还是"心识"？前一个心识和后一个心有什么区别？按照学界通常对原始佛教十二因缘的解读，前一个"心识"指"生命在转世时的精神活动"[46](p.35)，而后一个名色中的"心"指"投胎后，胎儿在母体中精神和身体得到了发育。"[47](p.35)上座部佛教普遍也将十二因缘当作是前世、今生和来生的轮回，只是强调没有一个恒久不变、生生世世接续不已的实体。而唯识宗却把前一个"识"当作"根本识"，指阿赖耶识、种子识，它是"一个永恒轮回但又不断变化的主体，蕴藏着生出世间现象的种子；同时，这些由阿赖耶

---

① 因为禅宗是彻底的中国化的宗派，其彻底性表现为取消了凡夫与佛、烦恼与菩提、此岸与彼岸的分别。表面看来这与上座部佛教尤其是其渐修理念是矛盾的，但也有学者指出禅宗就是大乘佛学内部的上座部佛学。当然这个问题不是本文的篇幅可以讨论清楚的。参见乔凤杰《从缘起论到解脱》，《船山学刊》2004年第2期，第114页。

识变现的种子所生出的世间现象，又不断地熏习着阿赖耶识"[48](p.114)。可见唯识宗是意识本位的、主体性的唯心主义哲学。然而，不管此"识"是前一世的还是根本的或先验的，从上座部内观角度看，它不是最本源的，因为它的原因是"行"，它的特性是业、染污和无明。即使唯识宗的玄奘所译的《缘起经》也表明了"身"的本源性：

> 行有三种，谓身行、语行、意行，是名为行。行缘识者。云何为识。谓六识身。一者眼识。二者耳识。三者鼻识。四者舌识。五者身识。六者意识。是名为识。(《大正新修大藏经》第 2 册 No. 124 缘起经）

可见，"行"包括身、语、意，它们都是属"身体的"，即做出来的；而"识"是"六识身"，即其他六识之"身"（本源、本体），也是属"身体的"。因此，《缘起经》《杂阿含经》等原始佛教的概念框架都是"身体本位"而非"意识本位"的。而内观正是以无明、行、业为痛苦之根和解脱之源，这也是一种身体本位的解脱论哲学。

这一点倘若我们停留在意识哲学的范式中是难以注意到的。比如，持心物二元论的笛卡尔与持先验唯心论和自由意志论的康德由于对身体（本源之身）的忽视，而无法说明"心灵实体"或"先验主体"的来源，也无法说明"经验自我"（即身体）的真实地位（不究竟地将之归为物质界或现象界）。经验自我是无法进行彻底现象学还原的剩余物。而正是经验自我所具的本源性、不纯粹性（染污性，指含有欲望邪见）、惯性（业）、可塑性等特点，才使得禅修的治疗得以可能：修行就是将我们的身体"重新习惯化"（re-habituation），即建立观照五蕴的习惯，乃至最终"去习惯化"（de-habituation），即祛除一切贪嗔习气。另外，在意识哲学的范式中，由于身体的缺位而无法解释"意志薄弱"的问题。必须调整到以"身体"为范式的哲学视域中，才能解答意志为何薄弱、自由何以可能等问题。归根结底是因为"自由"或"意志"总是具身的和在世的，而身体总是政治权力展现和社会规范展现以及精神修养的场域（黄俊杰语），因而"自由"和"意志"本身总是有不可还原和不可悬置的具身性和在世性，它们是通过身体（戒定慧）修来的，不是被给定的或假设的。而真正的自由叫"解脱"，真正的意志叫"无为"。

（二）身体的退隐性

在止禅中，入定的禅修者通过体验坐姿、呼吸、身体运动（腹部起伏、心跳）的稳定性（即"心一境性"）来体验到世界的稳定性；在内观中，禅修者通过体验身体、感受、思绪的变化无常来体验到世界本身的无常。但这些由内观中身体所带来的稳定性和无常性，却是自然态度下难以发觉的。这是因为身体有着退隐的特性。

第一，身体本体具有隐匿的特性。身体常常退居幕后，不刻意表现自己，总是"上手地"供主人所使用。也正因如此，身体常常被遗忘。虽然身体总是伴随着我们的一切经验、认知和行动，总是出现在"我"的场所之内，但身体往往不是"我"当下关注的焦点所在，"我"的注意力往往越过和略过身体而落在"我"所关注的外物上面。胡塞尔和梅洛-庞蒂的身体现象学揭示出了：身体作为我的世界的导向零点、我的存在的定锚（anchorage of my Being）[①]。这一"零点"与"定锚"的特性使得身体始终帮助我烘托焦点现象，随着呈现之物而连带呈现。内观就是将注意力重新转回到我们作为内在性（interiority）、零点与定锚的身体上。作为一种悬置"身体之日常性"的修行技术和哲学态度，内观帮助人们恢复对于身体的觉识，同时提醒禅修者总是回到作为"世界之本源性的身根"（即身体本体），从而克服分别心（即身心等一系列二元对立）所造成的烦恼和痛苦。同时，身体的隐匿性也体现了身体的顽固性，这种顽固性由于隐匿难现，常常使人误以为觉悟可以瞬时达成。

第二，身体是我们退隐修行的道场。对于初学者而言，学习内观是需要闭关修炼、全程持戒的。中国文化常常强调"入世修行""大隐隐于市""红尘中历练""在事上磨"，但上座部内观承认"外息诸缘"的必要性。因为初学者倘若没有戒定慧的保护，直接暴露在欲海中，其心性是很容易"溺亡"的；只有经过退隐的修习，才可回归市井。因此，内观需要退隐，内观是"退隐的技术"（借用福柯之语）。这里的退隐有两层意思。第一，退隐修行；第二，退回身体。本文强调身体和内观的退隐性，主要针对的是大乘佛学尤其是禅宗过于"入世"的追求。当禅宗破去常规、破除坐禅的时候，戒定慧三学体系就无"身"可依了。而现代人如果暴露在过度刺激的环境中，以身体为道场的退隐也许有助于恢复其身心的平衡与健康。

（三）身体的认知性

对于有经验的内观禅修者而言，内观所获的般若智或观慧（paññā）本质上是一种身体智慧：它不是纯粹理智性的（intellectual）、概念性的（conceptual）闻思知识（即知道如此/knowing-that），而是证得的、修成的、体悟的

[①] 这一身体现象学的洞见来自吴俊业的概括。参见吴俊业《身体现象学与实践形上学》，载杨儒宾、张再林主编《中国哲学研究的身体维度》，中国书籍出版社2020版，第91—92页。

(experiential)、直观的(intuitive)智慧,即知道如何(knowing-how);它既不只是感性的(sensory),也不只是理性的(rational),更是悟性的、超越的(transcendental[①]);既非纯感知,也非纯理知,而是包含感知(闻)与理知(思)的超越性亲知(修),即超越性的个人知识(personal knowledge)或默会知识(tacit knowledge)。

　　本文凭借当代知识论中的范畴对巴利语 paññā 的归类有一些类似的意见。比如高恩斯(C. W. Gowans)说:"用西方的话来说,它们(注:指正念与禅定)的主要认识论目的是知道如何(knowing-how)在没有痛苦的情况下生活,而不是知道说(knowing-that)没有自我。[②]"[49](p.161)因此他主张用赖尔式的(Rylean)"知道如何的模型"替代传统"形而上学的理解模型"来解读"禅修",将它视作培养如何在没有贪爱与执取的情况下生活的知识。这一替代方案的提出,是由于高恩斯发现:没有证据表明正念可以提供对"无我"的直接觉知;同时,他质疑正念禅修需要长期的、重复的修习,因为一次强大的个人体验足以带来极大的影响。因此,他认为禅修的目的不是去获得对"无我"的体验之知——甚至认为佛陀对"无我"的教导不重要——而是为了保持"觉悟"(being enlightened),而非达成觉悟(attain enlightenment)。[50](pp.162-163)对此笔者不敢苟同。由于高恩斯无法在止禅中体验到高度专注、物我两忘的无我性以及在内观中体验到身心之流的无我性[③]以及更高级的"舍受"(身心脱落),他只能坐而论道地贬低"无我"教义的重要性,而不能起而行道,去真修实证。因此,也就不能在第一人称体验中"验证"无我。当然,关于"无我"的具身觉知是说理无法到达的地方,待禅修"悬置"(实则消灭)日常的"有身见"和"我执"后,方才自我显现。

　　如果让上座部内观行者来回答这个问题,他们不会搞两种知识模型与两种教义的对立,而是会认为"正见"(对无常、苦、无我的命题之知)与"正念"(对无常、苦、无我的体验之知)都重要,而且需要结合二者,当然后者是更重要的。

　　因为,内观强调真正的智慧是"修慧"(bhāvanā-mayā paññā),而不是从别人那里学来的"闻慧"(suta-mayā paññā/received wisdom),也不是作为知性

---

　　① 指即身成佛、具身超越(embodied transcendence)中解脱论—形而上学"超越的",非认识论"先验的",当然二者在康德和现象学意义上有某种宏观架构上的联系,这已超出本文讨论范围。
　　② 译文中的斜体为原作者所加。
　　③ 这种无我性(如物我两忘等体验)在当代积极心理学对于"心流"和"正念"的对比讨论中常常出现。参见 Sue Jackson, "Flowing with Mindfulness: Investigating the Relationship between Flow and Mindfulness", *Mindfulness in Positive Psychology*, Ed., Itai Ivtzan & Tim Lomas, Routledge, 2016, pp. 141-155。该文认为正念有助于打开心流之门,但有时正念中的自我意识会影响到心流中对专注的需要。

上的理解的"思慧"（cintā-mayā paññā/intellectual wisdom），这种将修慧或经验性、体悟性的知识当作知识基础的观点被高恩斯称作佛教经验论（Buddhist empiricism）[①]。正如马哈希说道："内观是通过'随观'（anupassanā）使自己了悟。你观照，亲自看见及明白——这就是内观。"[51](p.94)因此，佛教的"修慧"一般被英译作"experiential wisdom"，指直接体验到的、证得的、领悟的智慧。因为，对般若智的"悟"或"达成"是一种身心结合的效果，绝不是认识论意义上主体（心）对客体（物）的某些属性的理知（或康德所谓的知性之知）——这种理知假设无身体参与、无情绪卷入、纯粹无欲望——而是伴随着身体觉知、强烈或极致的情绪状态（如禅那）、并具有超越性的精神体验。对于内观的认知意义，葛印卡说道："内观通常被形容为灵光一闪的洞见，或是对真理的直观（intuition）。这种说法固然正确，但事实上，内观者靠渐进的方法，按部就班地达到此种直观的洞察力。这个方法就是修习内观（Vipassanā-bhāvanā），也就是洞见的培养。"[52](p.118)马哈希则认为，当我们通过内观禅法观照名法和色法时，将了解它们的特相、作用和现起，并获得"名色分别智"和"缘摄受智"这两个初级的观智。而当我们继续观照，达到真正的内观智即思维智时，便了知身心（即五蕴）无常、苦和无我的性质。在回答"我们要修习多久时？"马哈希说道："了解无常、苦、无我始于'思维智'（sammasana ñāṇa，第三观智）。但它不会一下出现。在这之前，需要获得'心清净'、'见清净'、'度疑清净'。"[53](p.90)这说明内观作为"渐修"，它所体现的"身体的认知性"乃是一个次第呈现和培养的过程。

这种身体的认知性表现为：以身为知和以身获知。内观本身就是一种"具身认知"或杜维明所说的"体知"，其最终目的仍是获得"到彼岸"的"体知"即身体智慧。它包括：（1）觉知（awareness）；（2）平等心（equanimity[②]）或"圣者的无分别心"（holy indifference）；（3）身心的转化和超越。倘若抛开解脱论的旨趣，站在纯认识论或认知科学的角度讲，内观旨在培养：（1）对身心的觉知；（2）具身知觉觉知（embodied perceptual awareness），即凭借身体去觉知；（3）元觉知（meta-awareness），即对具身觉知的觉知，这是对身体觉知的自返

[①] 参见 Christopher W. Gowans, "Meditation As Cultivating Knowledge-How", *The Routledge Handbook on the Philosophy of Meditation*, edited by Rick Repetti, New York, NY: Routledge, 2022, p.163。但这种对佛教修慧的理解在笔者看来仍不够准确。佛教诉诸的修慧是一种"活生生的体验"，它不能被完全翻译为英语的"experience"，它有感性经验的成分，也有理性思辨的成分，更有超越二者的成分，最接近的翻译恐怕是德语词"Erlebnis"。

[②] 字面意义是平静，指客观、中立、平等地观察，不对抗任何感受。

性意识和规范性意识,即平等心。这里(1)和(2)其实是一回事,只不过必须先通过内观培养对身心的觉知,禅修者才能意识到这种觉知总是具身的。而(3)之所以可能,需要一定的禅修"功夫",正如马哈希所说:"对正念与定力已很好地培养了的行者,所观照的对象和觉知的心是分开的,正如墙和抛向它的石头一样。"[54](p.93)这说明在认知过程中,认知者同时觉知到客体(身心现象)与主体自身(心识活动)。

说到身体的认知性,就必须说到内观的治疗机理,笔者归结为:"体知即治疗,无知即恶行"。这里的体知指对自身身体感受(受蕴)、移动(色蕴)与起心动念(想蕴、行蕴、识蕴)的体会和元觉知。若从解脱论的角度讲,内观的治疗机理在于"将苦生起的过程逆转":"若根除无明,并将其完全止息,习性反应就止息了(无明灭则行灭)"[55](p.64),也就不会有随之而来的各种痛苦。能根除无明的内观就是让智慧之光照进身体,这是一种真正的enlightenment(开悟)和awakening(觉醒),不仅是意识的开悟和觉醒,还是身体的开悟和觉醒。而"受念处"的治疗机理则在于"感受就像呼吸一样,会反映出当下的心理状况。任何一种心理状况——如想法、概念、想象、情绪、记忆、希望或恐惧——浮上意识表层,感受就会跟着生起。每个想法、情绪、内心的变化,身体上会伴随着一种相应的感受出现。因此,借着观察身体上的感受,我们也同时观察了自己的内心。"[56](p.119)葛印卡和卡巴金在教授受念处时指导学员一块一块、一寸一寸、从头到脚、从脚到头、有秩序地扫描自己的身体。这种扫描就是培养对身体的觉知,经由这个过程学员才会发现自己"对身体的某些部位是盲目的、空白的"。[57](pp.59-60)通过系统观照身体和感受,禅修者发展出"对身体的觉知":能注意到每个部位的感受;然后发展出"具身觉知":当其六根接触六尘时,就会产生一种感受,他能第一时间注意到这个感受;最后他培养出了"元觉知":在觉知外在对象的时候还能同时觉知到身心的感受,并做持续中立的观察,这就是平等心。

从认识论上讲,内观的治疗机理就在于"认识自己"(self-inquiry)。当然这个"认识"不是近代西方认识论范畴当中依靠感觉、知觉、表象、概念、判断、推理,从感性认识到理性认识的"离身认知",而是直接体验这身心现象的实相,即"照见五蕴皆空"(《般若波罗蜜多心经》),也即亲知、体知和具身认知。从内观的角度讲,通常意义上的离身认知,充其量只是在表现"分别式认知",也即康德式的知性思维,所得之知识乃是:主体对客体的揭示、思维对存在的符合、范畴对感性杂多的加工、属性对对象的依附、由概念所组成的判断、由主谓所链接的句子、由真假所判断的命题等。按照唯识宗,这种认知只是染污的心识所把握的实体化的对象（本身是妄知）。而"自己"除了上文所说的"本源之身"外，还是"身心之流"，认识自己就是念念不忘地观照身心之流。观照即可离苦得乐？当然。因为苦源自无明和习性反应，"借着'内观'的练习，我们培养出觉知每个感受，并且也培养平等心：我们不生起习性反应，只是冷静地检视感受，不起好恶之心，不带贪爱、嗔恨或执著。"[58](p.125) 换言之，内观的"认识自己"就是要用作为元认知层面的"自我意识/元觉知"（无为法/胜义谛/paramattha-sacca）来范导认知层面的"意识/身体觉知"（有为法/世俗谛/sammuti-sacca），范导的方式即是正念观照。当盲目的习性反应被意识到（不盲目时），并被不做评判地、平等地"观照"时，此贪嗔之"行蕴"将被连根拔起、失去力量、渐渐消失。内观所做的既是"转识成智"，也是将凡夫身转变为佛身，这一心一身的过程是同时进行的。

温宗堃认为，正念的治疗机理在于阿毗达摩当中"心路过程"的理论："依此理论，心识的生起，一个接续一个，如河流的水，不断的在流动。在短暂刹那的瞬间，不能同时具备善与不善不同属性的心识状态：当健康的心，阿毗达摩所谓的'美心'（sobhana-citta）存在时，不健康的心，所谓的'不善心'（akusala-citta）便无法存在；反之亦然。"[59](p.41) 心识状态在上座部阿毗达摩中被称作"心所"，在每一瞬间它的状态是非此即彼的，因此当我们用修行来产生源源不断的善心时，不善心便无孔可入。这是通过意识哲学的范式，即"心与心所的理论模型"来解释的。然而，我们还可以从身体的角度来解读正念的治疗机理：对身体被设定的"行动模式"的"去自动化"，即去除习性反应；也就是用"存在模式"（无为）代替"行动模式"（起反应）。用佛教的说法是用"无为法"代替"有为法"，以觉知破除无明，以平等心检视习性反应；换言之，"就只是看"（nothing but seeing），并"不再反应"（not to react）[60](p.111)。也即"化被动为主动"，这个"被动"指无明业力所推动的，而非实践理性或意志所为，而"主动"的不是"反应"而是"不反应"，这是我们经过训练的意志可以控制的。

另外，除了上述三种身体觉知之外，身体的认知性还体现在"身体觉知的优先性"上，这就是身体的本源性在认知上的表现。

当禅修者经过一段时间的禅修后，他的身体（包括大脑）不仅在器质上完成了某种改变，在非器质的层面也完成了某种改变。后一种改变只能做先验哲学的说明。由于身体意识的觉醒、身体觉知能力的增长，在作为认知主体成型之前，即在开始真正的认知活动之前，禅修者在前主体—前对象化—前认知阶段，就已经透过身体完成了对客体的赋形、赋性和率先把握。换言之，禅修者的身体已经具有了"前—范畴"——即三个方向或色调：乐受（dukkha-vedanà）、苦受（sukha-vedanà）和舍受（不苦不乐受/adukkhamasukhu-vedanà）——或者说身体就是"身体图式"（body-schema）。身体作为前概念的场域，通过对自身与他人的情绪（变现为身体微色身的振动）和气氛的敏锐捕捉，已经不仅提前感知和预判了信息的摄入，更引导和筛选了适当信息的摄入。当他在正式认知、打量、观察和研究客体之前，就已经获得了三种感受的一种或多种。因此，这种前感知、预判、引导和筛选已经从整体的、方向性的角度奠定了主客认识的基础。身体在自然状态下已经能对外境具有一种梅洛-庞蒂所谓"自发的评估"（spontaneous evaluation）[61](p.512) 机制①。这一点在禅修者、舞者、武术家等从事身体修炼的个体身上都有所发现。当然，身体的这种场域作为"前范畴"或"身体图式"是人人皆有的，就像康德的知性范畴一样是"普遍必然的"，但不做身体修炼的人就很难具有异常敏感的身体知觉能力，因此也就很难反思和认识到自身身体作为先验图式的认知作用。

佛教学者德拉蒙德（Michael Drummond）也指出了身体感受作为先验图式的认知作用。他注意到了十二因缘当中的"受缘爱、爱缘取"，并认为身体感受可以触发相关的习惯性概念图式（habitual conceptual-mapping），即执取。"这种思考②主要牵扯到了关于对象或事件的积极或消极的思想。个体也倾向于体验到这个独特的身体感受是如何与思想结合起来的。"[62](p.121) 比如，当某人抑郁的时候，他不仅体验到了身体上不舒服的感受，而且内心也出现了消极的思想，如"我没用""前途无望"等等。然后，当这个人开始进行身体扫描的时候，消极的思想也会随之消失。据此，德拉蒙德结合尤金·简德林（Eugene Gendlin）的聚焦疗法——后者同样重视身体感受——而指出，内观对身体感受的重视是因为身体感受具有一种"感受意义"（the felt meaning）[63](p.125)，这一意义无法被语言和概念完全象征化和形式化，但它是其他意义的来源和基础。可以说，"感受意义"是"分别心"（即习惯性概念图式）的前提条件，因此修内观，对着感受做功，才是我们克服分别心的法门。

因此，作为知觉主体的身体是意义来源的枢纽；作为认知本源的身体使得一切理解和认识得以可能。禅修培养或恢复了（本来就是）认知主体的身体主体，内观是化熟知为真知、以终点为起点的旅程。内观培养的修慧是"身体知

---

① 指认识和行动的优先形式，它先于我们的判断和我们的自由。梅洛-庞蒂写道："没有这些评估，我们就不会有一个世界，即通过我们的身体呈现为'有待被触摸的'、'有待被把握的'、'有待被跨越的'而从无形的东西中涌现出来的各种事物的集合。"参见梅洛-庞蒂《梅洛-庞蒂文集·第二卷，知觉现象学》，杨大春、张尧均、关群德译，商务印书馆2021年版，第603页。

② 笔者注：指习惯性的概念图式，即贪爱和执取。

道"，这是一种默会的知—道。这种知—道，本身就是对道的亲知，它是一切知识的源头和归宿。我们不能像传统意识哲学或唯心主义哲学一样，将身体仅仅作为质料，因为身体本身自带"形式"，正如巴利语的 rūpa（色）本身就有"形式"（form）的含义，这一形式当中蕴含着"毁坏、被压迫、被干扰"等特性和含义。既然身体知—道，这种"知"就是关于"无常""无我""苦"和"空"的亲身彻知，是一种超越自然态度和分别心的"无知之知"（庄子语），一种复性之知（熊十力的性知），一种知行合一的良知（王阳明语），内观只是恢复这种"知"。

3.4 身体的可塑性和超越性

内观所体现的"身体的可塑性"，不是指对身体的塑形或通过锻炼塑造身体机能，而是指身心一如之身因身心交互作用而发生内在改变。用客观视角的神经科学来佐证，它体现为神经可塑性（neuroplasticity）。包括：第一，解脱论角度身体能染污也能净化的特性；第二，这种可塑性也表明了身体的时间性和修道的历时性，对身体的塑造绝非一朝一夕的事情，而是长期修行的结果；第三，这种可塑性是身心交互因果性的体现，心可以因果性地影响和产生身体因素（色），身也可以因果性地影响和产生心理因素（名）；第四，前三种可塑性也恰恰揭示了，身体本质上是一个箭头，它内在具有"佛性"，并指向最终的超越性，因此内观修行既是世界的身体化，也是身体的世界化。

根据葛印卡，当我们情绪激烈时，练习内观可以平稳心情、瓦解负面思想；当我们情绪稳定时，修习内观可以瓦解深层的随眠烦恼（anusayas）。虽然随着禅修者定力的开发，禅修者能使心的上层得到澄清，但这主要是通过压抑的方式，因为"不净的沉淀物仍停留在潜意识中。如果要达到解脱，务必去除这些潜藏的污垢，而为了去除内心深处的不净，我们必须练习内观。"[64](p.103) 随眠烦恼来自过去习性反应的积累。身体作为习性反应的载体，它还是所谓"不适应的自我图式（maladaptive self-schema）"①的载体。换言之，身体积攒了有害的思维模式和思维惯性。这是如何可能的？

因为，每个感受都是一种内在变化的呈现。也就是说，任何外界的负面刺激，都会在我们身心之中留有印迹。"身、心是相互依存而运作的，通常很难加以区分。心理上所发生的任何事，很可能反映在身体上，反之亦然。"[65](p.140) 我

---

① 参见 Dahl, C.J., Lutz, A., and Davidson, R.J., 2015. "Reconstructing and Deconstructing the Self: Cognitive Mechanisms in Meditation Practice", *Trends in Cognitive Sciences*, 19(9), pp. 515–523. 作者指出禅修可以用更加适应性的自我观念（more adaptive conceptions of self）来替换"不适应的自我图式"。自我图式就是关于自我的隐匿的观念与信念之网。

们可以把这一论断看作"身心的交互因果性"。根据《阿毗达摩概要精解》，色产生有四种原因：业生色、心生色、时节生色和食生色。[66](pp.254-8) 其中，"心生色"表明，心念可以塑造身体，"贪嗔的习性反应，会在身体层面呈现，造成某一种特殊类型的亚原子粒子的生起；这种亚原子粒子会使我们体验到身体上的某种感受。"[67](p.141) 既然贪嗔的心念可以塑造染污的身体，同样，不起贪嗔的"无为"（non-doing）也可以净化身体。内观就是精神的断食，不论何种感受，以平等心观之。

可见，内观的终极目标是所有烦恼的清除，而这就是"即身成佛"（当然上座部佛教一般只求解脱道，这里的成佛指证悟涅槃）。在这一宗旨下，身体既是一种可塑性的存在，也是一种超越性的存在；它是一种"通往"和"枢纽"，是由凡入圣、即圣而凡的存在；它既出世又入世，既让世界身体化，又让身体世界化。有道是"溪声尽是广长舌，山色无非清净身。"（苏轼《赠东林总长老》）世界是我修行的大身子，身体是我悟道的大世界。身实天地之锁钥，人生之枢纽也。

身体的这一经验与超验、染与净的双重特性，凸显了佛学与内观作为身体哲学，处在决定论与自由意志论之间，属于东方式的"相容论"（compatiblism）：业—行—身不是被规定好的命运，也不是由心识任意决定的内容，业由无明而造，也由内观而消。在修行的过程中，身与心相互塑造，相互发明，形成一个正循环，最终消融彼此的界限，体验到的就只有振动生起与灭去。这个过程可以按照认识论的方式刻画为三个阶段：主（心）客（身）未分、主客对立、主客合一。修行的结果即"开悟"、消融（bhaṅga）①、舍受（saṅkhāraupekkhā），是一种被日本道元禅师刻画为"身心脱落"的体验[68](pp.62-3)，这是一种所有精神修行都追求的体验：这时日常生活经验当中那种自然态度不见了，取而代之的是心灵不再与作为客体的肉体相互对抗，身体也失去了作为反抗心灵的活动的客体的"重量"。

结论和展望：身即道

本文的目的既非全面梳理佛教的身体观，也非对正念和止观进行现代学理上的诠释，而是要在铺垫背景知识的基础上，由大及小、由远及近地展开对南传上座部内观禅法在身体哲学视域下的"再概念化"。由于当代正念运动（含内观运

---

① 根据葛印卡，这是内观法的一项重要历程，体验到整个身体上粗重的感受消融成微细的振动，持续地生起、灭去。

动）已经对多个传统的佛学资源进行了相当程度的科学化和世俗化的改造，因此本文的再概念化已不宜对着已被改造过的"正念"展开。而是退后一步、深挖一步，进入其背后的上座部止观资源。这种再概念化的目的是将其纳入当代身体哲学讨论的脉络和语境中，从而对学界当下讨论之热点问题（如心灵、身体、身心关系）进行佛学或止观角度的参与和回应，并澄清一些对佛学义理的误解。在某种程度上，本文是一种跨界搭桥的努力，即在东西方哲学、佛教与科学、大乘佛学与上座部佛学、正念与止观之间搭起一座屡弱的小桥。

就本文的论旨而言，是要以内观为例，初步确立佛学和止观禅修作为身体哲学的特性，从而反对在意识哲学、心性哲学、唯心主义哲学和主体性哲学的范式和视域下，将佛教修行当成是一个转变心态就可瞬时完成的动作（即慧能大师所谓"前念迷即凡夫，后念悟即佛"的顿悟）。注意笔者不是反对禅宗的顿悟法门，而是反驳对它的意识哲学进路的诠释方式。所以本文从本体论—发生学、认识论—解释学、解脱论—禅修技术这三个角度论证了身体的本源性和优先地位。当然，本文通过剖析佛学基本教义（尤其是十二因缘）与上座部内观所得出的四层身体哲学意涵，同样也适用于非禅修现象。也即是说，身体从来就是本源性的、退隐性的、认知性的、可塑性的和超越性的。这些意涵是对内观和佛学感应式的、体验式的理解，从而见微知著、由内而外反观身体；换言之，这是基于笔者修习和讲授内观的实践经验得出的。只有凭借身体的这四重特性，我们才能充分理解佛学、正念、止观的治疗原理：当觉察到贪嗔的习性反应时，中立的观察即可消除它的惯性力量；即用内观打破"无明缘识"、用受念处打破"受缘爱"的链条。正如菩提比丘（Bhikkhu Bodhi）所说："一个阿拉汉据说有快乐和痛苦，但他没有贪和嗔。"[69](p.366)

因此，本文的另一重现实考量，在于传承正念、内观及中国禅学，并进一步在身体哲学的视域中探索对上座部止观禅的世俗化和现代化的改造，使之在治疗技术和话语体系方面适应于当代中国社会。这种改造离不开调用大乘佛学、上座部佛学与中国哲学的概念框架和理论视野，同时也离不开对当代学术成果（尤其是身体哲学研究的丰富成果）的借鉴。最后，笔者作为四川师范大学公选课"身体哲学"教改团队的成员，未来将在这门多人协作共建的课程中进一步探索将正念融入其他身体实操、将佛学和中国传统文化融入当代身体哲学话语的方式，并为恢复和保持大学生的身心健康而略尽绵力。

参考文献

[1] 顾瑛琦. 正念的去自动化心理机制及临床干预效果研究[D]. 华东师范大

学博士学位论文 .2018.

[2] 王云霞，蒋春雷．正念冥想的生物学机制与身心健康 [J]．中国心理卫生杂志 .2016, 30（2）：105-108.

[3][23] 杨儒宾，艾皓德，马渊昌也编．东亚静坐传统 [M]．台北：台大出版中心，2012.

[4] Indunil Philip Shantha. 佛教视域下的内观疗法研究 [D]．浙江大学，博士学位论文 .2017.

[5] 哈磊．四念处研究 [D]．四川大学，博士学位论文 .2006．

[6] 乌多拉．四念处观法 [D]．四川大学，博士学位论文 .2007.

[7][59] 温宗堃．正念减压的根源与作用机转：一个佛教学的观点 [J]．新世纪宗教研究 ,12(2),2013（12）：27-48.

[8][24][28] 释道成．正念修习研究——以《阿含经》为中心 [J]．济群主编．戒幢文集第五至八卷 [C]．南京：江苏人民出版社，2016(5).

[9][21][36] 释净智．唯识止观思想研究 [J]．济群主编．戒幢文集第五至八卷 [M]．南京：江苏人民出版社，2016(7).

[10] 阮功信．以禅修为基础的正念治疗思想研究 [D]．南京师范大学，博士学位论文．2017.

[11] 刘宇光．从现象还原法试探"五重唯识观"的哲学意涵 [J]．现象学与人文科学，2006(3).《现象学与佛家哲学》．

[12] Odysseus Stone, Dan Zahavi. "Phenomenology and Mindfulness". *Journal of Consciousness Studies*. 2021, 28/3-4:158-185.

[13] Çimen Ekici1, Gulcan Garip1, William Van Gordon. "The Lived Experiences of Experienced Vipassana Mahasi Meditators: an Interpretative Phenomenological Analysis". *Mindfulness*. 2020(11):140–152.

[14] Hye-Jung Jung. "The Body and Practice In Western Philosophy and Buddhism". *International Journal of Buddhist Thought & Culture*. 2006(6): 313-327.

[15] Chien-Te Lin. "Rethinking Mind-Body Dualism: A Buddhist Take on the Mind-Body Problem". *Contemporary Buddhism*, Routledge. 2013,14(2): 239-264.

[16] 侯传文．李文博．从佛陀传记看佛教身体思想 [J]．世界宗教文化．2022(2).

[17] 陈路旸．中古佛教徒的舍身与修持 [D]，安徽大学，硕士学位论文 .2014.

[18] 界定．早期佛教经典中的菩萨思想 [J]．普陀学刊．第十辑．2022: 2-38.

[19] 吴学国. 唯识学: 缘起论与业力说的矛盾消解 [J]. 学术月刊. 1998(10), 24-28.

[20] 熊桂玉. 藏传佛教的身体观 [J]. 佛学研究. 2016（1）: 35-41.

[22] 吴可为.《大乘止观法门》的止观禅修 [J]. 宗教学研究. 2001（4）: 47-64.

[25] [美] 乔恩·卡巴金. 多舛的生命 [M]. 童慧琦, 高旭滨译. 北京: 机械工业出版社, 2019.

[26] Kabat-Zinn, J. *Wherever You Go, There You Are: Mindfulness Meditation in Everyday Life*. New York, NY: Hyperion, 1994.

[27] [29] [缅] 马哈希尊者. 四念处选章 [M]. 慈济瓦（Sujiva）编辑. 台湾: 法藏讲堂印, 1995.

[30][31] [印] 觉音尊者. 清净道论 [M]. 叶均译. 高雄: 正觉学会, 2009.

[32] [缅] 马哈希尊者. 清净智论（修订版简体）[M]. 温宗堃译. 中文电子书（未正式出版）, 2007. http://www.nnycjd.com/ncrw/mhxf/17474.html.

[33][34][35][37][38][41][42][44][45][52][55][56][58][60][64][65][67] [美] 威廉·哈特. 内观: 葛印卡的解脱之道 [M]. 台湾内观禅修基金会翻译小组译. 海南: 海南出版社, 2009.

[39][40][48][50][51][53][54] [缅] 马哈希尊者. 内观要义 [M]. 陈永威校译. MBSC 编译小组编整. 东亚出版有限公司, 2018.

[43] 玛欣德尊者. 阿毗达摩讲要（上集）[M]. 台湾南传上座部佛教学院, 2009.

[46][47] 吴梦. 试论原始佛教的缘起思想 [J]. 法音论坛. 2020（3）: 34-38.

[48] 乔凤杰. 从缘起论到解脱 [J]. 船山学刊. 2004（2）: 111-120.

[49][50] Christopher W. Gowans. "Meditation As Cultivating Knowledge-How", *The Routledge Handbook on the Philosophy of Meditation*. edited by Rick Repetti. New York, NY: Routledge, 2022.

[57] William Hart. *The Discourse Summaries of S.N. Goenka: Talks from a Ten-day Course in Vipassana Meditation*. Pariyatti Publishing, Onalaska, WA, 2000.

[56] William Hart. *The Art of Living: Vipassana Meditation as Taught by S. N. Goenka*. Pariyatti Publishing, Onalaska, WA, 1987.

[61] Maurice Merleau-Ponty. *Phenomenology of Perception*. translated by Colin Smith. Taylor and Francis e-Library, 2005.

[62][63] Michael Drummond. "Conceptualizing the Efficacy of Vipassanā

Meditation as Taught by S.N. Goenka". *Buddhist Studies Review*. 23(1) , 2006, 113–130.

[66] [美] 菩提比丘. 阿毗達摩概要精解 [M]. 寻法比丘译. 东亚出版有限公司 , 1999.

[68] [日] 汤浅泰雄. 身体论：东方的心身论与现代 [M]. 黄文宏译. 清华大学出版社 , 2018.

[69] Bodhi, B., ed., *In the Buddha's Words: An Anthology of Discourses from the Pāli Canon*, Boston, MA: Wisdom, 2005.

Mindfulness in the Philosophy of Body: Reconceptualize Vipassana in Theravada Tradition

Abstract: The current meditation techniques in the mindfulness movement are mainly derived from Theravada tradition, but their philosophical implications have not been fully revealed, especially from the perspective of the philosophy of body. This article analyzes the philosophical implications of mindfulness in a step-by-step manner (from the large to the small: Buddhism, Theravada Samatha-vipassana and Vipassana). The first part reviews the transmutation of the Buddhist view of the body, and points out that the essence of this transmutation is only a change in the "body standard": from the "ordinary body standard" to the "Buddha body standard", rather than a change in Buddhist teachings. The second part, after recontextualizing Samatha-vipassana, shows the corporeality of Theravada meditation: disciplining the body, using the body, and "embodied transcendence". The third part, from the perspective of contemporary philosophy of body , interprets the fourfold body philosophical implications of Vipassana: first, the originality of the body; second, the invisibility of the body; third, the cognitive ability of the body; Fourth, the plasticity and transcendence of the body. By revealing the properties of these fourfold bodies, this article will prove that both Vipassana and the "Twelve Nidānas" are body-based doctrines. It also refutes the argument that mindfulness and Samatha-vipassana, as well as meditation more generally, are merely mind-cultivating activities; It refutes the idea of enlightenment or awakening as an instantaneous operation that can be accomplished with a single thought (the mind as a Buddha). It emphasizes the irreducible corporeality of meditation and enlightenment, and revealing the deep-rooted inertia (i.e. the karma) in this physicality, the transformation of the body requires long, arduous, and clever practice. The conclusion is that only by adopting the paradigm of the philosophy of body can help fully reveal the therapeutic mechanism of mindfulness in psychotherapy and soteriology: re-habituation and finally de-habituation of the body that envelops the mind.

Key Words: Mindfulness, Samatha-vipassana, Body, Corporeality, Reaction

【作者简介】王鹏，四川师范大学讲师、硕士生导师，主要研究领域：当代英美哲学、规范性哲学、身体哲学等。

《哲学探索》征稿启事

当今人类已陷入后世界风险社会，日益加大的人口压力，不堪重负的环境生态，足以毁灭地球的核武器和核工业，无节制研发的新技术，世界大流行的疫灾，更加丛林化的国际政治经济秩序，无限度膨胀的刚性生活需求和更加坚挺的物质主义伦理—文化等，演绎出层出不穷的根本生存问题，必将以不同方式向哲学领域涌现，寻求最终的存在论解释；与此同时，传统哲学也获得当世激励，哲学自身那些根本的、长在的、永恒的问题必将接受多元存在境遇的再审问。由此促进哲学的当世繁荣，需要更新的交流载体和平台。基于此，四川师范大学哲学学院创办的《哲学探索》集刊，其宗旨是"追踪当世哲学发展的方向、态势、进程，报道后人类进程哲学思想、成果、方法，聚焦风险世界重大哲学问题、讨论、争鸣"。热忱欢迎海内外哲学家和中青年哲学学者踊跃投稿。

一　基本准则

本刊以学术质量为生命，对稿件实行严格的"查重"和"三审"制度。编辑部既充分尊重匿名评审专家的意见，更认真对待作者提出的任何异议，以确保客观公正。为一流学者搭建高水平的学术交流平台，更为青年俊才构筑思想精神的家园。

二　常设栏目

1. 思想家自述（篇幅：15000—30000 字）

为中外哲学家、思想家提供系统地自我推介体系性思想、理论和方法的交流平台。

2. 前沿问题研究（篇幅：10000—20000 字）

（1）原创的哲学思想；新哲学词典诠释；新的哲学观念或思想的辩证探讨。

（2）生活世界不断涌现出来的重大最新存在问题的哲学思考、检讨、追问。

3. 哲学与人类未来（篇幅：10000—15000 字）

（1）人口、环境、新技术（尤其人工智能、基因工程、会聚技术、大数据分析、人脸识别）、疫病、海洋争夺、太空开发、军备竞赛等涌现出来的人类问题与哲学—伦理责任。

（2）后人类进程中的政治和教育等方面的哲学问题。

4. 传统与当代（篇幅：10000—15000 字）

（1）哲学自身的根本的、长在的、永恒的问题的当世呈现或再审问。

（2）哲学范式传统的比较研究；古今经典文本的新解或重释。

（3）连续统进程中的生活哲学、生活伦理、生活美学问题。

5. 学术专访（篇幅：8000—9000 字）

（1）基本主题：哲学的当代发展与未来。

（2）内容要求：内生极强碰撞力和张力空间的最新思想火花、哲学灵感、形上直观。

（3）受访对象：成名哲学—思想家；中青年哲学学人。

6. 批评与对话（篇幅：8000—20000 字）

（1）范围：高水平的哲学新著书评；古今不同哲学思想、方法的比较研究与批判；当世哲人不同哲学主张、观点、思想的批评与交流；当世重大哲学问题的讨论与争鸣。

（2）要求：杜平庸；尚真知；论理道。

7. 巴蜀哲人（篇幅：10000—15000 字）

（1）巴蜀历代哲学家—思想家的哲学—思想研究。

（2）当世巴蜀哲学学人的创新性研究成果。

三 酬劳与版权

本刊以学术质量为准则，实行优稿优酬。

本刊已加入信息网络系统，凡来稿即视为同意加入网络版，发放的稿费同时包含网络版稿费。

凡在本刊刊发的文章，版权归本刊所有，任何形式与媒介的转载、翻译、结集出版均须事先取得本刊编委会的书面许可，并注明出处和版权归属。

四 投稿

本刊只接受电子投稿。唯一收稿信箱：zhexts@sicnu.edu.cn。

联系电话：028-84765981；028-84761198。

五　稿件体例

1.文稿请按题目、作者、内容摘要、关键词、正文、参考文献、英文文摘（包括题目和关键词）、作者简介之次序撰写。若研究论文为基金项目，请在首页末以注释方式列出课题项目名称、课题编号。

2.需要在文末提供作者工作单位、学位、职称和研究方向等简介；附作者详细通信地址、电子邮箱、电话和微信号。

六　引证标注

1.引文注释与参考文献合二为一，置于文尾，格式如下：

（1）参考文献的页码注于文中引文的后引号外面，如："……"[1](p.28)

（2）参考文献实行通标序号。格式：[1][2][3]……

（3）多次引用同一条参考文献，须注明不同引注序号。

2.示例：

[1] 韦政通.中国思想史[M].上.上海：上海书店出版社，2003.

[2][5][12] 郝大维、安乐哲.通过孔子而思[M].何金俐译.北京：北京大学出版社，2005.

[3] 汪林茂.工具理性思路下的清末文字改革运动[J].浙江大学学报(人文社会科学版)，2008(5).

[4][6] Ronald Farmer, *Beyond the Impasse: The Promise of a Process Hermeneutic*, Mercer University Press, 1997.

[7] Eggers, Daniel, "Hobbes and Game Theory Revisited: Zero-Sum Games in the State of Nature", *The Southern Journal of Philosophy*, 2011, 49(3).

3.说明性和解释性注释，标注于当页下，采取"每页编号"，格式：①②③……

《哲学探索》编委会
2021年12月